中国文化遗产保护概论

于海广
王巨山
主编

山东大学出版社

图书在版编目(CIP)数据

中国文化遗产保护概论/于海广,王巨山主编.
—济南:山东大学出版社,2008.5(2021.8重印)
ISBN 978-7-5607-3583-2

Ⅰ.中...
Ⅱ.①于...②王...
Ⅲ.文化遗产-保护-概论-中国
Ⅳ.K928.7

中国版本图书馆CIP数据核字(2008)第072894号

山东大学出版社出版发行
(山东省济南市山大南路27号　邮政编码:250100)
山东省新华书店经销
济南新科印务有限公司印刷
787×1092毫米　1/16　14.5印张　281千字
2008年5月第1版　2021年8月第6次印刷
定价:38.00元

前　言

在高校开设文化遗产保护的课程，既是国家和教育主管部门的倡导，同时对开拓当代大学生的知识面、提高其综合素质也是很必要的。2003年在首届高校非物质文化遗产研讨会上，通过了《非物质文化遗产教育宣言》，也呼吁各高校在文化遗产教育方面要进课堂、进教材。我们从2005年起在山东大学开设《中国文化遗产保护概论》这门课程，总体来说效果比较好，同学们也非常欢迎，但一直没有适合的教材交给学生，由此萌发了编写这本教材的想法。

国务院于2005年12月颁布了《国务院关于加强文化遗产保护的通知》(国办[2005]42号)。这是继《中华人民共和国文物保护法》之后，以国家政府的名义对文化遗产保护工作最新也是最权威的文件，对推动我国的文化遗产保护工作有重大意义。《通知》首先强调了在我国新的历史条件下加强文化遗产保护的重要性和紧迫性，而且对文化遗产保护的指导思想、基本方针和总体目标等重要问题都作了具体的说明，并对各级政府和主管单位提出了明确的要求。除此之外，我们认为，《通知》另一方面的重要意义是对“文化遗产”的框架和内容的界定。在我们中国，过去对“文化遗产”习惯统称为“传统文化”，对“物质文化遗产”多称作“文物古迹”，对“非物质文化遗产”称为“民俗文化”、“民间艺术”或“传统习俗”等。但是，在国际社会，近年来对这类概念已逐渐规范，为了与国际接轨，便于国际交往和文化交流，在学科界定、框架体系方面与国际社会取得一致是非常重要的。《国务院关于加强文化遗产保护的通知》中，在这方面也进行了规范，明确指出“文化遗产包括物质文化遗产和非物质文化遗产”，对物质文化遗产的定义和内容、非物质文化遗产的定义和内容，都作了严密和慎重的阐述。这不仅对全国民众，也包括对遗产保护学界，都起到了统一认识的作用，规范了过去在这方面界限不清或认识模糊的问题，或者说具有明确“文化遗产”学科范畴和统一学科框架体系的意义。这也是我们把这门课程和这本教材定名为《中国文化遗产保护概论》的主要

依据。

另外，我们考虑到这本教材面对的学生面比较大，而且大多数不是本专业的学生，所以在选用资料、内容介绍，包括在文字语言方面，力求能通俗一些，专业用语尽量少一些，学术研究中的不同认识、见解也尽可能避开，对学生在阅读时便于理解和接受。但是在介绍国际组织及其他国家的资料时，我们虽然也希望能纳入中国的语言习惯，但鉴于不违背原意，所以有些地方读起来就不够通畅，甚至有的地方还很拗口和费解。

作为一门新课程的教材，缺乏相应的借鉴资料，特别是在框架体系方面，主要还是以自己认为“这样会更好些”为出发点，但是否妥当还要听读者的反映，也包括实际内容，肯定会存在一些问题，请批评指正。

于海广

2008 年 5 月

目录

第一章　文化遗产保护概述

文化遗产是一项宝贵的财富，不管是国际社会还是所在的国家和地区，都在加大加强对文化遗产的保护力度。随着社会的发展，在文化遗产保护工作中也不断出现新的问题，作为文化遗产保护学界，就要面对这一现实，为文化遗产的保护和研究作出新的贡献。人类社会自迈入20世纪以来，社会发展取得了前所未有的成就，政治、经济、文化等各方面都得到了空前的发展。政治上，摆脱殖民统治，实现国家解放、民族独立，在经历冷战、东西方对峙和美苏争霸之后，国际政治格局向多元化方向发展；经济上，科学技术的突飞猛进大大加速了经济发展和竞争的进程，各国纷纷展开了向信息社会迈进的步伐，伴随经济发展而来的全球化和一体化成为席卷全人类的浪潮，尤其是20世纪的最后几十年，人类的科技发明和思想文化创造超过了过去几千年的总和，人类无论对自然界的认识，还是对社会发展的认识，以及对自身存在的认识都取得了前所未有的成就。

任何事物的发展都带有两面性，人类社会的发展也是如此，在经济发展、生产力提高和生活改善的同时，对文化遗产的保护又成为人类面临的突出问题。例如美国对伊拉克的战争，伊拉克土地上曾承载着7000年的文明见证，历史遗留的文物、古迹颇为丰富，但这一切都在炮火中遭到毁灭性破坏，遗址被破坏，国家博物馆被抢掠，文物大量流失。又如地区冲突带来的破坏同样令人心惊胆战，巴米扬大佛是世界上最高的立佛，距今已有1500多年历史，2001年3月12日，大佛遭到了塔利班政权的野蛮轰炸，爆炸声持续了三四天，大佛轰然倒塌，举世闻名的优秀遗产顷刻化为乌有。再如20世纪60～70年代，埃及在尼罗河上游修建阿斯旺水坝，水坝建成后，造成建于公元前1250年左右的阿希·辛拜勒神庙被水淹没。还有印度的亨比古迹群是印度维查耶那加尔帝国最后的首都遗址，但亨比新建的两座吊桥破坏了自然环境，也威胁了该世界遗产的完整性。伴随经济发展和大工业而来的环境恶化对传统文化遗产的破坏也让人心痛而又束手无策，如酸雨对我国峨眉山古建筑的破坏、对南京古观象台的侵蚀、对乐山大佛裸露基岩的破坏，等等。加强对文化遗产保护就成为迫在眉睫的历史使命。

社会发展意味着打破旧有的模式，前进则意味着要抛弃一些旧有的传统，然而打破什么、抛弃什么和保护什么？这是今天社会发展过程中人们必须思考和回答的问题。面对优秀的文化遗产答案只有一个，那就是加强保护，更好地为今天和将来发挥作用。

历史的经验表明，经济越发展，社会越进步，人们对传统的依赖就越强烈，对传统的寻根意识也越浓厚。因此，联合国教科文组织成立以来，一直致力于人类文化遗产的保护，努力在经济获得发展的同时，寻找"破"与"立"的标准，寻找"舍"与"得"的平衡点，也使作为体现人类"表情"的文化遗产得以留存，不仅是在记忆中，而是要人们真真切切地体会到鲜活的"表情"的多样性，以及这种多样性对人类发展的促进作用。在国际社会的共同努力下，包括中国在内的各国已经认识到了文化遗产保护的重要性和必要性，纷纷着手对本国文化遗产的保护和研究。目前，人类对自身遗产的认识从文化遗产发展到自然遗产，从人文景观发展到双遗产，从口头与民间习俗发展到非物质文化遗产，人类的文化遗产观就是在这样的大背景下，不断发展、不断丰富和充实。

第一节　文化遗产的基本概念

一、文化与遗产概念辨析

(一)文化概念辨析

什么是文化？不同学科给出了不同的答案，不同领域专家给出了不同的定义。1952 年，美国著名文化人类学专家克罗伯(A. l. kroeber)和克拉克洪(D. kluckhohn)的《文化：一个概念定义的考评》(*Culture：A Critical Review Of Concept And Definitions*)一书共收集了 166 条有关"文化"的定义，到目前为止，新的文化定义仍在不断出现，累计已经超过 2000 多个。由此可见，真正把什么是文化说清楚，也不是一件容易的事。

据王建新博士考证，在中国古文献中，把"文"与"化"两个字连在一起作为一个词来使用始于西汉，刘向的《说苑》中有"圣人之治天下，先文德而后武力。凡武之兴，为不服也，文化不改，然后加诛"。这里的"文化"意为以文德教化，使人们成为合乎礼仪规范的人的意思。在英文词典中 culture 被解释为精神文明、教养、训练、培植、繁殖、耕作、照管等，这些含义概括起来就是指通过人工劳作，将自然界的野生动植物加以驯化和培养，使之成为符合人类需要的品种。由上可见，中西"文化"一词的最初含义是不同的，中文的文化侧重对人的精神和风俗的改造，而西方早期"文化"一词侧重改造自然。目前，文化的倾向指两个方面：一是人类创造的物质文化和精神文化的综合；二是社会生活方式的总称。

（二）遗产的概念及演变

中文的“遗产”一词最初的含义为“财产”，是指祖辈留下来的物质财富，如《后汉书·郭丹传》载有“丹出典州郡，入为三公，而家无遗产，子孙困匮”①，《温国文正司马公文集》卷七六载有“诸兄欲分魏公遗产”，《述学外篇》卷一有“乃尽与遗产于诸弟，而独任丧葬之事”，等等。在诸多的古代文献记载中，“遗产”的含义一直都是祖辈的财产遗留，其范畴一直局限在“家”或私有财富的范畴，还没有扩大上升到国家或公有财富的范畴。随着时代的发展，赋予了很多词汇以更多的内涵，“遗产”一词也不例外。有学者使用“爆炸”一词来形容“遗产”一词内涵和外延的变化，在近现代社会发展中，“遗产”已经不仅仅指“祖辈留下来的物质财富”②，1933 年胡适在芝加哥大学发表著名的演讲《中国的文艺复兴》，其中就提到“文化遗产”。他说：“非常奇异的是，这场新的运动（指五四新文化运动）却是那些懂得他们的文化遗产而且试图用新的现代历史批评和探索方法来研究这个遗产的人来领导的。”③此时遗产的含义已经从物质财富扩大到精神财富。二战后，国际社会赋予了“遗产”一词更多的内涵，而与“遗产”搭配的词越来越多，如自然遗产、文化遗产、双遗产等等。在与“遗产”搭配的众多词汇中，备受关注的是文化遗产。

二、文化遗产的分类及有关概念

（一）文化遗产的分类

过去人们对自身的遗产认识大多停留在物质文化遗产层面，随着社会的进步和认识的不断提升，人类对自身遗产认识不断加深，逐渐从文化遗产中分离出自然与文化双遗产和文化景观。根据联合国教育科学文化组织（以下简称教科文组织）1972 年颁布的《世界文化和自然遗产公约》和 2003 年颁布的《保护非物质文化遗产公约》，文化遗产主要包含物质文化遗产和非物质文化遗产两大类，物质文化遗产又包括文化遗产（主要指文物、遗址和建筑群）和文化景观。见图 1-1。

---

① 《后汉书》卷二七，中华书局 1965 年版。

② 参见杨志刚《试谈“遗产”概念及相关观念的变化》，载复旦大学文物与博物馆学系编《文化遗产研究集刊》(2)，上海古籍出版社 2001 年版。

③ 转引自杨志刚《试谈“遗产”概念即相关观念的变化》，载复旦大学文物与博物馆学系编《文化遗产研究集刊》(2)，上海古籍出版社 2001 年版，第 12 页。

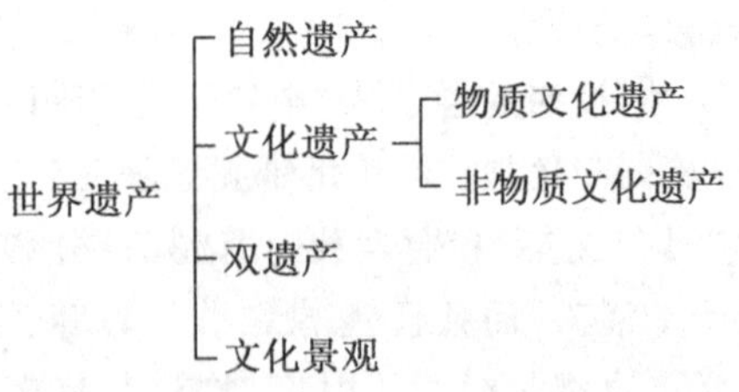

图 1-1　世界遗产体系

（二）与文化遗产有关的概念

随着人们对自身文化和历史的审视不断加深，人类对自身遗产的认识经历了一个不断深入和提升的过程。到目前为止，人们将自身创造的文化遗产划分为物质文化遗产、非物质文化遗产、双遗产（自然与文化遗产）、文化景观等。

1. 文化遗产。文化遗产泛指在人类社会发展过程中，人们创造或者借助自然力创造的各种精神财富和物质财富的总和。各种文化遗产或因存在的地域不同而不同（如沿海地区和内陆地区），或因环境的差异而相异（如热带与寒带），或因不同的民族而各有自己的特点（各民族都有自己的民族习俗）。各类文化遗产是人类历史发展的见证，是从事历史研究的科学依据，更是社会发展的宝贵财富。在中国，对文化遗产过去习惯称为传统文化，而且是以物质文化遗产为主体，把精神文化遗产放在民间文化、民俗文化、民间艺术中。现在国际遗产学界则将文化遗产分为物质文化遗产和非物质文化遗产两大类，构成文化遗产的基本框架。图 1-2 为中国文化遗产标志。

图 1-2　中国文化遗产标志[1]

① 2005 年 8 月 16 日，国家文物局正式公布采用金沙四鸟绕日金饰图案作为中国文化遗产标志。四鸟绕日金饰 2001 年出土于四川成都金沙遗址，画面是四只神鸟围绕着太阳飞行，专家也将其命名为“太阳神鸟”，这是本世纪中国考古的一个重大发现。“太阳神鸟”金饰外径 12.5 厘米，厚度 0.02 厘米，重量 20 克。外廓呈圆形，图案分内外两层，都采用了透空的表现形式。内径 5.29 厘米，图案为等距分布的十二条弧形齿状芒饰，芒饰按顺时针方向旋转。外层图案由四只等距分布相同的鸟构成。鸟均作引颈伸腿、展翅飞翔的状态，飞行的方向与内层图案的旋转方向相反。从红色衬底上看，该金饰内层图案很像一个旋转的火球或太阳；外层图案中的神鸟，体现了中华民族对太阳崇拜的习俗。

2. 物质文化遗产。物质文化遗产指具有历史、艺术和科学价值的文物，包括古遗址、古墓葬、古建筑、石窟寺、石刻、壁画、现代重要史迹及代表性建筑等不可移动文物，历史上各时代的重要实物、艺术品、文献、手稿、图书资料等可移动文物，以及在建筑式样、分布均匀或与环境景色结合方面具有突出普遍价值的历史文化名城(街区、村镇)。[①]

3. 非物质文化遗产。非物质文化遗产保护理念出现于20世纪50年代。1950年日本颁布的《文化财保护法》中提及了无形文化财保护，首次触及了无形的文化遗产保护理念。此后国际社会对人类无形的文化遗产保护给予了关注。非物质文化遗产定义的确定有一个逐渐深入的过程，1989年以来至少作了五次修正，因此，非物质文化遗产有多次定义。[②] 2003年10月，联合国教科文组织颁布了《保护非物质文化遗产公约》，首次以公约形式对非物质文化遗产进行了概念界定：非物质文化遗产指被各群体、团体、有时为个人视为其文化遗产的各种实践、表演、表现形式、知识和技能及其有关的工具、实物、工艺品和文化场所。各个群体和团体随着其所处环境、与自然界的相互关系和历史条件的变化不断使这种代代相传的非物质文化遗产得到创新，同时使他们自己具有一种认同感和历史感，从而促进了文化多样性和人类的创造力。按上述定义，“非物质文化遗产”包括以下方面：(1)口头传说和表述，包括作为非物质文化遗产媒介的语言；(2)表演艺术；(3)社会风俗、礼仪、节庆；(4)有关自然界和宇宙的知识和实践；(5)传统的手工艺技能。

2005年12月，国务院颁发了《关于加强文化遗产保护的通知》，将非物质文化遗产界定为：非物质文化遗产是指各种以非物质形态存在的与群众生活密切相关、世代相承的传统文化表现形式，包括口头传统、传统表演艺术、民俗活动和礼仪与节庆、有关自然界和宇宙的民间传统知识和实践、传统手工艺技能等以及与上述传统文化表现形式相关的文化空间。

“非物质文化遗产”新概念的出现有着特定的时代背景。《保护非物质文化遗产公约》对非物质文化遗产所作的界定是国际社会协商的结果，其表述和类别划分具有国际通用性，对各国相关工作的开展具有指导性意义。我国对非物质文化遗产所作的两次界定大体一致，没有大的区别，是在联合国教科文组织所作表述的基础上，结合我国国情与实际的表述。图1-3为中国非物质文化遗产标志。

---

① 参见国务院《关于加强文化遗产保护的通知》，2005年。

② 2003年3月的定义：指人类所习得的表现。这些表达方法蕴涵了人类继承和发展的知识、技艺和创造力，包括了人类所创造的作品，也涉及它们所赖以维持的资源、场所和其他社会自然环境。它们代代相传，为人类所生活的社区提供了某种连续性，促进了社区的文化认同，保护了文化的多样性和人类的创造力，因而具有重要意义。转引自皮纳《无形遗产与博物馆》，载《中国博物馆通讯》2004年第2期。

图 1-3　中国非物质文化遗产标志[①]

4. 双遗产。双遗产指自然和文化价值相结合的遗产。一般指由自然力和环境形成的自然景观，又附上人文的因素，例如，中国的黄山，其载体是一座风景奇特、物产丰富的山体，人们在此又赋予其宗教、文化、艺术等杰出的人文内涵，成为具有自然遗产价值和文化遗产价值的双遗产的代表。

5. 文化景观[②]，又称"人文景观"。文化景观概念，是 1992 年 12 月在美国圣菲召开的联合国教科文组织世界遗产委员会第 16 届会议上提出的，并纳入《世界遗产名录》。文化景观是指有人为因素作用形成(构成)的景观，人为因素主要有文化、建筑等因素。文化景观可据古今人类成就的形式分为若干类：历史遗址、园林、建筑、民居、城市风貌、文化风貌等景观。人文景观是人类生产、生活活动的艺术成果和文化结晶，是人类对自身发展过程科学的、历史的、艺术的概括，并见之于形态、色彩以及其他的整体结构组合之中，自然因素制约人文景观。人文景观虽然是古今人类文化、生活活动的产物，但其形成和分布，不仅受历史、民族和意识形态等因素的制约，而且还受自然环境的制约，如地质条件、地理位置等。

6. 文化遗产保护。关于文化遗产保护主要有三方面的内容：一是对文化遗产的产生、发展、表现、价值和作用的研究；二是对文化遗产的保护措施和实施；三是针对文化遗产内涵、价值在民族发展、民族精神延续中的作用进行宣传、教育和弘扬。

---

① 标志外部图形为圆形，象征着"循环，永不消失"。内部图形为方形，与外圆对应，天圆地方，表示"非物质文化遗产存在空间有极大的广阔性"。图形中心造型为古陶最早出现的纹样之一的鱼纹，隐含"文"字。"文"指非物质文化遗产，而鱼生于水，寓意"中国非物质文化遗产源远流长，世代相传"。图形中心，抽象的双手上下共护于"文"字，意取"团结、和谐、细心呵护和保护非物质文化遗产、守护精神家园"的寓意。

② 对此有人持有不同的观点，认为文化景观大于人文景观的范畴，人文景观除了以具体形式存在的景观外，有时还以一种精神文化的形式出现。人文景观具有可变异性、可移动性；文化景观的空间位置则是相对固定的。

第二节　国际社会对文化遗产保护工作的回顾

国际社会对文化遗产关注与保护由来已久，从近现代国际公约所见，早在1899年和1907年通过的《海牙公约》和1935年通过的《华盛顿条约》中就确立了关于武装冲突中保护文化财产的各项原则。联合国教科文组织成立之后，通过了一系列关于文化遗产保护的公约、建议和建议案，如1954年的《武装冲突情况下保护文化财产公约》，1956年的《关于适用于考古发掘的国际原则的建议》，1962年的《关于保护景观和遗址的风貌与特性的建议》，1968年的《关于保护受到公共或私人工程危害的文化财产的建议》，1972年的《保护世界文化和自然遗产公约》，2003年的《保护非物质文化遗产公约》，等等。这些文件、公约和建议体现了国际社会对文化遗产的保护态度。

1954年，联合国教科文组织通过《武装冲突情况下保护文化财产公约》。该《公约》主要是认识到在当时武装冲突中文化财产遭受到严重损害，而且由于作战技术的发展，文化遗产正处在日益增加的毁灭威胁之中。对任何民族文化财产的损害亦即对全人类文化遗产的损害。因为每一民族对世界文化都有其贡献，对各民族创造的文化遗产的保存，对世界各民族都具有重大意义；因此，国际社会应下决心采取一切可能的措施来保护文化财产，而对文化财产的保护应包括对该财产的保障和尊重。对文化财产的保障是指各缔约国承允采取其认为适当的措施，以于和平时期准备好保障位于其领土内的文化财产免受武装冲突可预见的影响。对文化财产的尊重包括：(1)各缔约国承允不为可能使之在武装冲突情况下遭受毁坏或损害的目的，使用文化财产及紧邻的周围环境、或用于保护该项财产的设施以及进行针对该项财产的敌对行为，以尊重位于其领土内以及其他缔约国领土内的该项文化财产。(2)本条第1款所述义务仅在军事必要所绝对需要的情况下方得予以摒弃。(3)各缔约国都承允禁止、防止及于必要时制止对文化财产任何形式的盗窃、抢劫或侵占以及任何破坏行为。他们不得征用位于另一缔约国领土内的可移动文化财产。(4)他们不得对文化财产施以任何报复行为。

《武装冲突情况下保护文化财产公约》出台有着特定的时代背景。二战后动荡的国际环境下，这一公约的出台对保护文化财产免于武装冲突的破坏具有一定的约束作用，对文化财产的保护发挥了重要作用。不仅是二战后，对当今国际环境下的文化遗产保护也同样具有一定的借鉴意义。

1956年12月，联合国教科文组织在新德里通过了《关于适用于考古发掘的国际原则的建议》。该《建议》认为，保存过去的纪念物和作品主要依赖于各民族自身对这些纪念物和作品的尊重与热爱，这种情感可以通过由各成员国发展科学和国际关系而大大加强；对过去时代作品的思考与研究所激发的感情对促进各国间的相互了解大有作为。虽然各个国家更直接关心在其领土上的考古发现,而国际社会作为整体也会因这些发现而更富有。因此,从整体利益上有必要对一切考古遗存加以研究,并尽可能予以保存和妥善保管。

1962年12月,联合国教科文组织在巴黎通过《关于保护景观和遗址的风貌与特性的建议》。人类在各个时期自觉或不自觉地使存在的景观和遗址的风貌与特征受到损坏,从而使得全世界各个地区的文化、艺术甚至极重要的遗产濒于枯竭。因原始土地的开发、城市中心盲目的发展以及工商业与装备的巨大工程和庞大规划的实施,使现代文明加速了这种趋势,这种趋势尽管到20世纪已有所减弱,但这已经影响到景观和遗址的艺术价值以及野生生物的文化和科学价值,所以,保护景观和遗址对人类生活必不可少。对人类而言,它们代表了一种有力的物质、道德和精神的再生影响,是许多国家经济和社会生活中的一个重要因素,而且大大有助于保障其居民的健康;而社会生活及其演变以及技术进步迅速发展,就亟须为保护各地的景观和遗址的风貌与特征考虑和采取必要的措施。

1968年11月,联合国教科文组织在巴黎通过《关于保护受到公共或私人工程危害的文化财产的建议》。通过该《建议》主要是考虑到当代文明及未来的发展除了其他因素外,还有赖于全世界人民的文化传统、创造力以及社会与经济的发展,文化财产是过去不同传统和精神成就的产物和见证。因此,它是全世界各民族特征的重要组成部分,应根据文化财产的历史和艺术价值尽量予以保护,使文化财产成为人们据此可以了解自身价值的精神生活的一部分。联合国教科文组织认识到世界文明在人类发展中应发挥的作用,但由于工业的发展和城市化的趋势,那些具有艺术、历史或科学价值的古迹遗址正日益受到公共和私人工程的威胁,各国政府有责任尽力对人类文化遗产进行保护和保存,协调文化遗产的保护和社会经济的发展所带来的变化。

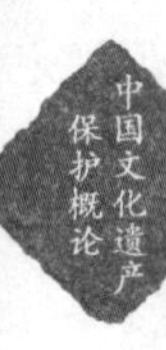

1970年,联合国教科文组织在巴黎通过了《关于禁止和防止非法进出口文化财产和非法转让其所有权的公约》。该《公约》认为,世界各国间为科学、文化及教育目的进行的文化财产交流增进了对人类文明的认识,丰富了各国人民的文化生活并激发了各国之间的相互尊重和了解。文化财产是构成文明和民族文化的一大基本要素,只有尽可能充分掌握有关其起源、历史和传统背景的知识,才能理解其真正价值。因此,各国有责任保护其领土上的文化财产免受偷盗、秘密发掘和非法出口的危险。为避免这些危险,各国必须认识到尊重本国及其他所有国家的文化遗产的道义责任;而非法进出口文化财产和非法转让其所有权妨碍了各国之间的谅解,联合国教科文组织的一部分职责就是通过向有关国家推荐这方面的各项国际公约以促进这一谅解,只有各国密切合作,才能有效保护文化财产。

1972年11月,联合国教科文组织在巴黎通过了《保护世界文化和自然遗产公约》。该《公约》注意到文化遗产和自然遗产越来越受到破坏的威胁,一方面是因年久腐变所致，同时也有人为的原因造成更为严重的损害或破坏现象。任何文化或自然遗产的坏变或丢失都会使全世界遗产枯竭，国家一级保护这类遗产的工作往往不是很完善，原因在于这项工作需要大量投入，而列为保护对象的财产的所在国却不具备充足的经济、科学和技术力量。而现有的关于文化和自然遗产的国际公约、建议和决议表明：保护对象不论属于哪个国家哪个民族，对全世界人民都很重要。部分文化或自然遗产具有突出的重要性，应作为世界遗产的一部分加以保护，鉴于威胁这类遗产的新危险的规模和严重性，整个国际社会有责任通过提供集体性援助来参与保护具有突出的普遍价值的文化和自然遗产。这种援助将成为所在国的有效补充，为此，有必要通过采用公约形式，以便为重要的文化和自然遗产建立一个根据现代科学方法制定的永久性的有效制度。

1972 年 11 月，联合国教育、科学及文化组织大会第十七届会议于巴黎通过了《关于在国家一级保护文化和自然遗产的建议》。该《建议》考虑到在一个生活条件加速变化的社会里，就人类平衡和发展而言，至关重要的是为人类保存一个合适的生活环境，并与其前辈留下的文明痕迹保持联系，使文化和自然遗产在社会生活中发挥积极的作用，并把当代成就、昔日价值和自然之美纳入一个整体政策；而时代特有的新现象为自然遗产和文化遗产保护带来了严重的危险和威胁，这些遗产的保存应该成为当代和未来文明的一种源泉，因此，任何一个国家都有责任保护并确保将它传给后代。

1976 年 11 月，联合国教科文组织在内罗毕通过了《关于历史地区的保护及其当代作用的建议》。该《建议》认为，历史地区是各地人类日常环境的组成部分，它们是历史的生动见证，提供了社会多样化所需的生活背景的多样化；自古以来，历史地区为文化、宗教及社会活动提供了最确切的见证，保护历史地区并使它们与现代社会生活相结合是城市规划和土地开发的基本因素；面对因循守旧和非个性化的危险，这些昔日的生动见证对于人类和对那些从中找到其生活方式缩影及其某一基本特征的民族，是至关重要的；整个世界在扩展或现代化的借口之下，拆毁（却不知道拆毁的是什么）和不合理不适当重建工程正给这一历史遗产带来严重的损害；历史地区是不可移动的遗产；为了使这些不可替代的财产免受它们所面临的退化甚至全部毁坏的危险，各国当务之急是采取全面而有力的政策，把保护和复原历史地区及其周围环境作为国家、地区或地方规划的组成部分。

1978 年 11 月，联合国教科文组织在巴黎通过《关于保护可移动文化财产的建议》。该《建议》主要是注意到世界范围内众多博物馆及类似机构的创建、展览数目日益增多、旅游者持续不断地涌向收藏品、纪念物和考古遗址，公众要求了解、欣赏文化遗产的同时却加剧了文化财产的保护不当、运输中的风险及在一些国家重新兴起的私自发掘、盗窃、非法贩运及野蛮破坏行为。因为风险的加剧，而且由于市场上文化物品价值的增长，在没有适当政府担保制度的国家，综合保险费用超出大多数博物馆能力所及，也是组织国际展览及不同国家间交流的严重障碍。可移动文化财产是人类共同遗产的一部分,因而每个国家在保护这些文化财产上对国际社会整体负有道义责任,各国应加强并普遍实施确保对可移动文化财产有效保护的风险预防和控制措施,并与此同时降低对所产生风险进行保险的费用。

1990 年 10 月,国际古迹理事会大会在洛桑通过《考古遗产保护与管理宪章》。起草宪章的原因主要是:考古遗产构成记载人类过去活动的基本材料。因此,对其保护和合理的管理能对考古学家和其他学者代表人类当前和今后的利益对其进行研究和解释起到巨大的作用。对这种遗产的保护不能仅仅依靠使用考古学方法,它需要较广泛的专业和科学知识与技能基础。例如,有些考古遗产的构成是建筑结构的组成部分,在这种情况下,就必须根据 1966 年保护和修复古迹遗址的威尼斯宪章所规定的这类结构的保护标准进行保护,考古遗产的其他构成是当地人民生活习惯的组成部分,对于这类遗址和古迹,当地文化团体参与其保护和保存具有重要意义。由于这些原因以及其他一些原因,考古遗产的保护必须依靠各学科专家的有效合作,它需要政府当局、学术研究人员、公私企业以及一般民众的合作。因此,该《宪章》规定了有关考古遗产管理不同方面的原则,其中包括公共当局和立法者的责任,有关遗产的勘察、勘测、发掘、档案记录、研究、维护、保护、保存、重建、信息资料、展览以及对外开放与公众利用等的专业操作程序规则以及考古遗产保护所涉及的专家之资格等。

1987 年 10 月,国际古迹遗址理事会在华盛顿通过了《保护历史城镇与城区宪章》。该《宪章》认为:(1)所有城市社区,不论是长期逐渐发展起来的,还是有意创建的,都是历史上各种各样的社会的表现。(2)本《宪章》涉及的历史城区不论大小,其中包括城市、城镇以及历史中心或居住区,也包括其自然的和人造的环境。除了它们的历史文献作用之外,这些地区体现着传统的城市文化的价值。今天,由于社会到处实行工业化而导致城镇发展,许多这类地区正面临着威胁,遭到物理退化、破坏甚至毁灭。(3)面对这种经常导致不可改变的文化、社会甚至经济损失的状况,国际古迹遗址理事会认为有必要为历史城镇和城区起草国际宪章,作为《国际古迹保护与修复宪章》(通常称之为《威尼斯宪章》)的补充。这个新文本规定了保护历史城镇和城区的原则、目标和方法。它也寻求促进这一地区私人生活和社会生活的协调方法,并鼓励对这些文化财产的保护。这些文化财产无论其等级多低,均构成人类的记忆。(4)正如联合国教育、科学及文化组织 1976 年华沙——内罗毕会议《关于历史地区保护及其当代作用的建议》以及其他一些文件所规定的,这种保护、保存和修复及其发展并和谐地适应现代生活所需的各种步骤。《保护历史城镇与城区宪章》主张保护历史城镇和城区规划之前必须进行多学科的研究,保护规划的目的应旨在确保历史城镇和城区作为一个整体的和谐关系,保护规划应该决定哪些建筑物必须保存,哪些在一定条件下应该保存以及哪些在极其例外的情况下可以拆毁,在进行任何治理之前，应对该地区的现状作出全面的记录。保护规划应得到该历史地区居民的支持。

1989 年，在联合国教科文组织大会第 25 届会议上，通过了《保护民间创作建议案》。1972 年的《世界遗产公约》没涉及无形的文化遗产保护，因此《世界遗产公约》通过后，一部分会员国提出在联合国教科文组织内制定有关民间传统文化的国际标准文件，因此，在 1989 年 11 月联合国教科文组织第 25 届大会上通过了关于民间传统文化保护的建议。联合国教科文组织主要考虑到民间创作是人类的共同遗产，是促进各国人民和各社会集团更加接近以及确认其文化特性的强有力手段；民间创作在社会经济、文化和政治方面的重要意义，它在一个民族历史中的作用及在现代文化中的地位；民间创作作为文化遗产和现代文化之间所具有的特殊性和重要意义；民间创作的传统形式的不稳定性，特别是口头传说之诸方面的不稳定性，以及这些方面有可能消失的危险；必须承认民间创作在各国所起的作用及其面对多种因素所冒的危险，认为各国政府在保护民间创作方面应起决定性作用，并应尽快采取行动。

1998 年，联合国教科文组织颁布《人类口头及非物质文化遗产代表作宣言》，号召各国政府、非政府组织和地方采取措施，对民间集体保管和记忆的口头及非物质文化遗产进行管理、保存、保护和利用，以保证这些文化的特异性永存不灭。

2003 年 10 月，联合国教科文组织第 32 届大会通过了《保护非物质文化遗产公约》。该《公约》的宗旨如下："保护非物质文化遗产；尊重有关群体、团体和个人的非物质文化遗产；在地方、国家和国际一级提高对非物质文化遗产及其相互鉴赏的重要性的意识；开展国际合作及提供国际援助来加强非物质文化遗产的保护。"《公约》已经认识到了非物质文化遗产是密切人与人之间的关系以及他们之间进行交流和了解的要素，它的作用是不可估量的；必须提高人们尤其是年青一代对非物质文化遗产及其保护的重要意义的认识。《保护非物质文化遗产公约》是对"国际上现有的关于文化遗产和自然遗产的协定、建议书和决议需要有非物质文化遗产方面的新规定有效地予以充实和补充"[①]。

以上按时间顺序讲述了联合国教科文组织及其他国际组织为致力于文化遗产保护所作的努力。正如各公约、建议、建议案所强调的，文化遗产对促进国家民族发展具有一定的积极作用，同时，各国的文化遗产也是全世界的财富，通过文化遗产的交流对促进各国交流和了解具有一定的积极作用。因此，对文化遗产的保护不仅是民族的责任、国家的责任，也是全世界共同的责任。

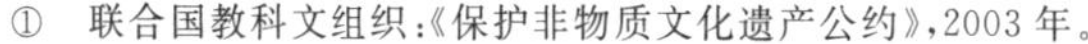

① 联合国教科文组织:《保护非物质文化遗产公约》,2003 年。

第三节　新中国文化遗产的保护

一、新中国文化遗产保护事业的发展

文化遗产保护涉及田野考古、博物馆、文物古迹保护和非物质文化遗产保护等方面，这些工作共同构成了我国文化遗产保护事业。

（一）考古事业

物质文化遗产的保护和研究在中国有着悠久的历史和传统。早在春秋时期，孔子到杞、宋调查夏商文明，辨识坟羊和楛失；汉代司马迁探禹穴、窥九嶷；北魏郦道元为《水经》作注，到各地进行实地考察；宋元时期，金石学空前繁荣，形成了系统的研究体系；明清之际，金石学人才辈出，金石学著作空前丰富；清末民初，西学东渐，诸多西方思潮被引入中国，考古学、博物馆学、人类学等学科的理论和思想也被引入我国，从而促进了金石学向现代考古学的转变，也为我国文化遗产保护事业的发展奠定了坚实的基础。

中国近代意义上的考古学是以1921年中外学者对河南省渑池县仰韶文化遗址的发掘为起始的，这项发掘标志着中国人对本土新石器文化认识的开始；1926年对山西西阴村新石器文化遗址进行了发掘；1927年中外学者又一道发掘了北京周口店旧石器时代遗址；1928～1937年，中央研究院历史语言研究所考古组在李济的带领下，开始了对河南省安阳殷墟的发掘。

1949年新中国成立后，我国的考古学发展进入了一个新的历史时期。新中国刚成立，就在中国科学院成立了考古研究所（后划归中国社科院），在北京大学历史系设立考古学专业，为新中国考古事业发展打下了坚实的基础。近六十年来，中国考古学取得了一批批重要成果，中国早期人类化石与遗存取得重要发现，一系列古人类化石出土，如元谋人、蓝田人、北京人、丁村人、马坝人等等，已经大体揭示出中国大陆古人类进化历程。新石器文化和古代社会文明化进程研究取得丰硕成果，对仰韶文化、大汶口文化、良渚文化、红山文化、龙山文化等地遗址和古城址的发掘与研究为中国古代社会文明化进程奠定了基础。夏商周文化的探寻也取得了重要成果，在中原地区和周边地域一系列的重要发现以及夏商周断代工程推动了这些研究的深入。中国古代城市的考古和探寻也取得重大进步，汉魏洛阳城、隋唐长安城、隋唐洛阳城等城址发掘为研究古代城市发展史提供了重要史料。另外，一大批重要实物、遗址和墓葬的发掘也具有重要意义，如甲骨、简牍、帛书的发现和研究，秦始皇陵兵马俑铜车马坑遗址、长沙马王堆汉墓、唐代帝陵陪葬墓、法门寺塔基与地宫、阿斯塔那墓地、渤海上京龙泉府遗址、白沙宋墓、辽陈国公主墓数不胜数，不仅积累了大量丰富的资料，也推动了考古学研究的深入。

近三十年来，随着考古成果的不断取得，考古技术也不断丰富。现代技术，特别是自然科学技术不断被应用到考古学领域。勘探技术、断代技术、植物苞粉分析技术等在考古学中的应用不断获得新的惊喜。考古学的分支发展也越来越细，动物考古、植物考古、宗教考古、美术考古、古钱学、陶瓷学等都取得了丰硕的成果。

（二）博物馆事业

中国的博物馆事业起步比西方发达国家晚，清末“坚船利炮”之后的“西学东渐”和有识之士以“开启民智”为目的的一系列思潮，促进了西方科学和现代思想的涌入。1905 年，著名实业家张謇在自己的家乡南通创办了南通博物苑，以南通博物苑的创立为中国博物馆事业的开端，迄今中国的博物馆事业已经走过了百年。新中国成立后，博物馆事业得到快速的发展，回顾新中国博物馆事业发展的历程大致可以分为以下几个阶段：

1. 新中国成立到 20 世纪 60 年代中期

1949 年，新中国刚刚诞生，百废待兴。这一期间，博物馆事业也处于恢复发展阶段，主要有三方面内容：一是对旧有博物馆的接收和改造。1951 年，文化部发布《对地方博物馆的方针、任务、性质和发展方向的意见》。该《意见》指出：“博物馆事业的总任务是进行革命的爱国主义的教育；博物馆事业仍应以改造原有的为主，仅在个别有条件的地区筹建新的博物馆。”[①]二是地方性博物馆建设。首批建成了以山东省博物馆为代表的 20 多所地志性博物馆。三是“三大馆”的建设，建成了中国革命博物馆、中国历史博物馆和中国革命军事博物馆。这一时期的博物馆事业的建设和博物馆学的发展受到前苏联的影响，此时博物馆的功能也带有明显的时代烙印。新中国成立初期，博物馆的主要功能是教育功能，通过博物馆使人民大众正确地认识历史，认识自然，热爱祖国，提高政治觉悟和生产热情。1956 年，在北京召开的全国博物馆工作会议提出了“三性二务”，则将博物馆的功能进行了初步的定位，收藏、研究和教育功能逐渐明晰，“博物馆为科学研究服务、为广大人民服务”的职责逐渐明确。“三性二务”成为中国博物馆发展的主要指导思想，也是现今博物馆“以人为本”思想的来源之一。

这一时期的后期，全国规模的“大跃进”运动兴起，这一运动也席卷了博物馆事业。在这一风气的影响下，全国博物馆数量猛增。1957 年，全国博物馆数量为 72 座，到 1958 年，博物馆数量猛增到 360 座，1959 年，达到 480 座。[②] 对“大跃进”运动反思后，党中央提出“调整，巩固，充实，提高”八字方针，全面认识和反思前一阶段的工作，正确认识了博物馆业的虚假繁荣，及时对博物馆事业的发展进行了调控，到 1966 年，博物馆数量回落为 193 座。

这一时期的博物馆事业发展虽然困难重重，失误不少，但也成绩斐然，

---

① 国家文物局编：《中华人民共和国文物博物馆事业纪事》，文物出版社 2002 年版，第 36 页。

② 本节数据来源于国家文物局编《中华人民共和国文物博物馆事业纪事》，文物出版社 2002 年版。

对旧有博物馆的接收改造,地方性博物馆建设和“三大馆”建设都取得了成功,博物馆的数量从新中国成立初期的 21 座发展为 193 座,博物馆的功能也从爱国主义教育定位为“三性二务”,博物馆人才的培养和理论的探讨也取得了一定的成绩,为博物馆事业的繁荣奠定了基础。

2.20 世纪 60 年代中期到 70 年代中期

20 世纪 60 年代中期到 20 世纪 70 年代中期,由于特定的政治环境和特殊的时代背景,我国的各项事业都处于混乱状态,新中国的博物馆事业发展受到了严重的阻碍,前一阶段取得的成绩基本被否定,博物馆事业基本处于停滞状态,有的地区甚至出现倒退。1966 年 4 月,故宫博物院实施军事保护,至 1971 年才恢复开放;而中国历史博物馆则在 1966 年 8 月闭馆,工作全面停滞;其他地区的博物馆藏品毁损现象亦十分严重。博物馆的日常工作停滞,基本功能丧失,但这一时期博物馆的数量先减后增,1966 年博物馆数量为 193 座,到 1969 年数量减少到 171 座,到 1976 年博物馆数量增加到 217 座,较 1966 年增加了 24 座。

3.20 世纪 70 年代中后期至今

“文化大革命”结束后,我国的各项事业重新获得了生机和活力,十一届三中全会之后,中国的博物馆事业进入了一个新的历史阶段,博物馆的数量和各项规章制度建设都取得了可喜的成果,博物馆陈列和展览日趋多样化,博物馆学的发展也取得了喜人的成绩。1982 年中国博物馆学会成立,1985 年《中国博物馆》创刊。改革开放后,博物馆事业结合中国实际,积极吸收国外博物馆工作和博物馆学研究的先进成果,努力探索,在建设中国特色的博物馆事业的道路上迈出了坚实的步伐,取得了一个又一个可喜成果。

经过五十多年的发展,中国的博物馆事业和博物馆学取得了长足的进步,博物馆数量稳步增加。除各省博物馆外,各地兴建了大量专题博物馆、行业博物馆,私人博物馆在中国开始出现并逐渐兴盛起来;博物馆人员素质也显著提高。博物馆现代化步伐加快,博物馆数字化和数字化博物馆的潮流推动着整个博物馆行业,数字化是博物馆今后发展的一个方向,国内主要博物馆目前都在从事数字化改造及其相关工作。博物馆发展模式多样化,生态博物馆以及 20 世纪后半叶兴起的新博物馆学在中国都有实践和发展。

(三)文物古迹保护

我国现代保护文物古迹的活动可追溯到 20 世纪 20 年代,1928 年成立古物保存委员会。此后在著名古建学者朱启钤的倡议下,1929 年成立民间学术研究机构中国营造学社,开始系统地用现代科学的方法研究中国古代建筑。中国营造学社的成立,对中国历史建筑遗产的保护与研究方面发挥了重要作用。

1930 年,当时的国民政府公布《古物保存法》,共 17 条,对古物的含义、保存要求、文物发掘等作了规定;1931 年 7 月 3 日公布《古物保存法实施细则》,增加了保护古建筑的内容;1939 年国民党当局颁布《都市计划法》,其中也涉及了古建保护问题。

1948年，清华大学梁思成主持编写了《全国重要文物建筑简目》，是配合北平和平解放服务的，共450条，并附古建筑保护须知，它是以后公布的全国第一批重点文物保护单位的基础。

1950年5月，建国之初正是百废待兴之时，中央人民政府（政务院）即发布了保护文物古迹的政令。

1956年，国务院发布了《关于在农业生产建设中保护文物的通知》，首次提出“保护单位”的概念，并据此在全国范围内开展了第一次文物普查。作为这次文物普查的成果，编印了各省、自治区、直辖市文物保护单位名单共计7000多处，并在此基础上，颁布了第一批省级文物保护单位。

1958年，《中华人民共和国宪法》中规定：“国家保护名胜古迹，珍贵文物和其他重要历史文化遗产。”

1961年11月，国务院颁布了《文物保护管理暂行条例》，公布首批全国重点文物保护单位180处，从法律上明确了不可移动文物的分级保护政策，实施了以命名“文物保护单位”来保护文物古迹的制度。1982年又公布了第二批全国重点文物保护单位62处。2006年5月，公布了第六批全国重点文物保护单位1080处，现在共有全国重点文物保护单位2351处。

1982年2月，国务院公布首批24个历史文化名城，标志着历史古城保护制度的创立。截至2007年4月，现有国家历史文化名城共108个。

1982年11月，颁布《中华人民共和国文物保护法》，标志着我国对文化遗产的保护开始走上法制化的轨道。在这期间，我国开展了第二次全国文物普查，对全国文物家底大调查、大清理。此次共调查登记不可移动文物40余万处，并在以后20多年间相继共公布了2351处全国重点文物保护单位，8000余处省级文物保护单位，60000余处市县级文物保护单位。

1984年1月，国务院颁布《城市规划条例》，规定城市规划应当切实保护文物古迹，保护和发扬民族风格和地方特色。

1985年1月，中国政府加入《保护世界文化和自然遗产公约》。

1986年，国务院确定将文物古迹比较集中，或较完整地保存某一历史时期的传统风貌与民族地方特色的街区、建筑群、乡镇、村落，划定为历史文化保护区加以保护。现北京已公布历史文化保护区40处，浙江省历史文化保护区43处，上海市历史文化风貌区12处等。

1987年中国有了首批“世界文化遗产”长城、故宫等。1987年和1990年泰山、黄山首批列入“世界文化和自然遗产”。1992年九寨沟、黄龙和武陵源首批列入“世界自然遗产”。1997年我国首次有古城列入“世界文化遗产”，它们是平遥和丽江。2000年首次有村落（皖南古村落）列入“世界文化遗产”。

1989年12月颁布《城市规划法》。在城市规划条例的基础上规定编制城市规划应当保护历史文化遗产、城市传统风貌、地方特色和自然景观。城市新区开发应当避开地下文物古迹。

1997 年 3 月，国务院发出《关于加强和改善文物工作的通知》，强调要努力建立适应社会主义经济体制要求、遵循文物工作自身规律、国家保护为主并动员全社会参与的文物保护体制，并要求各部门各地方做到"五纳入"，即将文物保护纳入经济和社会发展计划，纳入城乡建设规划，纳入财政预算，纳入体制改革，纳入各级领导责任制，把各级政府保护文物的责任进一步具体化，这对在社会主义市场经济条件下加强文物保护具有重要指导意义。

2002 年 10 月颁布修订后的《文物保护法》，确立了文物保护单位、历史文化街区(村、镇)、历史文化名城三个层次的保护体系，确立了"保护为主，抢救第一，合理利用，加强管理"的工作方针，为新时期文物事业的发展提供了坚实的法律保障。

2003 年 11 月至今，建设部、国家文物局分三批公布中国历史文化名镇名村共 157 个。

2005 年 12 月，国务院发出《关于加强文化遗产保护的通知》，以"文化遗产"的概念为框架，强调了保护文化遗产的重要性和紧迫性，确立了加强文化遗产保护的指导思想、基本方针和总体目标，明确了解决当前文化遗产保护面临的突出问题的具体措施；同时决定设立我国"文化遗产日"，自 2006 年起，每年 6 月份的第二个星期六为"全国文化遗产日"。

(四)非物质文化遗产的保护

我国对非物质文化遗产的保护和研究有一个较长的认识过程。在 20 世纪 20 年代，我国早期的民俗学者已经看到了民间文化的重要价值，先后成立了歌谣研究会、方言调查会、风俗调查会等组织，收集、整理和出版相关的资料。新中国成立前，著名民俗学者钟敬文编辑了《民间风俗文化》、《民间艺术》等专号，广泛刊载民间风俗资料。以上学者的工作内容是民俗资料，出发点也是为了民俗研究，还没有提升到非物质文化遗产的高度，但是用今天的尺度去衡量，那些时期所进行的工作对象与今天的非物质文化遗产保护是接近的。

20 世纪 50 年代，中国政府曾组织对少数民族和民族语言进行普查，虽然没有保护非物质文化遗产的理念指导，但是对后来研究少数民族习俗和少数民族语言积累了宝贵的资料。

1979 年以来，文化部、国家民委、中国文联、中国音乐家协会等部门组织开展了《中国民间歌曲集成》、《中国民间故事集成》、《中国谚语集成》、《中国歌谣集成》、《中国民间戏曲音乐集成》、《中国民间曲艺音乐集成》、《中国民间舞蹈集成》、《中国民间器乐集成》、《中国戏曲志》、《中国民间曲艺志》等十大文学艺术集成志书的编纂工作(简称《十大集成》)。经过调查人员的努力，共收集民间歌谣 302 万首，谚语 748 万条，民间故事 184 万篇，民间戏曲剧种 350 个，剧本 1 万多个，民间曲艺音乐 13 万首，民间器乐曲 15 万首，民间舞蹈 1.7 万个，文字资料 5 亿多字。

中国民族民间文艺集成志书以20世纪80年代中国行政区划按省、自治区、直辖市立卷(港、澳、台湾卷暂缺),各卷本涉及的时间跨度,上溯至各类民族民间文艺表现形式的源头,下限为20世纪80年代或20世纪末。该丛书包括集成和志书两种体例。集成在艺术门类上包括:各民族音乐、舞蹈、戏曲、民间文学、曲艺,内容涉及民歌、戏曲音乐、民间器乐、宫廷音乐、宗教音乐、民间祭祀音乐、曲艺音乐、民间舞蹈、神话、故事、传说、歌谣、谚语。志书有《中国戏曲志》《中国曲艺志》两部。从剧种(曲种)、剧目(曲目或书目)、音乐、表演、舞台美术、机构、演出场所、演出习俗、文物古迹、报刊专著、轶闻传说、谚语口诀、传记等各个方面,全面地反映中国各地各民族戏曲、曲艺的历史和现状。全书298卷450册,原计划2006年全部书目出版齐全。[①]

1987年,文化部开始"艺术之乡"的命名工作。到2003年3月5日为止,共命名了包括"中国民间艺术之乡"和"中国民间特色艺术之乡"在内的"艺术之乡"共412个,覆盖范围为全国31个省、直辖市、自治区。"艺术之乡"的命名对保护我国非物质文化遗产具有深远意义。

1997年5月,国务院颁布《保护传统工艺美术条例》,其目的是为了保护传统工艺美术,促进传统工艺美术事业的繁荣与发展。《保护传统工艺美术条例》要求对国家认定的传统工艺美术技艺采取包括搜集、整理、建立档案,征集、收藏其优秀代表作品,对其工艺技术秘密确定密级,依法实施保密,资助研究,培养人才等措施实施保护。同时鼓励地方各级人民政府根据本地区实际情况,采取必要措施,发掘和抢救传统工艺美术技艺,征集传统工艺美术精品,培养传统工艺美术技艺人才,资助传统工艺美术科学研究。[②]《保护传统工艺美术条例》的颁布是我国非物质文化遗产保护发展史上具有里程碑意义的文件,其明确了国家对待传统工艺美术的态度以及各级政府在传统工艺美术保护中的责任和义务,为开展工艺美术类非物质文化遗产保护提供了政策上的依据和准绳。

1998年,中国和挪威政府在贵州六枝特区梭嘎乡,建立了我国第一个苗族生态博物馆。到目前为止,中国和挪威共同建设了梭嘎、镇山、隆里、堂安四座生态博物馆。虽然目前有研究者将生态博物馆的保护定位在物质文化遗产保护,但是应该看到,贵州的生态博物馆也保存了很多的非物质文化遗产,如堂安生态博物馆保护了大歌、侗戏等少数民族优秀的文化遗产。生态博物馆是一种文化遗产的立体式保护。

2000年5月,我国第一部地方性非物质文化遗产保护条例《云南省民族民间传统文化保护条例》(以下简称《条例》)在云南通过。该《条例》的通过是为了加强对民族民间传统文化的保护,继承、弘扬优秀的民族文化传统,

① 参见新浪网新闻 http://news.sina.com.cn/c/2005-01-04/17244714407s.shtml.

② 《保护传统工艺美术条例》,1997年。

明确了保护工作的方针:"保护为主,抢救第一,政府主导,社会参与。"①该《条例》要求本省内的行政机关、企事业单位和个人都有保护民族民间传统文化的责任和义务;县级以上人民政府的文化行政部门应当会同民族事务等部门组织对本地区的民族民间传统文化进行普查、收集、整理与研究;对于即将消失的有重要价值的民族民间传统文化应及时组织抢救;《条例》还规定以任命民族民间文化传承人和艺术之乡等形式鼓励民族民间文化的传承。这是我国第一部有关非物质文化遗产保护的条例,特别是以云南这样一个少数民族大省,非物质文化遗产相对丰富,其颁布实施更具有典型性。

2003 年 1 月 20 日,文化部正式启动"中国民族民间文化保护工程"。保护工程计划分三个阶段进行:第一期从 2004 年到 2008 年,为先行试点和抢救濒危阶段;第二期从 2009 年到 2013 年,为全面开展和重点保护阶段;第三期从 2014 年到 2020 年,为补充完善和健全机制阶段。"保护工程"是"在以往民族民间文化保护工作成果的基础上,结合新时期的形势和特点,由政府组织实施推动的,对珍贵、濒危并具有历史、文化和科学价值的民族民间传统文化进行行之有效保护的一项系统工程"。保护工程是"传承中华文明,建设有中国特色社会主义先进文化的现实需要;是落实科学发展观,全面建设小康社会,实现经济和社会全面、协调、可持续发展的重要举措;是振奋民族精神、维护祖国统一的迫切要求;是维护我国文化主权的战略措施"②。

时隔不到一个月,2003 年 2 月 18 日,"中国民间文化遗产抢救工程"正式启动。这是国家社科基金特别委托项目,是中国民族民间文化遗产抢救和保护工程的子项目。该工程持续了十年,分两个时期:第一个时期从 2003 年到 2007 年,第二个时期从 2008 年到 2012 年。工程计划对中国五十六个民族的民俗、民间文学、民间艺术进行地毯式的普查、登记、整理。这是有史以来第一次对民间文化进行国家级抢救、普查、整理和出版的巨大工程,也是文化人进行文化寻根、唤醒民众文化意识、普及优秀文化遗产的文化行动,对了解文化国情、民情,鉴别良莠,促进文化创造,在全球经济一体化的历史潮流中,增强国家文化实力、建设国家文化主权具有重要的意义"。③

2003 年初,经过专家论证,确定了 40 个"保护工程"国家级试点。2003 年 10 月,首批确定十个民族民间文化保护工程试点。其中,综合性试点三个,分别是云南省、浙江省、湖北省宜昌市;专业性试点七个,即河北省武强县年画、广西壮族自治区红水河流域铜鼓艺术、海南省黎族传统棉纺织工艺、贵州省黎平县肇兴侗族文化保护区、西藏自治区日喀则地区昂仁县迥巴藏戏、甘肃省庆阳市环县道情皮影、新疆维吾尔自治区木卡姆。④

---

① 《云南省民族民间传统文化保护条例》,2000 年。

② 《中国民族民间文化保护工程实施方案》,www. ccmedu. com.

③ 参见《中国民间文化遗产抢救工程计划大纲》,www. ccnt. com. cn.

④ 参见《我国确定 10 个民间文化保护工程试点》,载大洋网(www. dayoo. com)。

在国内大学、科研院所陆续建立非物质文化遗产保护研究机构。2003年2月，中国艺术研究院成立中国民族民间文化保护工程国家中心。新疆大学与新疆宝亨集团联合建立新疆非物质文化遗产研究中心，致力于新疆地区非物质文化遗产的保护。苏州大学、福建师范大学、华中师范大学、浙江师范大学等高校也纷纷成立非物质文化遗产研究中心，探索非物质文化遗产理论及保护实践；各个高校纷纷开设非物质文化遗产研究的课程，在首届高校非物质文化遗产研讨会上一致通过了《非物质文化遗产教育宣言》，希望通过教育实现非物质文化遗产的全方位教育传承的实现。

2004年8月28日，第十届全国人民代表大会常务委员会第十一次会议决定：批准于2003年11月3日在第32届联合国教科文组织大会上通过的《保护非物质文化遗产公约》，非物质文化遗产保护成为国家政府的意志。

2005年3月22日，中国民协在北京召开大会，宣布正式在全国启动“中国民间文化杰出传承人调查、认证和命名”项目。该项目拟用两年的时间，在全国各地开展对民间文化杰出传承人的调查，计划首批命名100名中国民间文化杰出传承人，并出版相关资料和建立数字化数据库。该项目的实施缩小了我国非物质文化遗产保护和其他国家的差距，我国非物质文化遗产保护体制逐步和国际社会接轨。

以上按时间顺序对我国非物质文化遗产认识过程中的典型事件进行了简单回顾。可以看到，对非物质文化遗产的认识，中国的认识与保护的历程大致经历了早期的认识初始阶段、中期认识的深化阶段和现在认识的加深与保护体制的建立和完善阶段。尤其是现在，面对国际非物质文化遗产保护的大趋势，中国非物质文化遗产的保护工作加快了步伐，各级政府和文化教育机构及民间有识之士已经行动起来，采取各种措施建立保护机制和唤醒民众的保护意识；对有些非物质文化遗产濒临消失的现状，也促使我们感到加强保护的紧迫感和使命感，因此，政府应加紧非物质文化遗产保护的立法与宣传，为非物质文化遗产保护体制的建立与完善提供保证。

二、新中国文化遗产的保护现状

(一)中国是文化遗产非常丰富的国家

我国文化遗产异常丰富，仅从文物古迹来说，截至2007年统计，现有全国重点文物保护单位2351处，传世的文物更难以准确统计，而且在考古实践中还不断增加。我国文化遗产之所以如此丰富的原因主要有三方面，即辽阔的地域、众多的民族和悠久的历史。

1. 地域辽阔

中国陆地面积非常广阔，960万平方公里的领土面积，还有广阔的海洋，境内分布着高原、山脉、平原、丘陵、大江、大河、湖泊、岛屿等各类地貌环境，并有丰富的自然资源。各地区的气候状况、土壤、水源等都有很大差别，不仅适合人类生存繁衍，而且也成为创造不同生活习俗人群的客观环境，成为产生不同文化特征的外部因素。我们以对人类生活关系最为密切的居住形式为例，考古发现的古代房址形式主要有三种，即南方的杆栏式建筑、西北地区的窑洞式建筑和北方大部分地区都能看见的地穴半地穴或地面建筑。

南方所见较早的杆栏式建筑，如新石器时代的浙江余姚河姆渡文化中的杆栏式建筑、西周时期的湖北蕲县毛家咀的杆栏式建筑都非常典型。距今6000年前后的河姆渡文化盛行一种栽桩架板高于地面的杆栏式建筑，在河姆渡遗址各文化层，都发现了与这种建筑遗迹有关的圆桩、方桩、板桩、梁、柱、木板等木构件，共达数千件。如第4层的一座杆栏式长屋，桩木及与其紧靠的长圆木残存220余根，较规则地排列成4行，互相平行，作西北—东南走向。现存最长一行桩木长23米，由西南到东北的第1、2、3行之间的距离大体相等，合计宽约7米，推知室内面积在160平方米以上。第3、4行的间距1.3米，这是设在面向东北一边的前廊过道。建筑遗迹范围内，出土有芦席残片、许多陶片以及人们食后丢弃的大量植物皮壳、动物碎骨等。这座大型杆栏式建筑当属公共住宅，室内很可能隔成若干小房间。杆栏式建筑是中国长江以南地区新石器时代以来的重要建筑形式之一，适合于水域丰富地区，以致延续到近现代。①

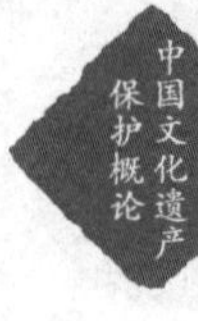

西部地区的窑洞式建筑从远古开始流传一直延续到今天。20世纪80年代以来，中科院考古研究所等单位对海原县菜园村新石器时代遗址及墓葬群进行了发掘，共清理房址13座，发现的房址分为窑洞式和半地穴式两种。保存最好、规模最大的窑洞式房址面积达25平方米，周壁分布5叶“壁灯”，表明其性质独特，可能为原始宗教建筑，距今约有4500年以上的历史。考古工作者发现，经挖掘展露出的原始窖洞式房屋，不是在自然垂直的断崖上掏挖的横穴，而是在黄土阶地的陡坡上人工削出一段断崖，然后向斜下掏挖而成。其中保存较完好的第三居地，由半圆形场院、长条形门道、过洞式门洞和椭圆形居室四部分构成。居室内有藏物窖穴和灶坑，场院和门道相连，用建筑垃圾掺和小石子铺垫而成。入口有缓冲空间，并有掩闭设置。另外，经陕西考古工作者的发掘，一个距今4500年的大型史前人类聚落遗址发现于陕西北部的吴堡县。这里相继发现了两座龙山文化时期（属新石器时代晚期）的石头城和中国最大的龙山陶窑，发现窑洞式房址近70座、灰坑7座，出土了一批陶器、石器和骨器。新发现的近70座窑洞式居址主要分布于南、北石头城和后山梁中，也有分布在石头城外山坡上的，它们大致可分为“凸”字形、“吕”字形、“甲”字形和后室带有储藏室等四种形制。每个城池上的窑洞群都是按照缓坡一圈一圈修筑而成的，先民们先是围着山峰一圈掏建窑洞，再在上面劈开一圈建窑洞，这样，就构成了层层叠叠的窑洞。这些居屋的大小和豪华程度有差距，有的窑洞加工精细，居屋的储藏室上边是用

---

① 参见浙江省文管会、浙江省博物馆《河姆渡遗址第一期发掘报告》，载《考古学报》1978年第1期；牟永抗《试论河姆渡文化》，载《中国考古学会第一次年会论文集》，文物出版社1980年版。

柳条拍打而成的，窑洞的底部一圈是用红色的矿物质画线而成的墙脚线，庭院、前室和过道的石地板打磨得非常整齐，有缝隙处则用小石料填充。

北方地区和其他地方流行半地穴式建筑和地面建筑，半地穴式建筑是进入到新石器时代才开始出现。所谓“半地穴式建筑”，就是先在地面上挖一个圆形或方形浅穴，然后在穴上修建一个窝棚式的房屋。在河南密县莪沟遗址发现了六座距今7000余年属于裴李岗文化的半地穴式建筑，形式上有圆形和方形两种，面积最大的有10平方米左右；穴底地面上还铺垫着一层2～6厘米厚的灰白色垫土，加工成光滑平整的硬土居住面；在靠穴壁处还均匀地分布着几个柱子洞，用立柱支撑草棚屋顶；在地穴南部或西南部有斜坡形或台阶式的门道，以方便出入。类似的半地穴式建筑，在磁山文化和后李文化里均有发现。半地穴式建筑的出现是与当时社会生产力发展水平相适应的，它们是古代先民改造自然、征服自然的一个伟大创造，是后来流行的地面式房屋的雏形。

与这三种居住形式相对应，也有三种埋葬死者的方式。

与南方地区的杆栏式建筑相对应的是无墓穴的地表埋葬，发展为后来的土墩墓。这类墓一般没有墓坑，采用堆土掩埋的方式安葬。后来的土墩墓外观呈馒头状。如在浙江东阳、江苏句容和金坛都有周代的土墩墓群。另外，2006年，为配合浦南高速公路建设，福建博物院与福建闽越王城博物馆联合组成考古队对浦城县管九村的土墩墓群进行了抢救性发掘，共清理了30余座。初步判断，这些土墩墓的年代为西周到春秋时期，距今2500～3000多年。

与西部地区窑洞式房址相对应的是洞室墓。如宁夏回族自治区南部偏西的海原县境内的菜园遗址的墓葬群，共包括切刀把、瓦罐嘴、寨子梁、二岭子湾、林子梁西坡墓葬群五处。寨子梁墓地有较完好的侧龛和洞室保存下来，同时还发现了横穴洞室墓和洞室侧龛墓两种墓葬形制，大大丰富了菜园村附近文化遗存的内涵。

北方及其他地区早期居住形式多为半地穴房址，相应的墓葬多为浅竖穴土坑墓。如距今8500～7500年前后的后李文化，主要分布于鲁北地区，在临淄后李遗址和章丘小荆山遗址发现的数十座墓葬主要是浅竖穴土坑墓，另有少量的洞室墓。浅竖穴土坑墓土圹呈长方形，长度在2米左右，宽度在0.5～0.8米，墓室内仅葬一人，仰身直肢葬式，头向一般都朝向房屋居址的方向。没有葬具，大部分墓葬内都没有随葬品，仅个别墓内随葬少量蚌壳、骨饼等饰件，生动地反映了当时人们的思想观念和社会发展状况。

我国辽阔的地域造就了不同的生存环境，先民们为适应环境采用不同的技术、方法、手段来改造自然环境和生态环境，由此产生了文化的多样性，也造就了今天我国文化遗产的多样性。

2. 历史悠久

自远古时代人类就开始在这片土地上生存繁衍，并创造了延绵不断、代代相承的传统文化。从考古发现，不管是地下埋藏，还是地表遗存，不管是可移动文物，还是不可移动的古迹，其数量之大，内容之丰富，底蕴之深厚都令人叹为观止；而这既是今天炎黄子孙引以为豪的资本，也是世界人民向往崇拜的对象。

1921 年，在北京周口店发现了北京人的牙齿，揭开了中国远古史研究的篇章。此后，元谋人、蓝田人、郧县人、南京人、巫山人等直立人化石相继被发现和确认，年代分期在距今 170 万～25 万年前。距今 25 万～5 万年间的早期智人继于 1959 年首先在山西襄汾发现丁村人之后，在湖北长阳的"长阳人"，广西曲江的"马坝人"，山西阳高的"许家窑人"，陕西的"大荔人"，贵州的"桐梓人"，安徽的"巢县人"，辽宁的"金牛山人"等，都有丰富的人骨化石和打制石器发现。距今 5 万年之后，人类体质特征进化到晚期智人阶段，属于旧石器时代晚期的人类化石地点，比较典型的有北京"山顶洞人"、广西"柳江人"和"来宾人"、台湾"左镇人"、内蒙"河套人"等。另外，在实际发掘中，没有人类化石，但有人类活动遗迹的地点更多，仅旧石器时代早期在北方地区有人类活动的地点就有 100 多处，在长江中游的湖南省就有 200 多处；到晚期阶段，不仅地点多，分布范围广，而且发现物也更为丰富，在宁夏灵武县的水洞沟遗址，经多次调查出土 1 万多件石制品及骨器等遗物。山西朔县寺峪遗址发现与人骨化石共出的石制品 2 万多件，在台湾长滨八仙洞遗址内，堆积着距今 5 万～1.5 万年形成的文化层，出土有石器、骨角器、兽骨和土炭，其中骨角器中有长条尖状器、两头尖状器、有孔骨针、长条凿形器等。

同在 1921 年，瑞典人安特生在河南渑池县仰韶村发掘出彩陶，该时期的文化后来被命名为仰韶文化，由此揭开了新石器时代研究的序幕。80 多年来，中国新石器时代的考古实践和研究都取得了巨大的成就。从距今 1.5 万年到 1 万年间，完成了由旧石器文化向新石器文化的过渡。江西万年仙人洞遗址、吊桶环遗址已有 1.4 万年到 1 万年，或者更早，湖南道县玉蟾岩遗址的年代也在 1 万年以上。这是目前已知最早的三处新石器时代早期遗址。另外，在北京怀柔转年村、河北徐水县南头庄遗址发现出土物已超过 1 万年，在华南地区的广西桂林甑皮岩遗址的年代也有 9000 年，邕宁顶狮山早期遗存也有 1 万年的历史。

距今 8500 到 7000 年是氏族制度发展时期，发现的村落遗址数量大增，分布更为广泛，在全国各地形成了几个面貌不同的文化类型，如中原地区的裴李岗、磁山文化，山东的后李文化，内蒙的兴隆洼文化，湖南的彭头山文化，具体的考古资料证明这时的氏族公社已有相当的发展。历史车轮跨进距今 7000 年到 5000 年，这一时期内，氏族制度也进入繁荣时期。中原地区的仰韶文化，黄河上游的马家窑文化，黄河下游的北辛—大汶口文化，北方地区的红山文化，东北地区的新乐下层文化，长江中游的大溪文化，长江下游的河姆渡、马家浜、崧泽、北阴阳营文化类型，江淮地区的龙虬庄文化等为主要文化类型。大约距今5000年到4000年，被考古学界称为“龙山时代”，大体在这一时期内，山东龙山文化（距今4600～4000年）、庙底沟二期文化（距今4900～4500年）、客省庄二期文化（距今4300～4000年）、黄河上游甘青地区的马家窑文化半山类型和马厂类型（距今4600～4000年）、长江中游的良渚文化（距今5200～4000年）、长江中游的石家河文化（距今4600～4000年）等等考古学文化大量发现。这一时期的各文化虽有差别，但共同特点是城址大量出现，在全国各地已发现的这一时期的城址有50余座；具有礼仪性质的玉器、陶器等相继出现。在大多遗址中，建造精美的房址也在多处地点都能见到。同一文化的墓葬有着明显的差别，这都表明了氏族制度的解体，文明时代的来临。整个新石器时代，各地文化面貌大相径庭，反映了新石器时代文化的复杂和多样性。

进入有文字记载的历史时期，先辈们的创造更加绚丽多彩，今天所见的偃师商城、安阳殷墟、宝鸡周原、秦始皇陵兵马俑、汉代长安城遗址、汉代帝王陵、隋、唐古城与墓葬、明、清的皇宫建筑群等，都是人们智慧与汗水的结晶，都是今天宝贵的文化财富。

辽阔的疆域、众多的民族和悠久的历史共同造就了我国文化遗产的多样性，这些遗产不仅是各民族所有的，也是全国人民的宝贵财富。

3. 民族众多

文化遗产是各民族历史上遗留下来的物质财富和精神财富。中国是人类文明史上历史悠久的文明古国，文化遗产举世无双。中国又是由五十六个民族组成的一个多民族的国家，各民族都创造了绚丽多彩的文化。至少在汉代就形成了以汉民族为主体，经魏晋、隋、唐、宋、元、明、清等朝代的交往、迁徙，融合形成了今天五十六个民族的大家庭，各民族在生活方式、生产形式、传统习俗上都有各自的特点，这就成为传统文化呈现丰富多彩形式的原因。

分布于西北、西南和东北等地区的少数民族在历史上创造了丰富的文化遗产，如东北的满族，在辽阔的黑土地上留下了一道道亮丽的文化风景，沈阳的一宫三陵，已经作为北京故宫的扩展项目成功申报世界文化遗产，蒙古族的五京遗存、契丹族的壁画墓葬、广西的左江岩画群、西域丝绸之路、新疆的楼兰古遗址、宁夏的西夏遗址、云南的哀牢山脉梯田、云南的纳西族摩梭人母系制社区、云南文山的岩洞住宅村等，都是民族优秀的文化创造。同样，在西南、西北等地的少数民族的文化创造也为我国历史增添了绚丽的一笔。我们认为，少数民族创造的优秀非物质文化遗产更是急需保护。少数民族由于其地理位置多处边远地区，由于生活方式和经济发展的限制，很多民族发展还处于后进状态，但更有利于他们保有自己语言、风俗和节庆，这些都是优秀的非物质文化遗产，如傣族的泼水节、彝族的火把节、苗族的芦笙会、纳西族的棒棒会，等等。2005年，蒙古长调和新疆的木卡姆艺术都入选联合国教科文组织的非物质文化遗产名录，这是民族文化具有突出价值的最好例证。

中国少数民族文化遗产内容十分丰富，是中华民族文化遗产保护的重要组成部分。但从联合国教科文组织公布的我国列入世界遗产名录清单来看，我国少数民族地区进入世界遗产的数量占的比例还很小，由于工业化和城镇化的迅速发展、全球经济一体化的剧烈冲击以及自然灾害、战争威胁等因素，少数民族地区的文化和自然遗产受到不同程度的破坏。从多元文化视野出发，继承和保护世界各地少数民族创造的“具有突出普遍价值”的文化遗产和世界遗产，是联合国教科文组织的一项基本目标。

（二）中国文化遗产保护任务繁重

丰富的文化遗产也为我国文化遗产保护工作提出了很多要求，这使得我国文化遗产保护任务极其繁重，具体体现在文化遗产数量多，保护过程中矛盾多。因此，对我国遗产的普查、管理、保护需要投入大量的人力物力。多年来文化遗产保护事业已取得了巨大成就，如已开展的两次文物普查和正在进行的第三次文物普查，国家级历史文化名城的颁布，全国重点文物保护单位的颁布，省市级文物保护单位的确定和保护，特别是申报世界文化与自然遗产等。我国文化遗产工作者所做的工作对文化遗产保护所发挥的积极作用，促进了我国文化遗产保护工作的不断前进。但随着我国经济建设的飞速发展，文化遗产保护仍然任重而道远。

1. 数量多

就物质文化遗产而言，在每个文物大省内，现已发现的遗址数量都在几万处以上，其他省份也在几千处甚至近万处。据统计，我国有40多万处不可移动的文物，对这些遗址进行保护，投入的人员、财力、物力都是非常大的，困难很多。而馆藏文物数量突破1200万件，其他各种渠道流传的文物不计其数，对这些文物的管理、收集、保护和研究是极其艰巨的任务。

2. 矛盾多

由于文化遗产的多样性和分布的广阔性，文化遗产的保护工作中也存在很多矛盾和困难，如农业生产与遗产保护的矛盾、城市建设与历史城区保护的矛盾，工程建设与文化遗产保护的矛盾，等等。

农业生产与文化遗产保护矛盾之处，首先表现为按遗址保护要求，农民在遗址所在地进行播种耕种，翻地深度不得超过0.3～0.4米，不能挖深沟、水渠等，尤其是蔬菜区的大棚，在建设时对遗址的破坏很大。随着农村人口的增多，农舍扩大和乡村经济的发展，遗址的保护与农民生活之间的矛盾越来越突出。

城市现代化建设与文化遗产保护的矛盾也非常突出。城市发展和演变是城市的记忆，每一处名人故居、官府宅第、寺庙宫观、亭台楼阁、雕塑石刻、造像壁画和墓、碑、塔、坊、井、桥等文化遗存以及其背后大量的史实和文献，都承载着丰富的历史、社会和文化信息。更重要的是，在城市中保留下来的传统文化使这种记忆变得更为真实，通过保留城市风貌、民族风情、市民习俗，我们可以实实在在地感受到历史的积淀。城市文化遗产不但是城市发展的历史见证，而且是城市文明的现实载体。一座古代城市的营建，包括宫殿、衙署、里坊、道路和水系等，是一个规模宏大、布局合理、功能完备的完整的科学体系。特别是城市中留存至今的成片的历史街区和数量众多的传统民居，是城市文化遗产的重要组成部分。它们既是先人活动的遗存，又是今人生活的空间，凝聚着一代又一代居民的思想、智慧、生活习俗。这些文化遗产是世世代代的创造和积累，积淀着他们在各个历史时期的杰出贡献，给我们带来巨大的物质和精神享受，并启发我们的智慧开拓未来。近年来，全国许多城市开始了新的建设，如城市改造、楼房建筑、铁路公路建设、大型水利工程建设、大中型企业兴建占地，等等。由于对历史文化遗产的价值和作用缺乏认识，加之缺乏城市建设与文化遗产保护的合理规划，这都给历史古城保护带来很多问题，很多文化遗产、古代建筑在人们的经意或不经意间消失了。许多旧城在“旧貌换新颜”的同时，失去了原有的特色风貌；特别是片面理解经济建设，忽视历史文化保护，让更多高楼大厦和旅游发展吞噬了很多历史建筑，毁坏了不少历史名城的风貌。这不但使文化遗存和原来的地方风情、城市风貌一扫而光，割断了社会的历史文脉，而且，长此以往更会带来一个民族文化的弱化。①

工程建设与文化遗产保护的矛盾也非常突出。按照我国现行的法律法规，任何一个建设项目开工之前，都要进行文物调查与勘探，并根据勘探结果进行考古发掘，发掘后才能进行施工建设，这是一个基本程序。目前，我国有很多在建的大型工程都涉及文化遗产保护问题，如南水北调工程对文化遗产保护提出了严峻的挑战。南水北调工程对沿线历史文化遗产影响很大，中线工程输水干线全长1427公里，东线输水干线全长1446公里，涉及湖北、河南、河北、江苏、山东、北京、天津七省市，连接着夏商文化、荆楚文化、燕赵文化、齐鲁文化等中国历史上重要的文化区域，是我国古代文化遗存分布密集的地区。沿线文物保护单位包括人类历史上最伟大的水利工程之一的大运河、世界文化遗产武当山遇真宫、淅川下王岗遗址等各类古遗址及古墓葬级别甚高、价值巨大、数量众多，内容涉及华夏民族形成与发展的多方面学术问题，抢救、保护这部分历史文化遗产是我们必须面对的现实。

在文化遗产保护中，与遗产盗窃者进行的较量也很突出。在文物收藏单位的偷窃中，有社会团伙作案，也有内外勾结作案，还有内部人员监守自盗。非法盗掘墓葬者不顾国家法律，利用各种手段偷盗毁坏墓葬遗迹。盗墓技术水平高、工具先进，且现在的盗掘文物现象出现专业化、集团化倾向，已经形成了“盗—倒—销”一条龙的局面。曾有人统计，从1982年起，江西余干县多座墓葬被盗；1987年1月至6月，青海省有1700多名村民盗掘古墓抢走文物多件；1990年，四川省也有多座墓葬被盗；湖南邵阳市某县二三年

① 参见阮仪三《文化遗产保护的价值》，http://www.jfdaily.com.

内被盗古墓面积占全县面积 2000 平方公里的 1/5。文物资源丰富的山西、陕西和河南三省一度成为海内外文物走私的猎区。

更有甚者，有些文化遗产管理单位将文化遗产作为资本与其他单位合作进行创收。例如，2005 年 7 月，金山岭长城旅游公司将长城出租，组织与保护长城极不适应的娱乐活动，使象征着中华民族精神的长城受到了无情的践踏和亵渎，新闻媒体迅速曝光，一时间国人哗然。国家文物局执法小组在调查核实后召开督察会议，对金山岭长城的管理提出了整改意见，其中最重要的一条就是，立即恢复长城管理处，把长城的管理权重新收归到政府和文物部门手中。

（三）文物保护技术的开发

文物保护技术主要是指对可移动的各种质地的文物和不可移动的古建筑两类文物的修复保护专业技术。

1. 古器物保护技术

文物保护技术的核心是修复与保养，即治与防两个方面：对已经因老化而破碎、变形的文物藏品进行技术处理，得以恢复原貌的过程为藏品的修复；为阻止或延缓藏品劣化变质，而采取的防护性技术措施为藏品保养。文物修复技术是我国一项传统技术，目前从事专业文物修复的人才极其缺乏，这与我国作为文物大国是极其不相称的。破损文物一般都堆积在库房中，如果得不到及时修复，就会无声地损毁消失；即使是当初保存完好的文物，如果得不到合理护理，也会出现损毁。所以有专家指出，文物修复人才的培养应当借鉴京剧、中医、书法人才培养的方法，将有一技之长的专家给予适当的条件和环境，加大技术人才的培养力度，从根本上改变现有局面。[①]

2. 古建筑维修技术

在我国历史发展过程中，先辈们创造了多种多样的建筑文化。几千年来，无数的工匠在建筑布局、建筑材料、建筑施工、建筑艺术装饰、建筑传统风格等方面有着大量的发明创造。例如，在装饰布局方面，我国古代的园林设计就有利用自然、顺应自然和缔造自然的独特手法；在利用建筑材料上，建筑工匠们在长期的实践中创造了很多“就地取材，因料施用”的经验；在建筑工程技术上，古代工匠创造了“斗拱”这种木结构建筑特有的构造，形成了梁柱式与穿斗式两大木结构体系。对传世建筑技术，从现存的汉代墓葬、石室、砖塔等中也能看出两千年前所达到的水平，如福建泉州虎渡桥重达 200 吨的石梁，工匠是如何将其架上波涛汹涌的急流之上，至今仍令人惊异；在建筑装饰上，古代工匠们创造了木雕、石刻、琉璃、砖雕、彩画、壁画、镶嵌等等，皆独具一格。

保护先辈们的优秀创造，延续文化遗产的生命，促进其文化价值和艺术

---

① 参见《专业人才不足 500 人，修复 2000 万件文物需 2000 年》，载中国新闻网（www.chinanews.com）。

价值的传承，是我们这代人重要的使命。然而，这些优秀文化遗产的保护修复技术却令人担忧，古建筑传统修复技术后继乏人。因此，积极培养古建筑修缮人才，积极钻研古建筑修复技术是当前建筑遗产保护领域需解决的重要问题。

（四）非物质文化遗产保护的任务艰巨

作为一个历史悠久的多民族国家，中国有着极其丰富的非物质文化遗产：神话、谚语、音乐、舞蹈、戏曲、曲艺、风俗、民居形式、服饰艺术、器皿工艺、民族体育活动等，犹如一座熠熠生辉的巨大宝库，构成了民族文化的基础，也承载着民族文化的基因，是中华民族的象征及其与世界文化相联系的桥梁。

从民俗学角度而言，我国资料之丰富是任何国家所不能比拟的。但是，我们对中国各民族民俗文化的调查不平衡，有的地区缺乏系统和科学的实地研究，甚至有的地方还属空白区。[①] 但是近年来随着经济大潮和西方文化的涌入，诸多古老的民族民间文化受到极大冲击，如传统工艺美术濒危现象极其严重，织染、刺绣、雕刻、陶艺、剪纸、年画等等，由于产品缺乏市场需求，企业已经濒临破产，各种技艺更是后继乏人，面临着失传的危险。据北京市工美行业协会经过调查摸底，列出了《北京传统工艺美术濒临失传的品种名单》，28 种工美技艺名列其中，约占该市全部工艺美术品种的一半。濒危的 28 种技艺中，有宫廷艺术 17 种，民间艺术 11 种，其中绒鸟、料器、彩蛋、铁画、京绣等十余种技艺已基本绝迹，剩下的也只有寥寥两三位老艺人在惨淡经营。

再以民间曾喜闻乐见的戏曲为例。中国的民族戏曲历史悠久，剧种种类繁多。根据 2004 年出版的《中国戏曲志》统计，全国各民族的大小剧种 394 个、剧目 5318 个。但迄今仍活跃在舞台上的，不过数十种而已。随着社会生活方式的巨大变化，传统戏曲艺术不仅逐步退出城市舞台，在农村的演出市场也日益缩小，一些剧种正在急剧消失。相比 1983 年编纂的《中国戏曲志》山西卷统计，当时山西还存在 49 个戏曲剧种，而目前存活在山西戏曲舞台上的剧种仅有 28 个，前后 21 年平均每年有一个剧种消亡。其他省份也有类似的情况。据 1995 年出版的《中国戏曲志》四川卷的统计，民国初年，四川有剧种 32 个，现已消失 6 个，无专业剧团的 18 个，一个剧团支撑一个剧种的有 5 个。尽管一些民间小戏如广东正字戏、白字戏、花朝戏等小戏种已经濒临灭绝，但仍未引起相关政府部门的重视，理由很简单："中国类似这样的小剧种太多了"，"入不了联合国评委的法眼"。[②] 联合国固然不可能帮助中国抢救所有的濒危剧种，而且，即便是"申遗"成功，来自联合国的资助也是有

---

① 参见陶立璠《关于民俗文化保护的几点思考》，载《纪念中国民俗学会成立 20 周年学术研讨会论文》，中央民族大学出版社 2003 年版。

② 曾义：《"岭南三粤""申遗"胜算几何》，载南方网（www.southcn.com）。

限的(昆曲入选后,得到两万美元的资助),通过申遗来达到获取资助的想法是错误和片面的。加入《保护世界文化和自然遗产公约》的目的是为了更好地对国内的文化遗产实施保护,而不是借此寻求生财之道。无论是政府还是民间,这一导向应该是明确的。

社会是不断发展、变化的,不同的时代孕育不同的文化,不同时代创造不同的文化,文化与时代发展有着密切的关系,时代需要,文化就不断地创新,以适应时代的发展,这本身也是文化寻求合理性和合法性的过程。作为社会发展的构成部分,文化的吐故纳新也是规律。非物质文化遗产作为民族、群体的文化创造,也具有时代性,也要随着时代的发展不断发展变化,只有获得存在的合理性才能够实现自身的延续。因此,如何实现新时期新环境下的合理性是大部分非物质文化遗产面临的重要问题,也是我国非物质文化遗产保护任务艰巨的原因所在。

目前,非物质文化遗产保护在我国刚刚起步,比先行国家落后了很多年,在保护体制、保护方法、法制建设、传承人认定等方面都较先行国家存在差距。在保护体制上,我国目前还处于探索阶段;在保护方法上,依然没有使用国际通用的保护模式,仍然在探索阶段;在法律制度建设上,还没有通过专门的非物质文化遗产保护法律法规;在保护传承人上,先行国家很早就提出了"活的文化财"保护计划,我国目前刚刚开展传承人寻找与认定工作,在具体操作上,也还要向先进国家学习。我国许多高校已经开始关注非物质文化遗产的保护,纷纷将非物质文化遗产保护作为学生的必修课。在此形势下,文化遗产学也初露端倪,但非物质文化遗产的学科理论体系构建、田野工作方法、保护措施和制度建设还需要不断探索,需要加大力度才能适应保护工作的需要。

我国社会发展正经历转型时期,在全球化浪潮的冲击下,人们的观念不断变化,现实的经济效益决定了人们生活方式的变迁,非物质文化遗产如何适应新形势,如何再一次走进群众生活,融入群体生活中去,是非物质文化遗产保护工作面临的重要问题。要用发展的观点,对历史负责的态度,加大保护力度,使非物质文化遗产的延续适应新形势下经济、文化和社会发展的总趋势。

第四节　我国文化遗产保护的政策和主要措施

我国政府历来重视文化遗产的保护工作,从新中国成立到现在先后发布许多重要文件通知,颁布了多项法律法规,通过文件传达文化遗产保护精神,通过法律法规来监督约束我国文化遗产保护工作,促进文化遗产保护事业发展。尤其是国务院《关于加强文化遗产保护的通知》的颁布,强调了我国在新的历史条件下文化遗产保护的重要性和紧迫性。

该《通知》指出,文化遗产是不可再生的珍贵资源。随着经济全球化趋势和现代化进程的加快，我国的文化生态正在发生巨大变化，文化遗产及其生存环境受到严重威胁。不少历史文化名城（街区、村镇）、古建筑、古遗址及风景名胜区整体风貌遭到破坏。文物非法交易、盗窃和盗掘古遗址、古墓葬以及走私文物的违法犯罪活动在一些地区还没有得到根本遏制，大量珍贵文物流失境外。由于过度开发和不合理利用，许多重要文化遗产在陆续消亡或失传。在文化遗存相对丰富的少数民族聚居地区，由于人们生活环境和条件的变化，民族或区域文化特色消失加快。因此，加强文化遗产保护刻不容缓。地方各级人民政府和有关部门要从对国家和历史负责的高度，从维护国家文化安全的高度，充分认识保护文化遗产的重要性，进一步增强责任感和紧迫感，加强文化遗产保护，是建设社会主义先进文化，贯彻落实科学发展观和构建社会主义和谐社会的必然要求。[①] 该《通知》明确指出了近一段时期内我国文化遗产保护的方针政策。

一、文化遗产保护的指导思想、基本方针和总体目标

（一）指导思想

《国务院关于加强文化遗产保护的通知》对文化遗产保护工作的指导思想要坚持以邓小平理论和“三个代表”重要思想为指导，全面贯彻和落实科学发展观，加大文化遗产保护力度，构建科学有效的文化遗产保护体系，提高全社会文化遗产保护意识，充分发挥文化遗产在传承中华文化，提高人民群众思想道德素质和科学文化素质，增强民族凝聚力，促进社会主义先进文化建设和构建社会主义和谐社会中的重要作用。

（二）基本方针

物质文化遗产保护要贯彻“保护为主，抢救第一，合理利用，加强管理”的方针。非物质文化遗产保护要贯彻“保护为主，抢救第一，合理利用，传承发展”的方针。坚持保护文化遗产的真实性和完整性，坚持依法和科学保护，正确处理经济社会发展与文化遗产保护的关系，统筹规划，分类指导，突出重点，分步实施。

（三）总体目标

通过采取有效措施，文化遗产保护得到全面加强。到 2010 年，初步建立比较完备的文化遗产保护制度，使文化遗产保护状况得到明显改善。到 2015 年，基本形成较为完善的文化遗产保护体系，具有历史、文化和科学价值的文化遗产得到全面有效保护；使保护文化遗产深入人心，成为全社会的自觉行动。

二、我国文化遗产保护的法规制度建设

我国政府历来重视文化遗产保护工作，解放战争时期就开始制定文化

---

① 参见《国务院关于加强文化遗产保护的通知》（国办发[2005]42 号），2005 年。

遗产保护的措施，确保国家文化遗产不受破坏，争取北平的和平解放就是一例。新中国成立后，中央政府非常关注文化遗产保护工作，在坚持“古为今用”的方针下，制定了一系列的政策法规。总的来说，新中国成立以来，文化遗产保护法律制度的建立大体可以分为四个时期：

（一）第一个时期是从新中国成立前后到20世纪60年代的初创时期

新中国建立前夕，著名建筑学家梁思成先生编写了《全国重要建筑文物简目》，共450条，并附《古建筑保护须知》，这为当年解放战争提供了文物保护的依据。1950年5月，政务院发布保护古迹的政令。1961年国务院颁布《文物保护管理暂行条例》。同年，以梁思成的《简目》为基础，国务院公布首批全国重点文物保护单位。这时期一个最重要的成果就是建立了文物保护单位制度，针对不可移动文物的特点，根据不同价值，分别确定为不同级别的文物保护单位（国家、省、市[县]级文物单位保护体制）。但这期间，行政命令是文物保护的主要依据和规范，对文化遗产的认识也仅限于重要的文物古迹本身。

（二）第二个时期是“文化大革命”时期

“文革”期间，虽然文化遗产保护遭受巨大冲击，但国家还是陆续颁布了一些法律、法规、通知，大都是应急的措施，客观上还是发挥了一定的积极作用。

（三）第三个时期是“文革”后至20世纪80年代改革开放时期

以1982年全国人大常委会颁布实施《中华人民共和国文物保护法》（简称《文物法》）为标志，我国对文化遗产的保护开始走上法制化的轨道。这一时期，文物保护出现了全新局面。随着大规模经济建设的发展，国家制定了新时期文物保护基本方针政策。全国人大常委会颁布实施《中华人民共和国文物保护法》后，国务院和有关部门、地方政府也都制定了一系列配套法规，初步形成了我国物质文化遗产保护法规体系。《文物法》虽然只有33条，但它首次从国家法律的角度对文物的保护范围、标准，对文物保护单位、考古发掘、馆藏文物、私人收藏文物、文物出境都作了规定，确立了一些重要原则和制度：

1. 明确了文物保护对象的标准是“具有历史、科学、艺术价值的文物”。

2. 划定了文物保护的范围，共五大类：一是重要的历史古迹；二是与重大历史事件、革命运动或著名人物有关的史迹、实物、建筑；三是历史上珍贵的艺术品、工艺品；四是历史上重要的文献资料；五是各民族社会生活的代表性实物。

3. 在法律上确立了文物保护单位制度。

4. 确立了历史文化名城保护制度。国家对“保存文物特别丰富、具有重大历史价值和革命意义的城市”，核定公布为历史文化名城。一些地方也公布了地方的历史文化名城、名镇、名村或历史文化保护区（全国历史文化名城）。

5. 明确了配合基本建设的抢救性发掘的原则。

6. 确立了文物修缮、保养、迁移时“不改变文物原状”的原则。

这期间，随着文物保护工作的开展，国家对文物保护的认识也在不断加深。明确规定了文物保护的标准、范围，并开始注意到文物古迹与周边环境的关系，规定了“划定保护范围”和“划定建设控制地带”；注意到历史城区的保护问题，确立了历史文化名城的保护概念并将其纳入法律调整的范围，建立了具有中国特色的历史文化名城保护制度。1984 年国务院也针对传统街区、建筑群、小城镇、村寨的保护问题下发通知，提出设立“历史文化保护区”的概念，以作为历史文化名城的补充。各地政府也据此设立了不少地方保护的“名城”、“名镇”、“名村”或“文化保护区”等。显然，这时期无论是在立法上还是在观念上，文物保护的范围已被大大拓展。同时，经全国人大常委会批准，我国签署了全部四个有关文化遗产保护的国际公约(《关于禁止和防止非法进出口文化财产和非法转让其所有权的公约》、《保护世界文化和自然遗产公约》、《国际统一司法协会关于被盗或者非法出口文物的公约》、《武装冲突情况下保护文化财产公约》)。

(四)第四个时期是 20 世纪 90 年代以后

随着改革开放深化和对文化遗产保护认识的进一步加深，中国对文化遗产保护法律制度的建立和完善进入了一个新的时期。这时期除了物质文化遗产的保护外，非物质文化遗产的保护问题也逐渐为社会所关注。在物质文化遗产保护方面，面临的主要问题就是，大规模经济建设和城市改造对文物、历史文化名城、大遗址保护所产生的冲突，旅游开发与文物资源保护之间的冲突，盗掘古墓葬、盗窃馆藏文物等各种文物犯罪活动日趋严重，因此在立法上必须及时解决这些问题。[①]

建立完备的文化遗产保护法律制度，是我国法律制度建设的一项重要内容。这一制度包括三个方面：一是进一步扩大物质文化遗产的法律保护范围，加大保护力度。在立法上除了进一步完善文物保护法外，还针对特定的保护对象制定一系列专门的法律法规，如制定历史文化名城、街区、村镇保护办法，专门制定的长城保护条例、世界遗产保护条例等。二是制定非物质文化遗产保护法，与文物保护法相互补充，以解决那些未被纳入文物保护法保护范围的非物质文化遗产的法律保护问题。通过这一立法，确定国家保护、继承和发展非物质文化遗产的基本原则，建立保护名录制度，明确责任义务、管理体制、资金保障、普查建档、传承培养、展览利用、出境管理、奖励制度、法律责任等。三是建立民族民间传统文化知识产权的法律保护制度。传统文化知识产权的保护是一个全新而复杂的问题，突破了原有著作权、商标权和专利权的传统内容，需要认真研究加以解决。一个考虑是在现有的知识产权的专门法中增加有关新的内容，同时加快民间文学艺术作品著作权保护条例的制定。

① 参见朱兵《文化遗产保护与我国实践》，载《湖北行政学院学报》2002 年第 3 期。

第五节　加强文化遗产保护的意义

《国务院关于加强文化遗产保护的通知》中已经指出：我国文化遗产蕴含着中华民族特有的精神价值、思维方式、想象力，体现着中华民族的生命力和创造力，是各民族智慧的结晶，也是全人类文明的瑰宝。保护文化遗产，保持民族文化的传承，是联结民族情感纽带、增进民族团结和维护国家统一及社会稳定的重要文化基础，也是维护世界文化多样性和创造性，促进人类共同发展的前提。加强文化遗产保护具有以下几方面的意义。

一、有利于延续文化多样性

文化遗产是一定的人群或共同体在特定时期、特定环境下的文化创造。不同地域有着不同的文化创造，不同的民族有着独特的文化创造，各地各民族的文化遗产各具特点，如沈阳的一宫三陵、本溪的五女山城、吉林通化的高句丽王城、黑龙江的渤海上京龙泉府遗址、北京的故宫和颐和园、宁夏的西夏王陵、拉萨的大昭寺、西藏的古格遗址、山东曲阜的三孔、云南的大理三塔、福建泉州古城遗址，港澳台等地也分布着大量历史文化遗迹，都是各民族杰出的文化创造。非物质文化遗产方面，如东北满族的猎鹰驯养、新疆的木卡姆、泉州的南音、云南的文山壮族和彝族的铜鼓舞等，都蕴含了民族的精神和文化价值。加强对这些物质的和非物质的文化遗产保护就是保护区域的优秀文化创造，延续区域文化创造的生命力，使文化发展呈现为多元化趋势，保留世界文化的多样性，才使世界变得丰富多彩，才使社会能够和谐发展，稳步前进。

二、有利于增进民族团结，促进民族认同

民族文化是中华文明的一个重要组成部分，每一个民族都在长期的历史发展过程中不断创造和发展着本民族的文化，通过民族文化来维系民族的生存与发展。这些民族文化创造不仅是物质的，也有精神上的，既包含物质文化遗产也包含非物质文化遗产，不同的民族有不同的文化表现，如服饰、语言、生活方式等都有明显的外在差别；看似相同的文化创造在不同民族也存在一定的内涵差异，这些差异是民族心理、民族感情、民族习俗等因素的不同造成的，这些文化创造的内在不同是区别民族的重要标识。作为蕴含民族感情、民族心理、民族性格等因素的非物质文化遗产在代代传承中对维护民族团结，增强民族凝聚力，保持个体对民族文化的自豪感具有重要作用。同时，这些具有突出历史价值、文化价值、艺术价值的文化遗产，体现了民族优秀文化创作的非物质文化遗产也促进了民族精神的延续。只要民族的文化不断，民族精神就不会断；只要民族文化传统在延续，民族精神就会延续。因此，积极保护民族文化遗产，对帮助各族人民认识自己的历史，

并从中汲取创造的力量，提高民族自信心，增强民族自豪感，激发各族人民的爱国爱乡热情，有利于促进各民族的团结和进步。

三、有利于进行爱国主义教育

我国有着悠久的历史，从远古一直到现代，文明延续的进程没有中断。因此，我们先辈创造的文化遗产极其丰富，而通过对这些文化遗产的保护和展示，有利于在新形势下增强民族的自豪感，增强民族自信心，有利于对青少年进行爱国主义教育。尤其晚近的一个半世纪以来，我国经历了从闭关锁国到改革开放的过程，经历了从封建帝国到殖民地，再到民族独立、新中国建立的过程，百年来中华大地经历的变革是前所未有的，留存下来的革命遗迹和遗物，是全国人民反帝、反封建、推翻国民党反动统治的历史见证，对认清历史、把握未来、团结群众有着重要的教育作用。而革命文物所具有的直观、形象、真实可信的特点，决定了它在对广大人民群众和青少年进行中国近现代史和国情方面，在培养社会主义新人方面，有着无可替代的作用。

四、有利于科学研究

新中国成立后，我国的文物考古事业取得了巨大发展，考古学在证史补史方面的作用很突出，对史前文化的考古发掘，对三代遗迹的探询和对历史悬案的解答也发挥了重要作用。例如夏商周断代工程，在对三代考古资料的汇总、梳理和研究的基础上，对三代编年提出了新的认识和见解。对非物质文化遗产而言，非物质文化遗产大部分作为乡土文化属于小传统范畴，过去对其产生、发展和传承一直没有给予足够的重视，以一种自发状态和集体无意识来维系。有些研究机构和学者对流传于民间的非物质文化遗产认识也存在偏差，对非物质文化遗产所蕴含的历史、文化、艺术等价值认识上还存在不足。但应该注意到非物质文化遗产属于人的意识范畴，也是群体、共同体的一种生活方式和文化模式。随着现代学科的发展，我们有必要对民族民间文化方式和生活模式进行全面、系统的普查和梳理，在认识上应更加深入和细化，对不同文化区的同类非物质文化遗产进行对比和研究，探寻其发展的脉络和源流，审视其在人类社会发展中的作用，这样有利于促进民俗学、人类学、社会学和文学等学科的深入发展。

五、文化遗产在扩大对外交流，促进旅游业发展中发挥着重要作用

文化遗产是民族的，同时也是世界的。我国是世界上文化遗产大国，在近些年的文化遗产保护工作中，取得了很大的成绩，共有35项文化遗产与自然遗产进入联合国教科文组织的名录保护体系，4项非物质文化遗产进入联合国教科文组织名录保护体系。在保护这些文化遗产的同时，也要积极向世界展示我国的文化遗产，让世界认识中国，让世界了解中国，文化遗产的展示正是实现这种作用的重要途径。我们应该充分利用自身文化遗产资源

丰富的特点，在保护好文化的同时，积极发展文化遗产旅游业，利用民族文化遗产开展国际交流。如云南青铜文物曾赴日本和欧洲五国展出，古代佛教艺术品在瑞士和日本展览，民族服装服饰赴美国展出，这些文物和文化交流活动为宣传云南，扩大云南的知名度，发挥了积极作用。

参考题

1. 简述文化遗产的分类。
2. 联合国教科文组织对文化遗产保护做了哪些工作？
3. 简述我国文化遗产的现状及保护中存在的问题。
4. 我国文化遗产保护的方针、政策、指导思想和总体目标是什么？
5. 简述我国文化遗产保护法规建设。
6. 加强文化遗产保护有哪些意义？

第二章　物质文化遗产保护

"物质文化遗产"一词是针对非物质文化遗产而言的。在我国以前提及的文化遗产一般都是指物质文化遗产。《国务院关于加强文化遗产保护的通知》中指出，物质文化遗产是具有历史、艺术和科学价值的文物，包括古遗址、古墓葬、古建筑、石窟寺、石刻、壁画、近代现代重要史迹及代表性建筑等不可移动文物，历史上各时代的重要实物、艺术品、文献、手稿、图书资料等可移动文物，以及在建筑式样、分布均匀或与环境景色结合方面具有突出普遍价值的历史文化名城（街区、村镇）。联合国教科文组织 1972 年通过的《世界遗产公约》也是针对物质文化遗产的，根据《世界遗产公约》中的界定，物质文化遗产主要包括纪念物、建筑群和遗址。我国国务院在《关于加强文化遗产保护的通知》中指出，物质文化遗产包括可移动文物和不可移动文物。不可移动文物则包括纪念物、遗址和建筑群。这是我国文化遗产框架体系与联合国教科文组织文化遗产框架体系的不同之处。

第一节　文　物

一、文物的定义

文物，在国际上尚无一个被各国共同确认的统一定义。我们可以理解为文物是指在社会发展过程中，由人类创造及与人类活动有关的具有历史、艺术、科学和纪念价值的古代、近代乃至现代的物质文化遗存（如遗物、遗迹）的总称，是人们建造和制作的各种遗留。

"文""物"两字合用，在中国出现很早，但不同时代有着不同内涵。最早始见于《左传・桓公二年》："夫德，俭而有度，登降有数，文物以纪之，声明以发之；以临照百官，百官于是乎戒惧而不敢易纪律。"其后，《后汉书・南匈奴传》有关于"制衣裳，备文物"的记载。这两则引文中的所谓"文物"系指当时的礼乐典章制度的指示物，主要是礼器类物品，比现代所指"文物"范围要小。至唐代，从骆宾王诗云“文物俄迁谢，英灵有盛衰”及杜牧诗云“六朝文物草连天，天淡云闲今古同”，诗句中所指“文物”，其含义已接近于现代所指遗物的含义，即指前代遗物。到北宋中叶(11 世纪)，以青铜器、石刻为主要研究对象的金石学兴起，以后又逐渐扩大到研究其他各种古代器物，而把这些器物统称之为“古器物”或“古物”。及明代和清初，则较普遍把“文物”称之为“古董”或“骨董”。清乾隆年间(18 世纪)又出现称文物为“古玩”。唐宋明清各代虽对文物的称谓不同，但含义基本相同。不过，在很多场合，古董、骨董、古玩所指的古器物，用今天的标准，指的是传世文物。

民国时期，称文物为“古物”，且古物的概念和内涵已较唐宋明清各代所称文物、古董、骨董、古玩更广泛。如 1930 年国民政府颁布的《古物保存法》明确规定：“本法所称古物是指与考古学、历史学、古生物学及其他与文化有关之一切古物而言。”至 20 世纪 30 年代“文物”一词又重出现，如 1935 年北平市政府编辑出版《旧都文物略》，同年又成立专门负责研究、修整古代建筑的“北平文物整理委员会”，这表明当时的“文物”概念已包括了古建筑等不可移动的文物。

新中国成立后，由中央人民政府政务院以及后来的国务院、各省、市(直辖市)、自治区人民政府和文化部或国家文物局，各省、市、自治区文物管理委员会(或文管处)颁发的文物法令、法规、通知、条例等均沿用“文物”一词。直到 1982 年全国人民代表大会常务委员会公布了《中华人民共和国文物保护法》，把“文物”一词及其包括的内容用法律形式固定下来。其内涵实际上包括了可移动的和不可移动的一切历史文化遗存，在年代上已不仅限于古代，而是包括了近、现代，直达当代。但上世纪 90 年代出版的一些有关文物的书籍，甚至有的书名又重用“古董”、“古玩”，多是指民间传统认识和理解，与政府文告和学科意义的文物不同。

世界其他国家对不同类别的文物，均各有其通常使用的名称，且尚无概括所有类别文物的统称。如欧洲在 17 世纪英文和法文中都使用 antique 一词。此词来源，一说认为是源于拉丁文 antique，原意是古代的、从前的；另一说则认为英文这个字是直接来源于法文，开始作为名词使用时，主要是指古希腊、古罗马的文化遗物，后来才逐渐发展为泛指各时代的艺术品，其词义接近于中国所谓的“古物”、“古董”。非洲的埃及，所用阿拉伯文与中国所称文物的概念是基本相同的。1983 年埃及颁布的《埃及文物保护法》规定，在埃及国土上出现的或与其历史有联系的，凡一百年以前的，包括可移动的和不可移动的，具有历史意义和价值的实物，都属于文物。同时，还规定在一百年以内的有价值的实物，可根据文化主管部门的建议指定为文物。

在国际上，由联合国教科文组织会议通过的一些有关保护文物的国际公约中，一般把文物称作“文化财产(cultural property)”或者“文化遗产(cultural heritage)”，二者的内涵并非等同。

上述表明，迄至目下，世界各国对文物的称谓仍不一致，其内涵和范围也有所不同,而尚未有被各国共同确认的文物定义。但对文物是指具体的物质遗存,应具备两个基本特征的认识已较一致,即:其一,必须是由人类创造的或是与人类活动相关的;其二,必须是已经成为历史且不可能重新创造的。

二、文物的范畴

2002年10月28日,第九届全国人民代表大会常务委员会第三十次会议修订的《中华人民共和国文物保护法》第二条规定,在中华人民共和国境内,下列文物受国家保护:

1. 具有历史、艺术、科学价值的古文化遗址、古墓葬、古建筑、石窟寺和石刻、壁画;

2. 与重大历史事件、革命运动或者著名人物有关的以及具有重要纪念意义、教育意义或者史料价值的近代现代重要史迹、实物、代表性建筑;

3. 历史上各时代珍贵的艺术品、工艺美术品;

4. 历史上各时代重要的文献资料以及具有历史、艺术、科学价值的手稿和图书资料等;

5. 反映历史上各时代、各民族社会制度、社会生产、社会生活的代表性实物。

《文物保护法》进一步规定:文物认定的标准和办法由国务院文物行政部门制定,并报国务院批准。具有科学价值的古脊椎动物化石和古人类化石同文物一样受国家保护。

按照《文物保护法》的划分,文物分为可移动文物和不可移动文物。可移动文物一般为人们制作的物品,其质地包括石器、骨器、牙器、玉器、蚌器、木器、竹器、藤器、铜器、铁器、金器、银器、铅器、锡器、陶器、瓷器、珐琅器、琉璃器等。按使用功能有生产工具、生活用具、车马器、度量衡、符节、装饰品、陈设观赏品、兵器、乐器、玩具、法器、祭器、礼器、明器、货币、文房四宝、玺印、灯具、香熏,等等。此外,还有雕塑、书法、绘画、古籍、古文献、文书、纺织品、服饰。从性质说,有革命文物、反革命的历史罪证、侵略战争的历史罪证、民族文物、民俗文物,等等。不可移动文物一般为人为建筑的对象,包括古文化遗址、古墓葬、古窑址、古作坊、采矿冶炼遗址、屠宰场、古战场、古建筑(宫殿、民居、宫观、寺庙、石窟寺、祭坛、石牌坊、石阙、陵园、亭、台、榭、桥、塔、园林)、摩崖石刻、巨型石造像、岩画、革命遗址、纪念性建筑物,等等。

总之,凡具备历史价值、科学价值、艺术价值、纪念价值的文化遗迹、遗物均属文物,这些不可再造的弥足珍贵的文物,是全人类的共同财富。

三、文物的时限

文物的时限,是指文物年代的上限和下限。前述文物应具备的两个基本特征,虽各国已取得共识,但各国对文物时限的划定则不尽一致。对文物上限即有了人类就有文物，只是下限的划定各国有所不同，一般是根据本国国情而定。就是一个国家自己所划定的文物年代的下限也不是固定不变的。在国际上，起初曾把文物的年代下限定为1830年，此乃源于1830年美国的关税条例。该条例规定，凡1830年以前制作的艺术品可以免税。以后在国际上，不少国家把这一年定为文物的年代下限。有的国家把不超过百年的不视为文物。中国曾把文物下限定在清末，后限延伸到当代。

四、文物的定名

文物的定名，系指对各类器物名称的命定。为了使用的统一规范，文博界惯例按以下定名原则进行。

1. 有自名的器物，要依自名定名。即指有铭文的器物中，若已有自名，依自名定其名，而不再另取新名。如两周时期的青铜铭文有的自称为簋，有的自称为鼎。

2. 根据约定俗成定名。即指某器物名已被大家所惯用，如盆、罐等，一般不再另取新名，以免与旧称混淆不清。

3. 对史籍著录已定器名，并被大家所习用，一般延用。

4. 对没有自名，也未见史籍著录者，可根据其造型、用途予以定名。

5. 参考民族学材料进行定名。

五、文物的分类

在文物研究或馆藏文物管理过程中，都有一个对文物进行分类的问题。文物分类本身是一项很细致、很严谨的工作，它是进行文物研究和馆藏文物管理的基础。对文物进行分类首先要把握分类的原则，在原则规范下，明确分类的标准和方法，方能做好文物的分类工作。

(一)分类的原则[①]

对文物的分类原则，我们主要从以下几个方面说明。

第一，文物的可分性。历史上遗留下来的物品不仅数量多，而且类别复杂，是人们在当时的社会生产和生活中创造的，既有独立或独特性一面，也有相互联系的一面。今天我们把它们作为物质文化总体中的组成部分来看的话，相类的东西可以进行有机的组合，也就是说，每一件物品既是一个独立存在的个体，又是同类物品的组成部分。这就为我们今天的研究和保护奠定了一个可以分类的基础。这就是文物的可分性。在实践中，一般对可移动文物和不可移动文物分别进行分类。

第二，文物分类标准的一致性。所谓“标准的一致性”，是指在分类实践中，要有统一的标准规范，以保证每一件文物在分类体系中只有一个具体的位置。这样不会造成混乱，也不会漏掉任何一件文物。当然，分类的标准具

① 参见李晓东《中国文物学概论》，河北人民出版社1990年版。

体是什么，还要依据研究需要来制定，要依据文物收藏单位的实际来制定。但是标准一旦制定下来，就要严格遵循标准来进行分类。例如，一位学者的研究课题是古代生产工具的发展，他首先就可以把收集到的生产工具资料按时代来分类，这样就有助于发现生产工具类文物随着时代发展而不断提高的事实，从而总结生产工具在社会发展中的作用。

第三，多层分类原则。在分类实践中，只有一级分类往往是不够的，还需要第二级(层)分类，甚至第三级(层)分类。例如很多历史博物馆藏品分类中，一般都是首先以馆藏文物的质地为第一级(层)分类标准，如玉石类、金属类、陶瓷类，等等。但是每一类别的物品仍然数量很多，所以又可以按照时代为第二级(层)的分类标准，同一时代的相同质地的文物都分到了一起，查找和使用起来方便多了。例如我们查找商代生产工具中的刀类文物，那么在玉石类的商代文物中，在金属类的商代文物中，在陶瓷类的商代文物中，都可以找到各种质地的刀的资料。如果需要的话，还可以确定第三级(层)的标准。在这里需要注意的是，不同层次的标准也必须是一致的，具体说，第一级(层)标准是质地，第二级(层)标准是时代，那么各种质地的文物的第二级(层)都是按照文物的时代为顺序。就犹如我们把一个学校的学生先按照性别为第一级(层)标准，分为男生和女生，再依所在年级为第二级(层)标准，就有了一年级男生，一年级女生，二年级男生，二年级女生……的多个小群体。

第四，复合体文物的归类标准。有些文物是两种或更多质地材料制作的，多见于礼仪器皿、装饰品或其他特殊器物上，例如，一件镶嵌金银的青铜器，器表嵌有玉石的漆器。在分类中一般以器物的主体质地分类，但为清楚起见，在标注器物名称时，最好要详尽，查找时会更方便，如"铁刃铜钺"、"铁足铜鼎"等。

(二)分类方法

在分类实践中，根据文物存在形式的特点，如果要划分的对象既有可移动文物，也有不可移动文物，首先按照这种存在形态分别进行类别划分。

1. 不可移动文物的分类方法

为方便文物管理，对不可移动文物的第一级(层)标准多为存在形态，分为地上文物和地下文物两类。所谓的地下文物，是指古代的文化遗存已经埋入地下，被地表土所覆盖，要经过考古发掘才能揭露出来；地上文物则是指建筑于现地表，而至今还能保持其整体形态或残痕。

2. 可移动文物的分类方法

对可移动文物的分类是文物分类的主体内容，这是因为可移动文物不仅数量多，而且类别复杂。目前在中国使用的文物分类方法，主要有质地分类法、时代分类法、区域分类法、功能分类法、属性分类法、来源分类法等。这是文物的第一级(层)标准。

(1)质地分类法

以文物载体的质地为第一标准，这种分类法最大的好处是与文物的馆藏紧密结合，因为同质地的文物有一致的存放条件要求，存放在同一库房便于保存，所以在大多数博物馆中都采用此法。

质地分类法在具体的实践中，首先把各种质地的文物以玉、石、陶、瓷、铜（青铜）、铁、银、金、漆、木、竹、骨角、象牙、纺织、纸张等分为若干大类，也可以把质地相近的合并，如玉和石合为玉石类，陶和瓷合为陶瓷类，其他的合并为金属类、漆木类、骨角牙类、纺织类、纸张类（古书、古画），等等。

在第一级（层）的基础上，再以第二分级标准，通常是以时代为序把史前时期的文物分为旧石器时代、新石器时代，将历史时期的文物以时间为序，分为夏、商、西周、东周、秦、汉……至明、清为序排列。在此基础上，第三级（层）的分类标准，通常是按器类，即相同的器形，如鼎、盆、罐等，都集中到一起。我们知道，每件器物在入馆时都有馆藏号（发掘品还有出土单位号）。通过这样的逐级分类，作为一个收藏单位中的任何一件器物，不管是在分类账上，还是电脑上，或在库房的存放位置上，都容易找到。

（2）时代分类法

同一时代制作的文物在反映时代特征方面更为直接，也便于观察，从文物学、考古学研究方面来说，用这种方法有助于观察文化现象的传承与发展。

时代分类法，更适合文物研究者使用，系指以文物制作的时代为标准，对文物进行分类的方法。所有的文物均是某一时代的产物，它蕴含该时代的政治、经济、军事、文化、艺术、科学等多方面信息。这是依时代分类的优势，是文物分类的重要方法之一。

在以时代为标准对文物进行分类时，要考虑馆藏单位的实际。如有的国家分石器时代文物、铜器时代文物、铁器时代文物。中国习惯按照史前时期和历史时期为标准，史前时期文物又分旧石器时代文物、新石器时代文物，还可再详细划分为早、中、晚期文物。历史时期文物一般是按朝代划分，分为夏代、商代、西周、东周（春秋、战国）、秦代、汉代、魏晋南北朝、隋代、唐代、宋代、辽代、金代、元代、明代、清代等各王朝。近代文物一般指1840年至1919年间的文物。现代文物一般指1919年至当代的文物。

（3）区域分类法

区域分类法，是以文物出土地点为标准，对文物进行分类的方法。此分类法所具有的优点是：通过区域分类，使人们对某个区域的文物有较全面的了解，为研究该地区的历史和文化特征提供较全面的资料，并对文物实行区域性管理大有裨益。

运用区域分类法往往适合收藏品的来源分布较广的博物馆，如国外有些博物馆，除本国文物外来自世界各地的藏品较多，这样就比较适用国别或洲际作为地域单位，在中国国家博物馆也可以依据此法按省份划分出土文物。

一般而言,以区域分类法对文物进行归类,应先对区域范围进行界定。有以自然地理位置为区域范围的,还有以山系、水系为区域划分的,这类区域缺乏严格界限。一般是以国家权力机关或政权机关批准的行政区划为区域范围作标准进行文物分类。中国可依省、市、自治区和特区为区域范围进行文物分类,如通常所称北京文物、河北文物、河南文物、山东文物、山西文物、陕西文物,等等。依这一区域划分方法,还可以进一步以市、县行政区划进行第二级划分。另外,还可以自然地理的相对位置以及以山系、水系来进行划分,如中原文物、边疆文物,又如黄河流域、长江流域……这在文物分类中不易掌握,而一般不使用,但文物研究和考古学研究则可以采用,因在史前根本没有行政区划,而在历史时期,其行政区划则常有变化。

(4)功能分类法

功能分类法,是以文物的用途为标准,对文物进行分类的方法。文物是人类为生产、生活之需而创造和制作的物质文化遗存,因而每一种、每一件文物都是人们为达到某种目的而创造和制作的,都有具体的用途。而文物的功能往往与其形体有密切关系。文物形体是具体、形象、直观的,而功能却是蕴含于形体之中。这就是运用功能分类法的依据。此法也是世界各国从事文物学、考古学研究常用的方法之一。此法在中国的运用,其渊源可以追溯到宋代。如宋徽宗敕撰的《宣和博古图》,全书共三十卷,著录了当时皇室所藏的自商至唐的铜器839件,就采用按器形划分为鼎、尊、罍、彝、舟、卣、瓶、壶、爵、斝、觯、敦、鬲及盘、钟、磬、杂器、镜鉴等二十类著录之。这是以功能对古器物进行分类尝试的实例。当然,或许当时作者的出发点未必那么明确,而与我们这里所说的功能分类法存有区别。

按功能对文物进行分类,可不受文物的年代和质地的限制,即可把不同时代不同质地而功能相同的文物划归为一类。这有助于对文物进行更深层次的研究。如古器物中的农具类,按质地可分为石、木、骨、角、蚌、陶、铜、铁农具等,各类农具中依用途可分为耕地、播种、中耕、收割等农具,不同质地的各类农具中,其制作年代既有相同的又有早晚不同的。因而,运用功能分类法首先把农具类从各类文物中划分出来,再把农具类中时代不同用途相同的农具作进一步分类,这对研究其产生、发展、变化以及在不同历史时期的地位与所起的作用,研究农业发展史都具有重要价值。

(5)来源分类法

这是以文物藏品来源为标准,对文物进行分类的方法。此法仅适用于博物馆、纪念馆等文物保管机构和研究机构等单位对文物藏品的分类。来源分类法可以是独立的分类标准,也可以是其他分类法下的一个分类标准。一般来说,文物来源主要有:

①发掘品。考古发掘发现的大量文物,是文物藏品的最主要来源。而记录文物来源时必须注明详细的出土地点和时间,这类文物反映出的信息最丰富,研究价值也最重要。

②采集品。考古调查采集的文物,也是文物藏品的来源之一。记录来源时,也应注明采集地点。

③征集品。征集文物是增加藏品的重要渠道之一。文物征集工作,主要是征集流散文物(包括生产中发现和其他方式得到被私人收藏的出土文物和传世品)和革命文物、纪念品等。征集方式也有多种,诸如收购、自愿上缴、赠送(可适当奖励)、动员交出本应归国家所有而被私人收藏的文物等。记录时就应注明征集的地点、收藏人的姓名等。

④调拨品。此类文物是指文物收藏单位间互通有无或一个单位支援另一个单位的文物。记录时应注明由何单位拨交来的。例如,中国历史博物馆(现国家博物馆)因陈列需要,从全国各地博物馆调拨藏品。此外,还有公安机关将没收的文物,转交给文物收藏单位。

⑤拣选品。此类文物是指从废品收购站(文物被当废品收购)、银行(金、银质文物流入银行)、冶炼厂和造纸厂中拣选出来的文物。记录时应注明何时在何站、何厂拣选的。

⑥交换品。此类文物是指文物收藏单位根据国家文物法规而开展单位间的文物交换,以相互调节余缺。

⑦捐赠品。此类文物即文物收藏单位接受文物收藏者或非收藏单位捐赠的藏品。

第二节 建筑群[①]

根据《保护世界文化和自然遗产公约》,建筑群被定义为:从历史、艺术或科学角度看在建筑式样、分布均匀或与环境景色结合方面具有突出的普遍价值的单立或连接的建筑群。随着调查和发掘的普及,古代建筑的发现也越来越多,是文化遗产保护的重要组成部分,特别是其中群体范围大,结构复杂,特色突出,意义广泛的建筑群更是备受人们关注。例如,故宫、平遥古城、丽江古城、武当山建筑群均为这类建筑群,有的已被列入世界遗产名录,具有典型性和代表性,在此我们作较为详细的介绍。

一、故宫

中文名称:明清故宫

英文名称:Imperial Palace of the Ming and Qing Dynasties

批准时间:1987 年 12 月

遗产种类:文化遗产

遗产遴选标准:故宫根据文化遗产遴选标准 C(Ⅲ)(Ⅳ)被列入《世界遗产名录》。

---

① 本章的编写以国家文物局网站(www. sach. gov. cn)介绍作为参考。

世界遗产委员会评价:紫禁城是中国五个多世纪以来的最高权力中心,它以园林景观和容纳了家具及工艺品的 9000 个房间组成的庞大建筑群,成为明清时代中国文明无价的历史见证。

(一)概况

故宫位于北京市中心,也称"紫禁城"。这里曾居住过 24 个皇帝,是明清两代(公元 1368~1911 年)的皇宫,现辟为"故宫博物院"。故宫的整个建筑金碧辉煌,庄严绚丽,被誉为世界五大宫之一(北京故宫、法国凡尔赛宫、英国白金汉宫、美国白宫、俄罗斯克里姆林宫),并被联合国教科文组织列为"世界文化遗产"。

故宫的宫殿建筑是中国现存最大、最完整的古建筑群,总面积达 72 万多平方米,有殿宇宫室 9999 间半,被称为"殿宇之海",气魄宏伟,极为壮观。无论是平面布局,立体效果,还是形式上的雄伟堂皇,都堪称无与伦比的杰作。

一条中轴贯通着整个故宫,这条中轴又在北京城的中轴线上。三大殿、后三宫、御花园都位于这条中轴线上。在中轴宫殿两旁,还对称分布着许多殿宇,也都宏伟华丽。这些宫殿可分为外朝和内廷两大部分。外朝以太和、中和、保和三大殿为中心,文华、武英殿为两翼。内廷以乾清宫、交泰殿、坤宁宫为中心,东西六宫为两翼,布局严谨有序。故宫的四个城角都有精巧玲珑的角楼,建造精巧美观。宫城周围环绕着高 10 米、长 3400 米的宫墙,墙外有 52 米宽的护城河。

故宫里最吸引人的建筑是三座大殿:太和殿、中和殿和保和殿。它们都建在汉白玉砌成的 8 米高的台基上,远望犹如神话中的琼宫仙阙。第一座大殿太和殿是最富丽堂皇的建筑,俗称"金銮殿",是皇帝举行大典的地方,殿高 28 米,东西 63 米,南北 35 米,有直径达 1 米的大柱 92 根,其中 6 根围绕御座的是沥粉金漆的蟠龙柱。御座设在殿内高 2 米的台上,前有造型美观的仙鹤、炉、鼎,后面有精雕细刻的围屏。整个大殿装饰得金碧辉煌、庄严绚丽。中和殿是皇帝去太和殿举行大典前稍事休息和演习礼仪的地方。保和殿是每年除夕皇帝赐宴外藩王公的场所。

故宫建筑的后半部叫内廷,以乾清宫、交泰殿、坤宁宫为中心,东西两翼有东六宫和西六宫,是皇帝平日办事和他的后妃居住生活的地方。后半部在建筑风格上不同于前半部。前半部建筑形象是严肃、庄严、壮丽、雄伟,以象征皇帝的至高无上。后半部内廷则富有生活气息,建筑多是自成院落,有花园、书斋、馆榭、山石等。在坤宁宫北面的是御花园。御花园里有高耸的松柏、珍贵的花木、山石和亭阁。

故宫博物院藏有大量珍贵文物,据统计,总共达 1052653 件之多,其中有很多是绝无仅有的国宝。在几个宫殿中设立了历代艺术馆、珍宝馆、钟表馆等,爱好艺术的人在这些无与伦比的艺术品前,往往久久不忍离去。设在故宫东路的珍宝馆,展出各种奇珍异宝。如一套清代金银珠云龙纹甲胄,通身缠绕着 16 条龙,形态生动,穿插于云朵之间。甲胄是用约 60 万个小钢片联结起来的，每个钢片厚约1毫米，长4毫米，宽1.5毫米，钻上小孔，以便穿线联结。据说，为制造这套甲胄，共用了4万多个工时。

现在，故宫的一些宫殿中设立了综合性的历史艺术馆、绘画馆、分类的陶瓷馆、青铜器馆、明清工艺美术馆、铭刻馆、玩具馆、文房四宝馆、玩物馆、珍宝馆、钟表馆和清代宫廷典章文物展览等。

(二)文化遗产价值

故宫是我国现存最大、最完整的古建筑群。宫殿沿着一条南北向的中轴线排列，左右对称，南达永定门，北到鼓楼、钟楼，贯穿整个紫禁城。其规划严整，气魄宏伟，极为壮观。它标志着我国悠久的文化传统，显示着500余年来我国在建筑艺术上的卓越成就。

故宫文物分成宫廷原状和古代艺术两大陈列体系，先后布置了51个原状陈列，先后举办了各种展览数百余次，赴欧、亚、美、澳、非五大洲展览数十次，宣传中国灿烂的古代文化艺术传统，促进了与世界各国的文化交流。[①]

二、武当山古建筑群

中文名称：武当山古建筑群

英文名称：Ancient Building Complex in the Wudang Mountains

编号：200—013

入选时间：1994年12月15日

入选标准：根据世界文化遗产遴选标准C(Ⅰ)(Ⅱ)(Ⅵ)入选《世界遗产名录》。

世界遗产委员会评价：武当山古建筑中的宫阙庙宇集中体现了中国元、明、清三代世俗和宗教建筑的建筑学和艺术成就。古建筑群坐落在沟壑纵横、风景如画的湖北省武当山麓，在明代期间逐渐形成规模，其中的道教建筑可以追溯到公元7世纪，这些建筑代表了近千年的中国艺术和建筑的最高水平。

(一)概况

武当山又名“太和山”，位于中国中部湖北省丹江口市的西南部。明代(公元1368～1644年)时武当山被皇帝敕封为“大岳”、“玄岳”，地位在“五岳”诸山之上。武当主峰天柱峰，海拔1612米，周围又有“七十二峰”、“三十六岩”、“二十四涧”等胜景环绕，风光旖旎，气势宏伟，被世人赞为“万山来朝”。

武当山古建筑群始建于唐代贞观年间(公元627～649年)。明代是其发展的鼎盛时期，这一时期在武当山兴建了大批建筑，到嘉靖三十一年(公元1552年)“治世玄岳”牌坊建成，武当山建筑群终于形成了我们今天见到的以八宫两观为主体的庞大规模。

现在武当山古建筑群主要包括太和宫、南岩宫、紫霄宫、遇真宫四座宫

---

① 参见《明清故宫》，载国家文物局网站(www.sach.gov.cn)。

殿，玉虚宫、五龙宫两座宫殿遗址以及各类庵堂祠庙等共 200 余处。建筑面积达 5 万平方米，占地总面积达 100 余万平方米，规模极其庞大。被列入世界遗产名录的主要包括太和宫、紫霄宫、南岩宫、复真观、“治世玄岳”牌坊等。

武当山古建筑群集中体现了中国古代建筑装饰艺术的精华。在这里还衍生出武当道教、武当道乐和武当武术等文化范畴的精髓，为中华民族的传统文化增添了新内容。

（二）文化遗产价值

武当山古建筑群历经沧桑，现存四座道教宫殿、两座宫殿遗址、两座道观及大量神祠、岩庙。在布局、规制、风格、材料和工艺等方面都保存了原状。建筑主体以宫观为核心，主要宫观建筑在内聚型盆地或山前台地之上，庵堂神祠分布于宫观附近地带，自成体系，岩庙则占峰踞险，形成“五里一庵十里宫，丹墙翠瓦望玲珑”的巨大景观，在建筑艺术、建筑美学上达到了极为完美的境界，有着丰富的中国古代文化和科技内涵，是研究明初政治和中国宗教历史以及古建筑的实物见证。武当山古建筑群具有以下主要特征：

1. 规划严密，建筑杰出

武当山古建筑群分布在以天柱峰为中心的群山之中，总体规划严密，主次分明，大小有序，布局合理。在建筑位置的选择上，注重环境，山形水脉疏密有致。建筑设计的规划或宏伟壮观，或小巧精致，或深藏山坳，或濒临险崖，达到了建筑与自然的高度和谐，具有浓郁的建筑韵律和天才的创造力。

2. 高超的技术与艺术成就

武当山古建筑群类型多样，用材广泛，各项设计、构造、装饰、陈设，不论是木构宫观、铜铸殿堂、石作岩庙，还是铜铸、木雕、石雕、泥塑等各类神像都达到了高度的技术与艺术成就。武当山道教建筑群始终由皇帝亲自策划营建，皇室派员管理。现存建筑其规模之大，规格之高，构造之严谨，装饰之精美，神像、供器之多，在中国现存道教建筑中是绝无仅有的。武当山金殿及殿内神像、供桌等全为铜铸镏金，铸件体量巨大，采用失蜡法（蜡模）翻铸，代表了中国明代初年（15 世纪）科学技术和铸造工业的重大发展，反映出我国古代科技的伟大成就。

武当山建筑群的兴建，反映了明代皇帝朱棣在扩展外交的同时，对内大力推崇道教，灌输“皇权神授”思想，以巩固其内部统治，具有重大的历史和思想等意义。

（三）主要遗产

武当山古建筑群中的主要遗产有太和宫、南岩宫、紫云宫、复真观和“治世玄岳”石坊等。

太和宫位于天柱峰南侧，占地面积 8 万平方米，现有古建筑 20 余栋，建筑面积 1600 多平方米，主要建筑有：

金殿：明代铜铸仿木结构宫殿式建筑，位于天柱峰顶端的石筑平台正中，面积约160平方米，朝向为东偏南8°。殿面宽与进深均为三间，阔4.4米，进深3.15米，高5.54米。四周立柱12根，柱上叠架、额、枋及重翘重昂与单翘重昂斗拱，分别承托上、下檐部，构成重檐庑殿式屋顶。正脊两端铸龙对峙。四壁于立柱之间装四抹头格扇门。殿内顶部作平棋天花，铸浅雕流云纹样，线条柔和流畅。地面以紫色石纹墁地，洗磨光洁。屋顶采用推山做法。殿内于后壁屏风前设神坛，塑真武大帝坐像，左侍金童捧册，右侍玉女端宝，水火二将，执旗捧剑拱卫两厢。坛下玄武一尊。坛前设香案，置供器。神坛上方高悬鎏金匾额，上铸清圣祖爱新觉罗·玄烨手迹"金光妙相"四字。殿外檐际，悬盘龙斗边馏金牌额，上竖铸"金殿"二字。殿体各部分件采用失蜡法铸造，遍体鎏金，无论瓦作、木作构件，结构严谨，合缝精密，虽经五百多年的严寒酷暑，至今仍辉煌如初，显示我国铸造工业发展的水平，堪称现存古建筑和铸造工艺中的一颗灿烂明珠。

古铜殿：位于天柱峰前小莲峰上。元代大德十一年(公元1307年)铸，高3米，阔2.8米，进深2.4米，悬山式屋顶，全部构件为分件铸造，卯榫拼装，各铸件均有文字标明安装部位，格扇裙板上铸有"此殿于元大德十一年铸于武昌梅亭万氏作坊"，是中国现存最早的铜铸木结构建筑。

紫禁城：建于永乐十七年(公元1419年)，沿天柱峰环绕，周长345米，墙基厚2.4米，墙厚1.8米，城墙最高处达10米，用条石依岩砌筑，每块条石重达500多千克，按中国模式建有东、南、西、北四座石雕仿木结构的城楼象征天门。该石雕建筑在悬崖陡壁之上，设计巧妙，施工难度大，是明代科学与艺术相结合的产物。

紫霄宫：位于武当山东南的展旗峰下，始建于北宋宣和年间(公元1119～1125年)，明永乐十一年(公元1413年)重建，明嘉靖三十一年(公元1552年)扩建，清嘉庆八年至二十五年(公元1803～1820年)大修，是武当山八大宫观中规模宏大、保存完整的道教建筑之一。现存有建筑29栋，建筑面积6854平方米。中轴线上为五级阶地，由上而下递建龙虎殿、碑亭、十方堂、紫霄大殿、圣文母殿，两侧以配房等建筑分隔为三进院落，构成一组殿堂楼宇鳞次栉比、主次分明的建筑群。宫的中部两翼为四合院式的道人居所。

宫内主体建筑紫霄殿，是武当山最有代表性的木构建筑，建在三层石台基之上，台基前正中及左右侧均有踏道通向大殿的月台。大殿面阔进深各5间，高18.3米，阔29.9米，进深12米，面积358.8平方米。共有檐柱、金柱36根，排列有序。大殿为重檐歇山顶式大木结构，由三层崇台衬托，比例适度，外观协调。上下檐保持明初以前的做法。柱头和斗栱显示出明代斗杠的特征。殿内金柱斗栱，施井口天花，明间内槽有斗八藻井。明间后部建有刻工精致的石须弥座神龛，其中供玉皇大帝，左右胁侍神像，均出自明人之手。

紫霄殿的屋顶全部盖孔雀蓝琉璃瓦，正脊、垂脊和戗脊等以黄、绿两色为主镂空雕花，装饰华丽，为其他宗教建筑所少见。

南岩宫：始建于元至元二十二年至元至大三年（公元1285～1310年），明永乐十年（公元1412年）扩建。位于独阳岩下，山势飞翥，状如垂天之翼，以峰峦秀美而著名。现存建筑21栋，建筑面积3505平方米，占地9万平方米。有议案天乙真庆宫石殿、两仪殿、皇经堂、八封亭、龙虎殿、大碑亭和南天门建筑物。主体建筑天乙真庆宫石殿，建于元至大三年（公元1310年）以前，面阔11米，进深6.6米，通高6.8米，梁、柱、门、窗等均以青石雕琢而成。顶部前坡为单檐歇山式，后坡依岩，为悬山式，檐下斗栱均作两跳，是辽金建筑斗栱的做法。龙头香，长3米，宽仅0.33米，横空挑出，下临深谷，龙头上置一小香炉，状极峻险，具有较高的艺术性和科学性。

复真观：建于明永乐十年（公元1412年），清康熙二十二年（公元1683年）重修。位于狮子峰前，现存建筑20栋，建筑面积3505平方米，占地6万平方米。中轴线上有照壁、梵帛炉、龙虎殿、大殿、太子殿。左侧道院建皇经堂、芷经阁、庙亭、斋房，随山势重叠错落。前有五云楼，五层楼翼角立柱上架设12根梁枋，交叉叠阁，为大木建筑中少见的结构，有“一柱十二梁”之称。

“治世玄岳”牌坊：建于明嘉靖三十一年（公元1552年）。位于武当山镇东4000米处，为进入武当山的第一道门户，又名“玄岳门”。系石凿仿大木建筑结构，三间四柱五楼牌坊，高11.9米，阔14.5米。坊柱高6.4米，柱周设夹杆石以铁箍加固。柱顶架龙门枋，枋下明间为浮雕大小额枋，上部出卷草花牙子雀替，承托浮雕上枋和下枋，枋间嵌夹堂花板，构成明间高敞、两侧稍低的三个门道。正楼架于龙门枋上，明间左右立枋柱，中嵌矩形横式牌匾。次间各分两层架设边楼、云板与次楼，构成宽阔高耸的正楼、边楼，由上而下，逐层外展的三滴水歇山式的坊楼，中嵌横式牌匾刻嘉靖皇帝赐额“治世玄岳”。此坊结构简练，构件富于变化，全用卯榫拼合，装配均衡严谨，坊身装饰华丽，雕刻精工，运用线刻、圆雕、浮雕等方法，雕刻了人物、动物和花草图案等，是南方石作牌楼之佳作，也是明代石雕艺术珍品。

此外，在全山各宫观中还保存着铜、铁、木、石制各类造像1486件，其中明代以前制品近千件，宋、元、明、清碑刻、摩岩409通，法器、供器682件以及图书经籍等，均是珍贵的文化遗产。①

三、平遥古城

中文名称：平遥古城

英文名称：The Ancient City of Pingyao

编号：200－018

入选标准：平遥古城于1997年根据世界文化遗产遴选标准C(Ⅱ)(Ⅲ)(Ⅳ)被列入《世界遗产名录》。

世界遗产委员会评价：平遥古城是中国境内保存最为完整的一座古代

① 参见《武当山古建筑群》，载国家文物局网站(www.sach.gov.cn)。

县城，是中国汉民族城市在明清时期的杰出范例，在中国历史的发展中，为人们展示了一幅非同寻常的文化、社会、经济及宗教发展的完整画卷。

(一)概况

平遥古城位于中国北部山西省的中部，始建于西周宣王时期(公元前827～公元前782年)，明代洪武三年(公元1370年)扩建，距今已有2700多年的历史，是中国目前保存最为完整的四座古城之一。迄今为止，它还较为完好地保留着明、清(公元1368～1911年)时期县城的基本风貌，堪称中国汉民族地区现存最为完整的古城，也是目前我国唯一以整座古城申报世界文化遗产获得成功的古县城。

平遥旧称"古陶"，明朝初年，为防御外族南扰，始建城墙，洪武三年(公元1370年)在旧墙垣基础上重筑扩修，并全面包砖。以后景德、正德、嘉靖、隆庆和万历年间进行过十次大的补修和修缮，更新城楼，增设观敌台。康熙四十三年(公元1703年)因皇帝西巡路经平遥，而筑了四面大城楼，使城池更加壮观。平遥城墙总周长6163米，墙高约12米，把面积约2.25平方公里的平遥县城隔为两个风格迥异的世界。城墙以内街道、铺面、市楼保留明清形制。城墙以外称"新城"。

鸟瞰平遥古城，更令人称奇道绝。这个呈平面方形的城墙，形如龟状，城门六座，南北各一，东西各二。城池南门为龟头，门外两眼水井象征龟的双目。北城门为龟尾，是全城的最低处，城内所有积水都要经此流出。城池东西四座瓮城，双双相对，上西门、下西门、上东门的瓮城城门均向南开，形似龟爪前伸，唯下东门瓮城的外城门径直向东开，据说是造城时恐乌龟爬走，将其左腿拉直，拴在距城二十里的麓台上。这个看似虚妄的传说，闪烁出古人对乌龟的极其崇拜之情。乌龟乃长生之物，在古人心目中自然如同神灵一样圣洁。它蕴含着希冀借龟神之力，使平遥古城坚如磐石，金汤永固，安然无恙，永世长存的深刻含义。城墙上还有72个观敌楼，墙顶外侧有垛口3000个。

迄今为止，古城的城墙、街道、民居、店铺、庙宇等建筑仍然基本完好，原来的形式和格局大体未动，它们同属平遥古城现存历史文物的有机组成部分。这座坚实完整的砖石城池，数百年来在军事防御和防洪挡险等方面发挥了很大的作用。城内街道、古建衙门、市楼、商店、民居等还保留原有的明代形制，是全国重点文物保护单位。

平遥古城素有"中国古建筑的荟萃和宝库"之称，文物古迹保存之多、品位之高实为国内所罕见。其中有始建于西周、扩建于明洪武三年(1370年)，规模宏大、气势雄伟的国内保存最完整的古城墙；有始建于北汉天会七年(963年)，被列为我国第三位的现存最珍贵的木结构建筑镇国寺万佛殿，殿内的五代彩塑堪称珍品，是研究中国早期彩塑的样本；有始建于北齐武平二年(571年)，被誉为"中国古代彩塑艺术宝库"，现存宋元明清彩塑2052尊的双林寺；有中国宋金时期文庙的罕见实物——文庙大成殿；有中国金融史上的开山鼻祖，被誉为“天下第一号”、“汇通天下”的“日升昌”票号；有始建于唐显庆二年，拥有国内古建筑中罕见的“悬梁吊柱”奇特结构的清虚观，观内20余尊木雕神像是研究中国古代木雕造像艺术和道教发展的稀有之物；有遍布古城内外的1000通碑刻及年代不一、形式多样、色彩缤纷的各种琉璃实物。同时，平遥古城是中国古代民居建筑的荟萃中心之一。古城内现存4000处古、近代民居建筑中，有400余处体现着中国古、近代北方民居建筑的风格和特点。

平遥古城历史悠久，文物古迹众多。它完整地体现了17世纪至19世纪的历史面貌，为明清建筑艺术的历史博物馆。其古建筑及文物古迹，在数量和品位上均属国内罕见，对研究中国古代城市变迁、城市建筑、人类居住形式和传统文化的发展具有极为重要的历史、艺术、科学价值。

人称平遥有三宝，砌成的古城墙便是其一。在建城之初，此城墙仅为夯土筑成，规模较小。到明朝洪武三年(1370年)才扩建成现在的规模，至今虽历经600余年的沧桑风雨，但雄风犹存。这座周长约6公里的古城墙，有3000个垛口、72座观敌楼，据说这象征孔子3000弟子及72贤人。此外，清朝后期，在古城东南角还曾修建了一座象征古城文运昌盛的魁星阁，由此可见以孔子为代表的儒家思想影响之深远。

平遥古城是一座完全按照中国汉民族传统城市规划思想和布局程式修建的县城。在封闭的城池里，以市楼为中心，有四条大街、八条小街及七十二条小巷经纬交织在一起，它们功能分明，布局井井有条。城内古居民宅全是清一色青砖灰瓦的四合院，轴线明确，左右对称，特别是砖砌窑洞式的民宅更是具有很浓的乡土气息。全城现存四合院民居3797处，其中有400余处保存相当完好。此外，城池内还建有一些大小庙宇，老式铺面亦是鳞次栉比，这些古色古香的建筑原汁原味地勾勒出明、清时期市井繁华的风貌。

出古城北门向东北有镇国寺，它是古城的第二宝。该寺的万佛殿建于五代(公元10世纪)时期，目前是中国排名第三位的古老木结构建筑，距今已有一千多年的历史。殿内的五代彩塑是不可多得的雕塑艺术珍品。

古城的第三宝是位于城西南的双林寺。该寺修建于北齐武平二年(公元571年)，在该寺的十余座大殿内有彩色泥塑2000多尊，被人们誉为“彩塑艺术的宝库”。

平遥是中国古代商业中著名的“晋商”的发源地之一。清代道光四年(公元1824年)，中国第一家现代银行的雏形“日升昌”票号在平遥诞生。三年之后，“日升昌”在中国很多省份先后设立分支机构。19世纪40年代，它的业务更进一步扩展到日本、新加坡、俄罗斯等国家。当时，在“日升昌”票号的带动下，平遥的票号业发展迅猛，鼎盛时期这里的票号竟多达22家，一度成为中国金融业的中心。[①]

（二）文化价值与艺术价值

平遥古城是保存完整的历史名城，也是中国古代城市的原型。古城池总面积2.25平方千米，至今还居住着4.2万城市居民，基本保持着明清时期（公元1368～1911年）的历史风貌。自公元前221年中国实行“郡县制”以来，平遥一直是作为“县治”的所在地，延续至今。这是中国最基层的一级城市。现在保存的古城墙是明洪武三年（公元1370年）扩建时的原状，城内现存六大寺庙建筑群和县衙署、市楼等历代古建筑均是原来的实物。城内有大小街巷100多条，还是原来的历史形态，街道两旁的商业店铺基本上是17～19世纪的建筑。城内有3797处传统民居，其中400多处保存价值较高，地方风貌独特。

平遥古城自有筑城活动以来，已有2700多年的历史，在漫长的发展过程中，保留的文化遗存数量多、密度高、时间跨度长，是被誉为“中国古建筑宝库”的山西省范围内的一个“文物大县”。平遥古城众多的文化遗存，不仅代表了中国古代城市在不同历史时期的建筑形式、施工方法和用材标准，也反映了中国古代不同民族、不同地域的艺术进步和美学成就。

平遥古城是按照汉民族传统规划思想和建筑风格建设起来的城市，集中体现了公元14至19世纪前后汉民族的历史文化特色，对研究这一时期的社会形态、经济结构、军事防御、宗教信仰、传统思想、伦理道德和人类居住形式有重要的参考价值。

平遥古城自明洪武三年（公元1370年）重建以后，基本保持了原有格局，有文献及实物可以查证。平遥城内的重点民居，系建于公元1840～1911年。民居建筑布局严谨，轴线明确，左右对称，主次分明，轮廓起伏，外观封闭，大院深深。精巧的木雕、砖雕和石雕配以浓重乡土气息的剪纸窗花，惟妙惟肖，栩栩如生，是迄今汉民族地区保存最完整的古代居民群落。

平遥古城在19世纪的中后期，是金融业最为发达的城市之一，是当代最有影响的票号总部所在地、金融业总部所在地和金融业总部机构最集中的地方。曾一度操纵和控制了中国的近代金融业。平遥古城在票号兴盛的一百多年时间中，对中国近代经济发展产生过积极的影响。[②]

四、丽江古城

中文名称：丽江古城

英文名称：The Old Town of Lijiang

编号：200－017

---

① 参见《山西平遥古城》，载央视国际网（www. cctv. com）；《平遥古城》，载国家文物局网站（www. sach. gov. cn. ）。

② 参见《平遥古城》，载国家文物局网站（www. sach. gov. cn）。

入选标准：丽江古城于 1997 年 12 月根据文化遗产遴选标准 C(Ⅱ)(Ⅳ)被列入《世界遗产名录》。

世界遗产委员会评价：古城丽江把经济和战略重地与崎岖的地势巧妙地融合在一起，真实、完美地保存和再现了古朴的风貌。古城的建筑历经无数朝代的洗礼，饱经沧桑，它融会了各个民族的文化特色而声名远扬。丽江还拥有古老的供水系统，这一系统纵横交错、精巧独特，至今仍在有效地发挥着作用。

(一)概况

丽江古城位于中国西南部云南省的丽江纳西族自治县，一般认为始建于宋末元初(公元 13 世纪后期)。公元 1253 年，忽必烈(元世祖)南征大理国时，就曾驻军于此。由此开始，直至清初的近五百年里，丽江地区皆为中央王朝管辖下的纳西族木氏先祖及木氏土司(1382 年设立)世袭统治。曾遍游云南的明代地理学家徐霞客(1587～1641 年)，在《滇游日记》中描述当时丽江城“民房群落，瓦屋栉比”，明末古城居民达千余户，可见城镇营建已颇具规模。古城地处云贵高原，海拔 2400 余米，全城面积达 3.8 平方公里，自古就是远近闻名的集市和重镇。古城现有居民 6200 多户，25000 余人。其中，纳西族占总人口绝大多数，有 30％的居民仍在从事以铜银器制作、皮毛皮革、纺织、酿造业为主的传统手工业和商业活动。

丽江古城内的街道依山傍水修建，以红色角砾岩铺就，雨季不会泥泞，旱季也不会飞灰，石上花纹图案自然雅致，与整个城市环境相得益彰。位于古城中心的四方街是丽江古街的代表。

在丽江古城区内的玉河水系上，修建有桥梁 354 座，其密度为平均每平方公里 93 座。桥梁的形制多种多样，较著名的有锁翠桥、大石桥、万千桥、南门桥、马鞍桥、仁寿桥，均建于明清时期(公元 14～19 世纪)。其中以位于四方街以东 100 米的大石桥最具特色。

古城内的木府原为丽江世袭土司木氏的衙署，始建于元代(公元 1271～1368 年)，1998 年重建后改为古城博物院。木府占地 46 亩，府内有大小房间共 162 间。其内还悬挂有历代皇帝钦赐的匾额 11 块，反映了木氏家族的盛衰历史。

位于城内福国寺的五凤楼始建于明代万历二十九年(公元 1601 年)，楼高 20 米。因其建筑形制酷似五只飞来的彩凤，故名“五凤楼”，楼内的天花板上还绘有多种精美的图案。五凤楼融合了汉、藏、纳西等民族的建筑艺术风格，是中国古代建筑中的稀世珍宝和典型范例。

白沙民居建筑群位于丽江古城以北 8 公里处，这里曾是宋元时期(公元 10～14 世纪)丽江地区政治、经济、文化的中心。白沙民居建筑群分布在一条南北走向的主轴上，中心为一梯形广场，一股泉水由北面引入广场，四条巷道从广场通向四方，极具特色。白沙民居建筑群形成和发展，为后来丽江古城的布局奠定了基础。

束河民居建筑群位于丽江古城西北4公里处，是丽江古城周边的一个小集市，建筑群内民居房舍错落有致，布局形制与丽江古城四方街相似。青龙河自建筑群的中央穿过，建于明代(公元1368～1644年)的青龙桥横跨其上。青龙桥是丽江境内最大的石拱桥。

丽江古城历史悠久，古朴自然。城市布局错落有致，既具有山城风貌，又富于水乡韵味。丽江民居既融合了汉、白、彝、藏各民族的精华，又有纳西族的独特风采，是研究中国建筑史、文化史不可多得的重要遗产。丽江古城包容着丰富的民族传统文化，集中体现了纳西民族的兴旺与发展，是研究人类文化发展的重要史料。

闻名于世的丽江壁画，分布在古城及周围15座寺庙内。这些明清壁画，具有多种宗教及各教派内容融合并存的突出特点。遗存于丽江白沙村大宝积宫的大型壁画“无量寿如来会”，把汉传佛教、藏传佛教和道教的百尊神佛像绘在一起，反映了纳西族宗教文化的特点。

丽江一带迄今流传着一种图画象形文字“东巴文”。这种纳西族先民用来记录东巴教经文的独特文字，是世界上唯一活着的图画象形文。如今分别收藏在中国以及欧美一些国家图书馆、博物馆中的20000多卷东巴经古籍，记录着纳西族千百年辉煌的历史文化。其中称作《磋模》的东巴舞谱，是极为罕见的珍贵文献。被誉为古代纳西族“百科全书”的东巴经，对研究纳西族的历史、文化具有重要价值。

(二)文化价值与艺术价值

丽江古城是一座具有较高综合价值和整体价值的历史文化名城，它集中体现了地方历史文化和民族风俗风情，体现了当时社会进步的本质特征。流动的城市空间、充满生命力的水系、风格统一的建筑群体、尺度适宜的居住建筑、亲切宜人的空间环境以及独具风格的民族艺术内容等，使其有别于中国其他历史文化名城。古城建设崇自然、求实效、尚率直、善兼容的可贵特质更体现特定历史条件下的城镇建筑中所特有的人类创造精神和进步意义。丽江古城是具有重要意义的少数民族传统聚居地，它的存在为人类城市建设史的研究、人类民族发展史的研究提供了宝贵资料，是珍贵的文化遗产，是中国乃至世界的瑰宝。

1. 丽江古城在中国名城中的地位

丽江古城历史悠久，古朴自然，兼有水乡之容、山城之貌，它作为有悠久历史的少数民族城市，从城市总体布局到工程建筑，融汉、白、彝、藏各民族精华，并具有纳西族独特风采。1986年，中国政府将其列为国家历史文化名城，确定了丽江古城在中国名城中的地位。

2. 丽江古城充分体现了中国古代城市建设的成就

有别于中国任何一座古城，丽江古城未受“方九里，旁三门，国中九经九纬，经途九轨”的中原建城形制影响。城中无规矩的道路网，无森严的城墙。古城布局中的三山为屏、一川相连，水系利用三河穿城、家家流水；街道布局中“经络”设置和“曲、幽、窄、达”的风格，建筑物的依山就水、错落有致的设计艺术在中国现存古城中是极为罕见的，是纳西族先民根据民族传统和环境再创造的结果。

3. 丽江古城民居是中国民居中具有鲜明特色和风格的类型之一

城镇、建筑本身是社会生活的物化形态，民居建筑比官府衙署、寺庙殿堂等建筑更能反映一个民族一个地区的经济文化、风俗习惯和宗教信仰。丽江古城民居在布局、结构和造型方面按自身的具体条件和传统生活习惯，有机结合了中原古建筑以及白族、藏族民居的优秀传统，并在房屋抗震、遮阳、防雨、通风、装饰等方面进行了大胆创新发展，形成了独特的风格。丽江古城鲜明之处就在于无一统的构成机体，明显显示出依山傍水、穷中出智、拙中藏巧、自然质朴的创造性，在相当长的时间和特定的区域里对纳西民族的发展也产生了巨大的影响。丽江民居是研究中国建筑史、文化史不可多得的重要遗产。

4. 丽江古城是自然美与人工美、艺术与适用的有机统一体

丽江古城是古城风貌整体保存完好的典范。依托三山而建的古城，与大自然产生了有机而完整的统一，古城瓦屋，鳞次栉比，四周苍翠的青山，把紧连成片的古城紧紧环抱。城中民居朴实生动的造型、精美雅致的装饰是纳西族文化与技术的结晶。古城所包含的艺术来源于纳西人民对生活的深刻理解，体现人民群众的聪明智慧，是地方民族文化技术交流融会的产物，是中华民族宝贵建筑遗产的重要组成部分。

5. 丽江古城包容着丰富的民族传统文化，集中体现纳西民族的兴旺与发展，是研究人类文化发展的重要史料

丽江古城的繁荣已有 800 多年的历史，它逐渐成为滇西北经济文化中心，为民族文化的发展提供了良好的环境条件，聚居在这里的纳西族与其他少数民族一道创造了光辉灿烂的民族文化。不论是古城的街道、广场牌坊、水系、桥梁还是民居装饰、庭院小品、槛联匾额、碑刻条石，无不渗透纳西人的文化修养和审美情趣，无不充分体现地方民族宗教、美学、文学等多方面的文化内涵、意境和神韵，展现历史文化的深厚和丰富内容。尤其是具有丰富内涵的东巴文化、白沙壁画等传统文化艺术更是为人类文明史留下了灿烂的篇章。[①]

对上述现存于地面的古代建筑群的保护，是一件复杂而艰巨的任务，除了法律法规的保障外，管理单位、专业人员还必须经常进行实地考察，随时发现问题，及时采取科学有效的措施，保障延续其寿命，使其在新时期更好地发挥作用。

---

① 参见《丽江古城》，载央视国际网站(www.cctv.com)；《丽江古城》，载国家文物局网站(www.sach.gov.cn)。

第三节 遗 址

遗址，广义上所包含的范围很宽，指人类活动的遗迹；狭义的遗址是指埋入地下（或水中），古代人们进行生产和生活中形成的各种遗留（存）的总称。在考古领域，遗址主要是清代以前人类生产、生活等活动遗留下来的遗迹，包括城堡废墟、宫殿址、村址、居址、寺庙址，还包括当时一些经济性建筑遗存，如采石场（坑）、窑穴、窑址、贝丘等。遗址是古代人们进行生产生活的现场遗留，包含着丰富的古代活动信息，是历史发展的见证，虽然多数遗址遭到不同程度的破坏，但它们是获取实物资料的最主要来源。我国遗址资源十分丰富，在辽阔的祖国版图上到处都有分布。其中周口店北京猿人遗址、殷墟等已经成功申报世界遗产。

一、周口店北京猿人遗址

根据世界文化遗产遴选标准C（Ⅲ）（Ⅵ），周口店北京人遗址于1987年12月入选《世界遗产名录》。

世界遗产委员会评价：周口店“北京人”遗址位于北京西南48公里处，遗址的科学考察工作仍然在进行中。到目前为止，科学家已经发现了中国猿人属“北京人”的遗迹，他们大约生活在中更新世时代，同时发现的还有各种各样的生活物品，以及可以追溯到公元前18000年到前11000年的新人类的遗迹。周口店遗址不仅是有关远古时期亚洲大陆人类社会的一个罕见的历史证据，而且也阐明了人类进化的进程。

（一）概况

周口店“北京人”遗址位于北京市西南48公里房山区周口店村的龙骨山。这里地处山区和平原交界处，东南为华北大平原，西北为山地。周口店附近的山地多为石灰岩，在水力作用下，形成许多大小不等的天然洞穴。山上有一东西长约140米的天然洞穴，俗称“猿人洞”。1929年在此洞中首次发现完整的人类头盖骨化石后被称为“周口店第一地点”。

周口店遗址区是中国华北地区重要的旧石器时代遗址，其中最为著名的是周口店第一地点——“北京人”遗址。这一遗址是1921年由瑞典学者安特生首先发现的，此后又有多名学者对其进行了发掘。1927年加拿大学者步达生对周口店遗址进行正式发掘，并将周口店发现的三枚人的牙齿正式命名为“中国猿人北京种”。1929年中国考古学者裴文中在发掘中出土了“北京人”第一个头盖骨，轰动了世界。以后陆续在龙骨山上发现一些猿人使用的石器和用火遗迹。

周口店遗址历经80余年时断时续的发掘，科考工作目前仍在进行中。在周口店“北京人”遗址出土的猿人化石、石制品、哺乳动物化石种类数量之多以及用火遗迹之丰富，都是同时代其他遗址所无法相比的。北京猿人化石共出土头盖骨6具、头骨碎片12件、下颌骨15件、牙齿157枚及断裂的股骨、胫骨等，分属40多个男女老幼个体。发现10万件石器材料及用火的灰烬遗迹和烧石、烧骨等，遗址中发现有5个灰烬层、3处灰堆遗存以及大量的烧骨，灰烬层最厚处可达6米。这些遗迹表明，北京人不仅懂得用火，而且会保存火种，在周口店第一地点发现用火遗迹，把人类用火的历史提前了几十万年。北京人的平均脑量达1088毫升（现代人脑量为1400毫升），据推算，北京人身高为156厘米（男），150厘米（女）。“北京人”属石器时代，加工石器的方法主要为锤击法，其次为砸击法，偶见砧击法。“北京人”还是最早使用火的古人类，并能捕猎大型动物。“北京人”的寿命较短，据统计，68.2%死于14岁之前，超过50岁的不足4.5%。

（二）遗产的价值

“北京人”的发现，为人类起源提供了大量的、富有说服力的证据。大量事实表明，“北京人”生活在距今50万年前到20万年前之间，是属于从古猿进化到智人的中间环节的原始人类，这一发现在生物学、历史学和人类发展史的研究上有着极其重要的价值。

早在旧石器时代的初期，“北京人”已懂得选取岩石制作石器，用它作为武器或原始的生产工具，在与大自然进行斗争中改造自己，表明“北京人”已经学会使用原始的工具从事劳动，这是人和猿的根本区别所在，由此揭开了人类历史的序幕。

在“北京人”居住过的洞穴里，发现厚度达4～6米的色彩鲜艳的灰烬，表明“北京人”已懂得使用火、支配火、学会保存火种的方法，是人类由动物界跨入文明世界的重要标志，把人类用火的历史又提前了几十万年。

通过对“北京人”及其周围自然环境的研究，表明50万年前北京的地质地貌与现在基本相似，在丘陵山地上分布有茂密的森林群落，其中栖息着种类丰富的动物种群。但也曾出现过面积广阔的草原和沙漠，其中有鸵鸟和骆驼栖息的遗迹，表明在这段漫长的岁月里，北京曾出现过温暖湿润和寒冷干燥的气候状况。

北京人及其文化的发现与研究，解决了19世纪爪哇人发现以来围绕科学界近半个世纪的“直立人”究竟是猿还是人的争论。事实表明，在人类历史的黎明时代，从体质形态、文化性质到社会组织等方面，的确有过“直立人”阶段，他们是“南猿”的后代，也是以后出现的“智人”的祖先。“直立人”处于从猿到人进化序列中重要的中间环节。到目前为止，“直立人”的典型形态仍然是以周口店“北京人”为准则，周口店遗址依然是世界同期古人类遗址中材料最丰富、最系统、最有价值的一个。周口店遗址是当之无愧的人类远古文化的宝库。①

① 参见《周口店北京猿人遗址》，载央视国际网（www.cctv.com）；《周口店“北京人”遗址》，载国家文物局网（www.sach.gov.cn）。

二、殷墟

殷墟，又名“殷虚”，是我国奴隶社会商朝后期的都城遗址，位于河南省安阳市区西北小屯村一带，距今已有3300多年历史。因其出土大量的甲骨文和青铜器而驰名中外。郭沫若先生在《访安阳殷墟》一诗中赞叹道：“中原文化殷创始，观此胜于读古书。”2006年7月，第二十届世界遗产大会通过了中国安阳殷墟入选《世界文化遗产名录》。

殷墟位于河南省安阳市西北郊洹河两岸，面积约24平方公里，大致分为宫殿区、王陵区、一般墓葬区、手工业作坊区、平民居住区和奴隶居住区。据《竹书纪年》记载：“自盘庚迁殷，至纣之灭，二百七十三年更不徙都。”自盘庚迁都于此至纣王（帝辛）亡国，整个商代后期以此为都，共经八代十二王。

殷墟古称“北蒙”，甲骨文卜辞中又称之为“大邑商”、“商邑”，为中国商代晚期（约公元前1300～公元前1046年）的都城所在地，是中国历史上有文献可考并为甲骨文和考古发掘所证实的最早的古代都城遗址，为中华人民共和国重点文物保护单位，也是人类历史文化遗产中重要的组成部分。以殷墟为都城的商代晚期，疆域广阔，政治、经济、军事、科技、文化空前发达，开创了中国历史的新纪元，成为中国古代文明的典范之一。殷墟以独具风格、规模巨大、规划严饬的宫殿建筑和商王陵墓体现出恢弘的都城气派而卓绝一时；以制作精美、纹饰细腻、应用广泛的青铜器而闻名中外；以青铜冶铸、玉器制作、制车、制骨、陶器、原始瓷器烧造等高度发达的手工业而享誉世界；以造字方法成熟、表现内容丰富、传承有序的甲骨文而在世界文明史上独领风骚。殷墟丰富的文化遗存从各个方面反映出中国古代高度发达的青铜文明，是华夏先民对人类社会发展作出的突出贡献。因此，一个世纪以来对殷墟的发现和发掘，不仅使它成为中国近现代考古学的摇篮，而且为湮灭了3300年的殷商文化，提供了一种独有的、历史的和科学的见证。殷墟作为一座商代都城遗址，其重要的历史、科学、艺术和文化价值，蜚声中外而又影响深远，是人类文明史上不可或缺、辉煌壮美、璀璨绚丽的一页，应受到全世界的重视和保护。①

第四节　历史文化名城

一、历史文化名城保护概念的形成与发展

我们的祖先很早以前就认识到历史文化遗产的价值，有多种保护和收藏的行为，这既是对过去时代的纪念和追寻，又是对逝去时代文化代表品的珍惜和欣赏。“古董”这个词汇，在中国很早就被使用了，与之相联系的仅是

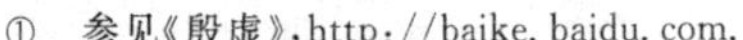

①　参见《殷虚》，http://baike.baidu.com.

保存和收藏一些器物，主要是可移文物。而对于历史建筑物以及建筑群的保护，则往往无能为力，常常把它们作为一种过去统治的象征和代表，也出现过因仇恨、蔑视而加以破坏和摧毁的现象。在古代中国就有项羽烧毁秦咸阳城“大火三月不灭”的故事。在以后的改朝换代中，也多有把前朝建设的建筑和城市加以毁灭的事，如公元12世纪金兵攻入北宋首都汴梁后，就把宏伟的“大内”和“艮岳”全部拆毁，并把拆下的木梁柱和假山石全部运到了北京，修筑金中都城。以后辽灭金，元灭辽，都城也都遭到了严重的破坏。

在欧洲，罗马帝国曾摧毁希腊的城市和宫殿，中世纪十字军东征时，沿途掠烧，所过之处全成瓦砾废墟，这些都是众所周知的历史旧事。近代，产业革命后相当长一段时期，人们忙于发展生产，对历史建筑和历史环境的保护既缺乏认识也无力顾及。因此，一批古建筑及其环境在工业化的浪潮中遭到了毁灭。在德国和奥地利，19世纪末有许多具有历史意义的世俗建筑被拆除，很多情况下仅仅是为了满足日益增长的道路交通的要求。由于“建设”而造成的对文物古迹的破坏是惊人的。日本千叶大学教授木原启吉在他的《历史的环境》一书中，说到了日本近代文物古迹所遭到的四次大的劫难：一是明治维新以后，大量佛寺被毁；二是明治及大正初期开放贸易，大量古代文物外流；三是第二次世界大战，大量文物古迹毁于战火；四是20世纪50年代后经济高速增长时，不但毁坏了大量文物，更破坏了一些历史环境，其中第四次破坏是最为严重的一次，它远远超过了第二次世界大战所造成的破坏。

在付出了很多代价之后，人们逐渐认识到了历史建筑具有的种种不可替代的价值和作用。对历史建筑的保护和修复工作于19世纪末开始受到重视，至于这项工作的科学化，它的基本概念、理论和原则的形成，则是19世纪中叶以来近一百多年发展和演变的结果。

第二次世界大战以后，欧洲对许多被战争摧毁的城市如何重建问题，引起了人们的思考。如波兰华沙当时就有两种意见：一是完全建一座新城；一是按历史面貌恢复古城。绝大多数的居民赞成后者，当恢复老华沙城的消息传开后，流浪在外的华沙人一下子归来了30万人，整个国家掀起了爱国建设的热潮，这就是战后著名的“华沙速度”的缘由。华沙人为自己的古城能重现而引为自豪。华沙城后来作为特例被列入《世界历史文化遗产名录》。这种恢复历史城市风貌的做法，在欧洲影响很大，如德国的波恩、慕尼黑，匈牙利的布达佩斯等等被战争破坏的古城都得到了很好的维修和恢复。这些城市把修复历史建筑和保护古城，视为重建民族精神的重要手段，借此增强人民的自尊心和自信心，提高民族的文化素质和凝聚力。历史文化遗产的保护工作在发扬民族文化、振兴民族经济中起到了明显的效果。文物保护对象从单个的历史建筑扩大到历史街区，是20世纪60年代以来国际上出现的新趋势。

这是先从文物建筑周围的环境保护开始的。如日本1960年颁布的《保护古都历史风貌特别措施法》,主要目的是保护古都文物古迹周围的环境以及文物连片地区的整体环境。所谓"古都",是指京都、奈良、镰仓等地,这些地方保存着以前的王宫遗址、陵墓及古寺庙。

此后保护历史街区的概念逐步形成。这是一个新的概念,这里强调的不是单个的历史建筑,而是一个整体,它反映了历史的风貌,这种整体的秩序使单个历史建筑的价值得到了升华。从内容上看,保护也不限于宫殿、庙宇等重要建筑物,而是包括了民居、商业街等更广泛的内容。

历史建筑保护概念扩大到历史街区保护后,由于它的性质和单体建筑的保护有所不同,保护的原则和方法也相应起了变化。

对单个的历史建筑来讲,尽管建筑的存在是以其使用价值为目的,但对于为数有限的古建筑,有可能更强调它的文物价值,允许改变或部分改变它原来的使用价值,保留其历史、科学、艺术价值,可以用作为博物馆、展览室等功能,只供人们参观游览。

对于历史街区,由于它的范围大了,人们要在这里继续生活,人们希望它有一个活的环境。保护历史街区,要强调维持传统的社区结构和经济活力,注意发挥它们在城市社会生活中的作用,使之成为城市功能的新的组成部分。从保护单个建筑发展到保护历史街区,这意味着保护历史文化遗产不仅要保护物质实体对象,而且要进而保护它的人文环境,从而与整个城市社会、经济生活更加密切相关。

综上所述,国际社会对历史文化遗产保护的概念和范围在不断扩大,从开始时仅保护可供人们欣赏的建筑艺术品,继而保护各种能作为社会、经济发展的见证物,再进而发展到保护与人们当前生活还息息相关的历史街区以至整个城市。这种对历史、文化重视的状况实际上反映了人类现代文明发展的必然趋势。

二、中国历史文化名城保护制度的形成

中国当代保护历史文化名城的思想可以追溯到20世纪50年代以梁思成先生为代表的一批学者的观点。梁思成先生曾说:北京作为故都及历史名城,许多旧日的建筑已成为今日有纪念意义的文物,它们不但形体美丽,不允许伤毁,而且它们位置部署上的秩序和整个文物环境正是这座名城的壮美特点之一,这必须在保护之列。他还说,北京古城的价值不仅在于个别建筑类型和个别艺术杰作,最重要的还在于各个建筑物的全部配合,它们与北京的全盘计划、整个布局的关系,在于这些建筑的位置和街道系统的相辅相成,在于全面部署的庄严秩序,在于形成了宏壮而美丽的整体环境,中国古代的城市有许多是按规划建设的,有些城市虽然看不出明显的规划意图,但自发形成的布局和路网系统也能反映出时代的特征和地方特色,饱含着城市的历史信息。它们有着值得保存的个体建筑和城市整体的配合关系,有着值得保护的格局或空间部署的秩序,有着值得保护的文物环境。对于

这些，只保护一个个的文物建筑是不够的。梁思成先生的保护思想在当时应该说是十分有远见的，那时在国外也还没有普遍认识到保护文物环境和保护城市整体空间秩序的意义。

新中国成立后，对将城市作为一个整体来保护的认识还处于初始阶段。譬如对待北京的规划与建设，梁思成先生的主张就是要避开明、清时代形成的老城区，而把建设的重点放在老城的西面，这样就既可保护原有古城的格局和许多精美的古建筑，也可以保存那些传统的有特色的胡同制的居住环境。但是由于当时“破旧立新”的观念占了上风，没有接受梁先生的主张。同样，西安古城的改建，也在旧城中心区开辟了宽阔的道路，建成了许多新的房屋，把著名的钟楼变成了一个十字交叉路中央的交通岛，最后只剩下四周一圈城墙。1958 年，北京拆除了明代修筑的城墙，并导致了全国各地的仿效，以致今天在全国已没有几座完整的城墙了。

在 20 世纪 80 年代以前，国际上已经普遍重视历史环境的保护思想和方法，逐渐为国内的一些专家学者所了解和接受，要重视保护历史古城的思想才逐渐地被提了出来。而进入到 80 年代，中国开始了大规模的经济建设，许多文物古迹以及一些传统街区，在建设中遭到不同程度的破坏。山西省的几座古城如太谷、新绛、侯马等都拆毁了古城墙，开辟了大马路，曲阜也在 1978 年拆除了明代的城墙，绍兴填了河道开大路，古城风貌遭到破坏。此种情况下，一些专家们向国家有关部门呼吁，仅仅保护单个的文物古迹和古建筑是不够的，应该从城市整体的角度采取保护措施。国家的法律和政策及时作出了反应，国务院分别于 1982 年、1984 年及 1996 年公布了三批全国历史文化名城；除国家级历史文化名城外，各省（自治区、直辖市）也审批公布了各自的省级历史文化名城和名镇，历史文化名城保护规划的工作已在全国全面展开，各项有关的政策法规也在逐步完善。

三、中国历史文化名城的类型

历史文化名城的保护，需要有适合各个名城独有特征的规划设计和实施方法，这是为了使每一座名城保持或恢复其独特的个性和魅力。将城市的共性、特性和问题归纳起来，可以针对同类的情况采取相同的措施，针对不同类型区别对待，这也就是对历史文化城市进行分类的目的。应该指出，分类并不是终级目的，目的是通过划分出不同的类别，采用不同的保护与更新方法，维护和发展城市的历史传统特色与风貌。

当前国内外有关历史传统城镇分类研究的资料尚少。但已有的资料表明，国外对于不同性质的城市历史文化遗产，采取的保护方法和原则也不尽相同。

我国对历史文化名城的分类，一是按名城所具有的特点和性质来分类，一是从名城的保护现状和制定保护策略为出发点。

表 2-1　中国国家历史文化名城(共 110 座)(截至 2007 年 9 月)

直辖市	北京、天津、上海、重庆
河北	保定市、承德市、正定县、邯郸市、山海关
吉林	吉林市、集安市
辽宁	沈阳市
江苏	南京市、徐州市、淮安市、镇江市、常熟市、苏州市、扬州市、无锡市
浙江	杭州市、绍兴市、宁波市、衢州市、临海市、金华市
福建	福州市、泉州市、漳州市、长汀县
江西	南昌市、赣州市、景德镇市
安徽	亳州市、歙县、寿县、绩溪县、安庆市
山东	济南市、曲阜市、青岛市、聊城市、邹城市、淄博市、泰安市
河南	郑州市、洛阳市、开封市、安阳市、南阳市、商丘市、浚县、濮阳市
湖北	武汉市、荆州市、襄樊市、随州市、钟祥市
山西	平遥县、大同市、新绛县、代县、祁县
内蒙古	呼和浩特市
黑龙江	哈尔滨市
湖南	长沙市、岳阳市、凤凰县
广东	广州市、潮州市、肇庆市、佛山市、梅州市、雷州市
广西	桂林市、柳州市
海南	琼山市、海口市
四川	成都市、自贡市、宜宾市、阆中市、乐山市、都江堰市、泸州市
云南	昆明市、大理市、丽江县、建水县、巍山县
贵州	遵义市、镇远县
西藏	拉萨市、日喀则市、江孜县
陕西	西安市、延安市、韩城市、榆林市、咸阳市、汉中市
甘肃	张掖市、武威市、敦煌市、天水市
青海	同仁县
宁夏	银川市
新疆	喀什市、吐鲁番市、特克斯县

对我国的 110 个历史文化名城(见表 2-1)的历史形成、自然和人文地理以及它们的城市物质要素和功能结构等方面进行对比分析，可划分为七种类型：

(一)古都类历史文化名城

中国封建王朝统治长达两千年的历史，自公元前 221 年秦始皇统一全国后，虽经多次分裂、战乱和改朝换代，但大多数时间是处于统一的封建大帝国的统治下，这些王朝统治者(帝王)居住的城市，就是封建王朝的都城，如北京、西安、洛阳、开封、南京、杭州、安阳等。

在全国分裂的时期，有的城市作为国家的都城的时间较长，影响较大。有的则长期作为全国的陪都，如洛阳、开封、南京、杭州等，这些也都属于都城类。在这些名城中，帝王行使统治权力和居住的宫殿以及坛庙、陵墓、园囿等都集中于此，这些建筑大多富丽宏伟。都城的规模也很宏大，如唐长安城面积达8700公顷，清北京城为6770公顷。

在中国的封建社会中，由于封建迷信思想的作用，改朝换代必须鼎新革故、万象更新，因而在推翻前朝的斗争中，往往对原有建设进行毁损，所以目前地面上留下的古都建筑数量有限，大多为遗址。

中国的都城是经过事先周密的规划，而后精心营建的。中国的封建统治者崇尚儒家学说，在规划思想上继承了儒家的哲学思想，如强调布局要方正规划，以示“不正不威”；要中轴对称，以示“居中不偏”。《周礼·考工记》中所制定的营建都城的法则，为历代都城所遵循。中国历代帝王建都，大多具有优美的自然环境，表现出强烈的地方文化的特征，构成了强烈的城市特色。

在这些古都城，如洛阳、开封、安阳和西安等，作为古都时的地方文物建筑遗存不少，主要以地下遗存为主。如开封由于战争和黄河泛滥，北宋时期的地面遗存只有铁塔和繁塔，整个城市在外部形态上已无古都的风貌特征，而宋皇城，内、外城墙和墙门遗址都留存在地下，具有重要的历史价值。同样安阳的殷都遗址也是国家重点文物保护单位，在现代城市建设发展中必须采取严格的保护措施。

（二）传统城市风貌类历史文化名城

这些城市完整地保留了某一时期或几个时期积淀下来的完整的建筑群体，而被列为历史文化名城。传统的城市建筑环境，不仅在物质形态上具有感受得到的强烈的历史气氛，它本身也具有建筑学意义上的价值。同时，通过这些物质形态，可以折射出某一时代的政治、文化、经济、军事等诸方面的深层的历史信息。城市历史意象的形成，大大超过单个的历史建筑。这类城市，不仅文物古迹保存较好，而且由于发展缓慢或另辟新城发展，古城区无论是格局、街道、民居和公共建筑物均完整地保存着某一时代的风貌。如平遥、韩城、榆林、镇远、阆中、荆州、商丘、祁县等。

韩城古城城墙已拆除，但位置界线仍清晰，城市内部街道以金城大街作为南北主要通道，大街西侧有大巷13个，小巷29个，多以东西走向为主，明代城市的格局基本原封不动地保存了下来。城市内部有大量的古建筑及大批有价值的民居与店铺。过去大量在京的官宦回乡后仿北京四合院在韩城营建宅院，使韩城的四合院有“小北京”的美称。有文物保护价值的古建筑（包括民居）占全城总建筑的15%左右。由于近年来在城北高地上另辟新式建筑，因此，老城内高层建筑极少。大量质量较高的低层砖木结构四合院建筑，和其他古代建筑一起，构成了完整的明清时代城市风貌。

城市建设的发展，使有的古城失去了完整的风貌。如城墙被毁，城市高层建筑破坏了古城历史轮廓线，街道拓宽，大量的传统住宅被改建成单元式楼房等。但就是在这些城市，仍保留着局部的传统风貌特色，如能在规划建设中妥加保护、整治和利用，仍可从外部形态上感受到历史文化的气息。

（三）风景名胜类历史文化名城

这些城市拥有优美的自然景观，风景点大多就在城市中，或在城市近郊，与城市的建设与发展紧密结合，形成了独特美好的城市风光。它们不同于一些山岳或湖泊等自然风景区，往往拥有丰富的人文景观，带有很强烈的文化色彩，不仅能作为人们旅游的场所，还能给人以精神的陶冶。如苏州，古人就有许多对其景色美丽和生活丰裕的称赞。苏州城内园林众多，代表着中国私家园林建筑的精华，是人工艺术、自然美与和谐的结合，近郊还有许多风景游览地，许多文物古迹和园林是国家文物保护单位。还有如承德、桂林、扬州、苏州、绍兴、镇江、常熟、敦煌、曲阜、都江堰、乐山、天水、邹城、昆明等城市。

再如桂林，由于岩溶地形的自然变迁，造就了奇山秀水，素有“桂林山水甲天下”之美誉。“江作青罗带，山如碧玉簪”，充满了诗情画意。古人留下许多摩崖石刻，既是宝贵的文物，又平添了风景文化的内涵，从而使桂林成了誉满中外的旅游胜地。

在这类历史名城中，有的是以自然风光为主，有的是以人文景观为主；而有的古城市中则拥有著名的文物古迹和历史名胜，如孔庙所在的曲阜，孟子庙所在的邹城，避暑山庄所在的承德，乐山大佛所在的乐山，麦积山石刻所在的天水等。科学合理地规划这些城市，对保护这些重要的历史名胜有着重要作用。

（四）民族及地方特色类历史文化名城

中国是一个多民族的统一国家，共有五十六个民族，一些少数民族聚居的城市，具有鲜明的民族文化特色，一些城市具有独特的地方特色，这些都反映了我国城市悠久的传统，对城市的地域性和多民族的文化特征，必须很好地保护，以防止湮灭消失。在今后的城市建设中保持和发扬这些民族和地方特色，对于增强民族的自尊和凝聚力，增添对家乡的热爱，有巨大的精神作用。并且对创造有中国特色的、地域的和民族特色的城市，有重要的借鉴和范例作用，在发扬光大祖国文化方面有重要意义。这类城市包括拉萨、日喀则、大理、丽江、喀什、江孜、银川、呼和浩特、建水、潮州、福州、巍山、同仁等。

拉萨是西藏的首府，有悠久的历史，也是藏民族文化的发祥地和藏传佛教的圣地，有许多富有特色、建造精美的宫殿和寺庙；布达拉宫、大昭寺、色拉寺、哲蚌寺、罗布林卡等都是全国重点文物保护单位。城市中众多的佛寺和藏民族民居，造型粗犷，色彩鲜明，具有强烈的藏族特色。城市周围的高山峻岭，使拉萨具有独特的高原城市风光。

还有一些城市具有独特的地方风格，从建筑的造型色彩以及建筑群组合布局和城市格局，都与它所处的地理环境和历史文化传统的影响密切相关，因而具有较高的价值，对此也必须加以保护与继承，不至于在现代化建设中湮灭。如潮州，有丰富的潮汕文化沉淀，因而在文化艺术、民俗民风上都有自己的特色，民居建筑也是注重格局，注重造型，注重装饰，已形成一套规范的民间建筑样式，城中留有义井、兴宁、甲第等几条老巷，是仍然保持完整的传统民居群落的历史街区。

(五)近代革命纪念意义的历史文化名城

这些城市是中国近代许多革命事件的发生地，许多文物和建筑记载着中国人民革命斗争的历程。如上海、天津、武汉、延安、遵义、重庆、哈尔滨、青岛、南昌等城市。近代的珍贵文物和遗存，同样具有文化和科学的价值，特别是一些革命历史文物，更是当今进行思想政治教育的重要资料和实物。如上海，是中国共产党的诞生地，有中共"一大"会址等许多纪念建筑，外滩典型的西洋建筑群著称于世，市区还有20世纪二三十年代流行的各种流派和各国式样的建筑，被称为"世界建筑博览会"。如延安，是中国革命的圣地，留下了大量的革命遗址，得到党和国家的重视和保护，许多被列为国家重点文物保护单位。

(六)海运交通、边防、手工业等特殊历史文化名城

在我国广袤的土地上，有的城市处于大江河的入海口，经济的发展使其成为海运交通城市；有的是为防御外敌的入侵，按军事布防要求，规划建造的边防城市；有的由于古代手工作坊的发展，工匠聚集、人丁繁盛而成为手工业城市；有的因为在防阻洪水的筑城技术上，有特殊的贡献而被列为名城。这类城市原来得以发展的特殊功能，在历史上有过重大的作用，时至今日可能已成为历史的陈迹，或已被新的功能所代替，但这些城市原来所具有的功能与作用，都是我国古代科技、文化的标志和结晶，是宝贵的历史遗产，必须很好地保护与发掘。这些城市包括泉州、广州、宁波(海外交通)、景德镇(瓷都)、自贡(井盐)、寿县(水防)、亳州(药都)、大同、武威、张掖(边防)等。

如泉州，历史上是繁盛的海上贸易中心，当时城南有"番坊"，为外国商人的聚居地。城内有我国最早的伊斯兰教堂，规模宏大的开元寺、古老的安平桥等都是国家重点文物保护单位。泉州景色秀美，是著名的侨乡。

如景德镇有丰富的瓷土资源，以产优质瓷器驰名中外，宋景德年间因烧制御用瓷器而被后人称此城名，有历代瓷窑遗迹，建有瓷史博物馆，独具特色。

再如武威、张掖，是按军事要求选址建设的边防城市，虽然自清代以后边境安定，军防性质逐渐转化为交通贸易城市，但格局犹存。

(七)一般史迹类历史文化名城

许多古老的城市，在历史上曾辉煌一时，由于历代战争破坏、经济衰落或近年来大规模的城市建设，大量古迹和传统街区遭到破坏。但城市中还存在许多历史遗迹，有一定影响。如历史上曾为省会一级的地区中心，往往历史悠久，文化延续性强，有一些文物古迹，但特征不突出，类型归属不明显。如徐州、济南、长沙、成都、吉林、沈阳、郑州、淮安、保定、襄樊、宜宾、正定、肇庆、漳州、临淄、邯郸、衢州、赣州、聊城、泸州、南阳、咸阳、钟祥、岳阳、雷州、新绛、代县、汉中、佛山、临海、浚县、随州、柳州、琼山、集安、梅州等。

一般的府、州、县城市，它们的历史文化遗产主要是以分散在市内各处的中小型文物建筑为主，如淮安、保定、襄樊、宜宾、邯郸、临淄、漳州等城市。

上述划分的历史文化名城类型，仅是从大致的方面考虑，而每一座城市往往包含着多种特色，就以上述所分的七大类型来看，有一些城市就兼跨了几种类型，如杭州是七大古都之一，曾作为吴、越国的都城，南宋时为首都，名临安，长达150年之久，但一直又是地区统治中心。西湖著称于世，有名胜古迹70余处，是国家级风景区。因此，我们将杭州归为古都类，但又作为风景类的次要城市。这样的情况很多，划分时只能按其主要、次要或一般人们的习惯看法来确定。这种划分不可能太严密，是为了分清其主要的特色，而制定正确的保护对策和措施。

四、历史文化名城保护的内容

有历史价值的古代建筑作为记载历史信息的实物，特别是现今保存较好的，必须原封不动地保存历史的印迹，对待它们的方式应是“保护”。条件允许的以设立博物馆或遗址纪念地的方式给予绝对的保存和护卫，以供人们对历史文化的鉴赏。而现代保护的理念已扩大到建筑群或街区、地段或区域乃至整个城市。城市作为一个被保护体、作为具有更多真实历史信息的载体，在保护时必须树立以下几个重要的观念：(1)城市保护不同于单个建筑物的保护，要保护的应该是一个历史地区及其周围的环境，保护的是群体，是与之相关的除建筑以外的构成环境和氛围的要素，诸如道路、河道、树木等等。(2)“保护就是使之免受各种破坏，不恰当的利用，不必要的添建和诸如将会损坏其真实性的改变而带来的损害，以及由于各种形式的污染而带来的损害。”(《内罗毕建议》①)(3)城市是一个活的有机体，始终处于新陈代谢的状态，因而要更新，“保护历史地区及其周围的环境，并使之适应于现代生活的需要”(《内罗毕建议》)。(4)对于一般的城市而言，保护只是局部，不会也不可能是完全的一座城市，所以保留什么，改造什么，拆除什么，对于城市保护而言是一个关键的问题，在具体实施前要经过科学的论证。

历史文化名城保护的内容主要包括两个方面，即城市蕴含的物质文化遗产和非物质文化遗产。

---

① 1976年11月，联合国教科文组织大会在肯尼亚首都内罗毕召开，通过了《关于历史地区的保护及其当代作用的建议》，简称《岁罗华建议》。

物质文化遗产方面，主要包括以下三个内容：一是城市所植根的自然环境。各种不同的地理环境导致了不同特色的文化景观，历代对自然环境的加工使环境又具有了人文和历史的内涵。从某种意义上讲，文物古迹若脱离了它所植根的历史环境，其价值必将受到影响。二是城市独特的形态。这里的城市独特形态主要指有形要素的空间布置形式。如城市与自然环境的关系，城市的几何形体，城市的格局，城市的交通组织、功能分区，城市历代的形态演变，等等。三是城市的物质组成要素。建筑是构成城市实体的主要要素，由它们构成的城市旧城区、古迹点仍和现代城市生活发生密切关系，形成了城市文化景观特色中最重要的部分。一些主要体现实证价值的文物点，如一些小型文物建筑和地下文物，则是全面反映历史信息、描绘历史发展过程的重要实物资料。

非物质文化遗产主要包含着三个方面的内容：一是语言、文字；二是城市的生活方式和文化观念所形成的精神文明面貌；三是社会群体、政治形式和经济结构所产生的城市生态结构。

五、历史文化名城保护原则

1. 城市是在历史中形成的，它又不断地发展更新，城市居民对自己的生活工作条件也在不断地提出新的要求，所以，即使是历史文化名城也绝不能当成一个博物馆。我们的保护工作一方面要使城市中优秀历史文化遗产得到保护，另一方面又要促进城市经济、社会的发展，不断改善人民的工作和生活的环境。

2. 历史文化名城保护的关键是保留各城的传统特色与现代化建筑的有机统一，那就是合理规划。把保护与建设协调起来，把文物古迹、城市的传统格局、历史风貌，从城市这个大系统的角度统一综合设计，才能达到理想的效果。

3. 我国有国家级历史文化名城 110 座，它们在城市性质、规模方面有很大差异，所保存的历史文化遗产的特点也各有不同。因此，保护工作要认真分析这些特点，研究城市文化价值的精粹，有针对性地制订相应的方案。

4. 加强立法，把保护历史文化名城纳入法制轨道。对各个名城，要按《文物保护法》划定各级文物保护单位的保护范围和建设控制地带，制定详尽的保护及管理规定。保护及控制方位界线的划定对保护文物的历史环境、科学、艺术价值有重要影响。范围划得小，不利于文物的保护；范围划得过大，则影响城市的改造与建设，实施也有困难。这就需要深入研究，给立法提供科学的依据。在城市规划中对保护历史地段、控制建筑高度、保留视觉通廊等也都应作出明确的规定。

5. 在历史文化名城中，对其传统建筑也并非能够全部都加以保护，除集中成片且质量较好的以外，许多是需要改造的，此外还要进行大量新的建设。对这些新的改造与建设，要根据它们所在的位置提出不同的要求。对已划定的各级重点文物保护单位和历史文化保护区，要实行严格的控制。对于它们的建设控制地带及其外围地区，要强调保护它们的历史环境。一是采取协调的手法；二是以绿化地带隔离，各自保护独立的空间环境；三是在共容的基础上强调新建筑的时代感，借以烘托文物古迹的主题地位。

六、我国历史文化名城保护中存在的问题

迄今被命名为国家级历史文化名城的已有110座城市。从实际情况看，除了个别的城市仍然在物质形态上保持完整的古城建筑风貌外（如平遥、丽江），其他的城市在不同程度上已丧失古城的整体风貌，其名城价值更多是以历史声望来体现的。目前，我国历史文化名城保护存在的问题主要有以下几点：（1）名城评定的标准难以具体、规范和统一，一些名城的特点主要体现在古城完整的传统建筑风貌上，如平遥；一些名城的特点主要体现在其历史声望上，如广州、武汉等。历史文化名城出现了抽象和非物质形态化的现象。（2）由于各名城的差异甚大，从名城保护的角度来统一规划建设城市难以具体化，规划编制和实施的难度也很大。这导致一些名城只着眼于城市的历史声望，对本应保护的历史街区和传统建筑群却任意拆毁；同时也使一些名城的保护与发展长期囿于一种矛盾关系之中。（3）如何在城市规划和发展中有效处理保护和发展的平衡关系，既要满足城市的现代化建设和人民群众生活发展的需求，又要保护名城的历史文化内涵，是立法和实践面临的一大挑战。例如，北京市划定了40个以上的历史文化保护区，各地也制定了一些地方条例，但如何制定一部统一的国家法律或法规仍在探索中。[①]

第五节　历史文化名镇（村）

建立历史文化名镇名村的目的是为更好地保护、继承和发扬我国优秀建筑历史文化遗产，弘扬民族传统和地方特色。建设部和国家文物局决定，在各省、自治区、直辖市核定公布的历史文化村镇的基础上，评选出中国历史文化名镇和中国历史文化名村。

根据《中国历史文化名镇（村）评选办法》，历史文化名镇（村）应当具备下列条件之一。

1. 在一定历史时期内对推动全国或某一地区的社会经济发展起过重要作用，具有全国或地区范围的影响；或系当地水陆交通中心，成为闻名遐迩的客流、货流、物流集散地；在一定历史时期内建设过重大工程，并对保障当地人民生命财产安全、保护和改善生态环境有过显著效益且延续至今；在革命历史上发生过重大事件，或曾为革命政权机关驻地而闻名于世；历史上发

---

① 本节内容参见曹江永主编《文物考古调查勘探与发掘技术保护手册》，安徽文化音像出版社2004年版。

生过抗击外来侵略或经历过改变战局的重大战役以及曾为著名战役军事指挥机关驻地;能体现我国传统的选址和规划布局经典理论,或反映经典营造法式和精湛的建造技艺;能集中反映某一地区特色和风情,或能反映民族特色传统建造技术。

2. 建筑遗产、文物古迹和传统文化比较集中,能较完整地反映某一历史时期的传统风貌、地方特色、民族风情,具有较高的历史、文化、艺术和科学价值,现存有清代以前建造或在中国革命历史中有重大影响的成片历史传统建筑群、纪念物、遗址等,基本风貌保持完好。镇(村)内历史传统建筑群、建筑物及其建筑细部乃至周边环境基本上原貌保存完好;或因年代久远,原建筑群、建筑物及其周边环境虽曾倒塌破坏,但已按原貌整修恢复;或原建筑群及其周边环境虽部分倒塌破坏,但“骨架”尚存,部分建筑细部亦保存完好,依据保存实物的结构、构造和样式可以整体修复原貌。

3. 凡符合上述两项条件,镇的总现存历史传统建筑的建筑面积须在5000 平方米以上,村的现存历史传统建筑的建筑面积须在 2500 平方米以上。

4. 凡欲申报历史文化名镇(村)的村镇需已编制了科学合理的村镇总体规划,设置了有效的管理机构,配备了专业人员,有专门的保护资金。

中国历史文化名镇(村)的评选与公布以不定期的方式进行。建设部和国家文物局以部际联席会议形式对专家委员会的评议的意见进行审定后,以建设部、国家文物局的名义进行公布,并对中国历史文化名镇(村)实行动态管理。省级建设行政主管部门负责对本省(自治区、直辖市)已获中国历史文化名镇(村)称号的村镇保护规划的实施情况进行监督,对违反保护规划进行建设的行为要及时查处。建设部会同国家文物局将不定期组织专家对已经取得中国历史文化名镇(村)称号的镇(村)进行检查。对于已经不具备条件者,将取消中国历史文化名镇(村)称号。

从 2003 年至今已经评选并命名了三批共 157 个历史文化名村名镇(参见表 2-2,表 2-3)。这些村镇分布在全国各个省份,包括太湖流域的水乡古镇群、皖南古村落群、川黔渝交界古村镇群、晋中南古村镇群、粤中古村镇群,既有乡土民俗型、传统文化型、革命历史型,又有民族特色型、商贸交通型,基本反映了中国不同地域历史文化村镇的传统风貌。

表 2-2　　中国历史文化名镇名单

中国历史文化名镇(第一批)		
山西省灵石县静升镇	江苏省昆山市周庄镇	福建省上杭县古田镇
江苏省吴江市同里镇	江苏省苏州市吴中区角直镇	重庆市石柱县西沱镇
浙江省嘉善县西塘镇	浙江省桐乡市乌镇	重庆市合川县涞滩镇
重庆市潼南县双江镇		
中国历史文化名镇(第二批)名单		
河北省蔚县暖泉镇	山西省临县碛口镇	湖南省龙山县里耶镇
辽宁省新宾满族自治县永陵镇	上海市金山区枫泾镇	广东省吴川市吴阳镇
江苏省苏州市吴中区木渎镇	江苏省太仓市沙溪镇	重庆市渝北区龙兴镇
江苏省姜堰市溱潼镇	江苏省泰兴市黄桥镇	重庆市酉阳土家族苗族自治县
浙江省湖州市南浔区南浔镇	浙江省绍兴县安昌镇	四川省大邑县安仁镇
浙江省宁波市江北区慈城镇	浙江省象山县石浦镇	四川省宜宾市翠屏区李庄镇
福建省邵武市和平镇	江西省浮梁县瑶里镇	贵州省习水县土城镇
河南省禹州市神垕镇	河南省淅川县荆紫关镇	甘肃省宕昌县哈达铺镇
湖北省监利县周老嘴镇	湖北省红安县七里坪镇	四川省邛崃市平乐镇
四川省阆中市老观镇	广东省广州市番禺区沙湾镇	重庆市江津市中山镇
贵州省贵阳市花溪区青岩镇	广西灵川县大圩镇	云南省禄丰县黑井镇
新疆鄯善县鲁克沁镇		
中国历史文化名镇(第三批)名单		
河北省永年县广府镇	山西省襄汾县汾城镇	湖北省洪湖市瞿家湾镇
山西省平定县娘子关镇	黑龙江省海林市横道河子镇	湖北省郧西县上津镇
上海市青浦区朱家角镇	江苏省高淳县淳溪镇	广东省珠海市唐家湾镇
江苏省昆山市千灯镇	江苏省东台市安丰镇	广西壮族自治区昭平县黄姚镇
浙江省绍兴市越城区东浦镇	浙江省宁海县前童镇	海南省三亚市崖城镇
浙江省义乌市佛堂镇	浙江省江山市廿八都镇	重庆市江津市塘河镇
安徽省肥西县三河镇	安徽省六安市金安区毛坦厂镇	四川省双流县黄龙溪镇

续表

江西省鹰潭市龙虎山风景区上清镇	河南省社旗县赊店镇	四川省合江县尧坝镇
四川省古蔺县太平镇	湖北省监利县程集镇	贵州省黄平县旧州镇
贵州省雷山县西江镇	广东省开平市赤坎镇	云南省剑川县沙溪镇
云南省腾冲县和顺镇	广东省陆丰市碣石镇	西藏自治区乃东县昌珠镇
甘肃省榆中县青城镇	广西壮族自治区阳朔县兴坪镇	甘肃省永登县连城镇
甘肃省古浪县大靖镇	重庆市北碚区金刀峡镇	新疆维吾尔自治区霍城县惠远镇
重庆市綦江县东溪镇	四川省自贡市沿滩区仙市镇	

表 2-3　　中国历史文化名村名单

中国历史文化名村(第一批)名单		
北京市门头沟区斋堂镇爨底下村	山西省临县碛口镇西湾村	浙江省武义县俞源乡俞源村
浙江省武义县武阳镇郭洞村	安徽省黟县西递镇西递村	安徽省黟县宏村镇宏村
广东省深圳市龙岗区大鹏镇鹏城村	福建省南靖县书洋镇田螺坑村	湖南省岳阳县张谷英镇张谷英村
广东省佛山市三水区乐平镇大旗头村	江西省乐安县牛田镇流坑村	陕西省韩城市西庄镇党家村
中国历史文化名村(第二批)名单		
河北省怀来县鸡鸣驿乡鸡鸣驿村	山西省阳城县北留镇皇城村	北京市门头沟区斋堂镇灵水村
山西省介休市龙凤镇张壁村	山西省沁水县土沃乡西文兴村	安徽省歙县徽城镇渔梁村
内蒙古土默特右旗美岱召镇美岱召村	安徽省旌德县白地镇江村	福建省连城县宣和乡培田村
四川省攀枝花市仁和区平地镇迤沙拉村	山东省章丘市官庄乡朱家峪村	江西省婺源县沱川乡理坑村
江西省吉安市青原区文陂乡渼陂村	广东省东莞市茶山镇南社村	广东省开平市塘口镇自力村
河南省平顶山市郏县堂街镇临沣寨(村)	四川省丹巴县梭坡乡莫洛村	云南省会泽县娜姑镇白雾村
湖北省武汉市黄陂区木兰乡大余湾村	陕西省米脂县杨家沟镇杨家沟村	新疆鄯善县吐峪沟乡麻扎村
贵州省安顺市西秀区七眼桥镇云山屯村	广东省佛山市顺德区北滘镇碧江村	福建省武夷山市武夷乡下梅村

续表

中国历史文化名村(第三批)名单		
北京市门头沟区龙泉镇琉璃渠村	河北省井陉县于家乡于家村	河北省清苑县冉庄镇冉庄村
河北省邢台县路罗镇英谈村	山西省平遥县岳壁乡梁村	山西省高平市原村乡良户村
山西省阳城县北留镇郭峪村	山西省阳泉市郊区义井镇小河村	浙江省桐庐县江南镇深澳村
内蒙古自治区包头市石拐区五当召镇五当召村	江苏省苏州市吴中区东山镇陆巷村	安徽省黟县宏村镇屏山村
浙江省永康市前仓镇厚吴村	安徽省黄山市徽州区潜口镇唐模村	安徽省歙县郑村镇棠樾村
湖南省永州市零陵区富家桥镇干岩头村	福建省晋江市金井镇福全村	福建省武夷山市兴田镇城村
山东省荣成市宁津街道办事处东楮岛村	江西省高安市新街镇贾家村	江西省吉水县金滩镇燕坊村
江苏省苏州市吴中区西山镇明月湾村	贵州省黎平县肇兴乡肇兴寨村	湖北省恩施市崔家坝镇滚龙坝村
湖南省江永县夏层铺镇上甘棠村	湖南省会同县高椅乡高椅村	福建省尤溪县洋中镇桂峰村
广东省广州市番禺区石楼镇大岭村	广东省东莞市石排镇塘尾村	广东省中山市南朗镇翠亨村
广西壮族自治区灵山县佛子镇大芦村	贵州省锦屏县隆里乡隆里村	青海省同仁县年都乎乡郭麻日村
广西壮族自治区玉林市玉州区城北街道办事处高山村	江西省婺源县江湾镇汪口村	云南省云龙县诺邓镇诺邓村

第六节　物质文化遗产资料的科学收集

从文化遗产的概念来说,物质文化遗产主要是指以文物古迹为主体的实物资料,如前所述,可分为可移动文物和不可移动文物两大部分。根据它们存在的形式,有的仍矗立在原建筑地,有的已经随时光的流逝埋入地下,有的出土后成为国家收藏单位的藏品,有的流传在民间由个人收藏。还有早年出土或原本就没有埋入地下在民间流传,但现在已经不知实物所在,仅在文献图录中知道有过的古物。科学地收集这些物质文化遗产资料是文化遗产保护和研究的主要内容。现在通过实地调查和田野发掘的方法,不断获取新资料,对已出土,但不知下落的则利用著录等原始资料为参考。

一、田野调查与发掘

从考古学的角度,要获取文物古迹的实物资料,首先要知道这些资料存在于什么地方。固然在人们日常生产生活中会偶尔发现有文物古迹的埋藏地，如农民在农业生产中的发现，基本建设过程中的发现，但这都是被动的，而且在发现过程中会造成一定程度的破坏。主要的发现还是专业人员有计划有组织的考古调查，我们习惯称这是“摸家底”的基础工作。通过调查来寻找古代遗迹在什么地方，是什么年代的，现在的保存状况如何，以便采取相应的保护措施。考古调查是为发现古代遗存而进行的实地勘查。根据调查区域的自然环境、交通情况，调查方式也不完全相同。例如，大部分地域是专业人员进行地面踏查，这是考古调查的主要方式。而在自然环境恶劣，或者交通极为不便的地域，如沙漠地区、草原沼泽地带、高山雪地等，则需要利用空中飞行中的调查，即航空调查。而对大面积的水域（江河湖海），则使用水下考古的方法。

（一）田野调查

田野调查是以地面踏查为主要形式的调查，我们习惯称之为田野调查。这种调查分为普查、专题调查和发掘前的复查。

普查就是对调查地区的全面调查，是对各个时代、各种存在形式、各种性质的古代遗存的了解，以便掌握古代遗存的分布规律。因为古代遗存，特别是地下埋藏的，往往因为人们的生产活动或者地貌的改变而陆续被发现。埋藏浅的相对容易被发现，而埋藏深的就比较困难。例如黄河沿岸的“黄泛区”，由于淤泥的累叠覆盖，被深藏地下的遗迹如果不是很深的动土工程就很难被发现；又如已经埋入水塘或湖泊中的遗迹，如果不是在存水很少或干涸的情况下也很难被发现。因此，我们不可能仅通过一次调查就会找到全部遗迹，当然这里也有专业人员调查方法和业务水平的因素，所以每次调查都会有新的遗存被发现。目前全国正进行第三次普查工作，也一定会有新的收获。

专题调查是为了了解某类遗存而进行的调查工作，往往是与某个研究课题需要相结合的调查工作。例如长城专题调查，就是为了了解长城的始建、历代增建增补以及长城的结构特征和现存状况而进行的调查，为长城的综合研究提供实物资料。又如夏文化的调查，就是针对中国到底有没有夏王朝、夏代都城、夏文化而进行实地了解，继而为深入研究夏文化提供科学依据。所以专题调查是为了解决某个学术工作而组织的调查工作。

发掘前的复查也是为发掘所做的准备工作。因为通过调查或其他形式发现的遗址，如果从基本建设工程或学术研究需要决定对某个遗址进行发掘，就需要对遗址的文化堆积、遗址布局有更详尽的了解。例如，一般聚落遗址的居住区、墓葬区的准确位置，如果是古代城址，就要对其围城遗迹（城墙、城门、城壕）、城内道路、城内各类设施的布局有准确了解，如果是单纯的墓地，就要对墓葬的准确位置等都要有具体和详尽的掌握，为制定发掘计划、确定发掘面积、划定发掘地段提供参考。这就是发掘前复查的主要目的。一般来说，发掘前的复查与普查、专题调查的侧重点有所不同。普查和专题调查是以地面采集标本和现场记录为主，如果条件允许可以进行钻探，而发掘前的复查侧重在钻探，因为钻探可以对遗址的文化层堆积状况、重要遗迹的位置、形状和结构都能提供直接的证据，必要的时候还要进行试掘。

不管是组织哪种形式的调查，在实地调查前都需要进行必要的准备，以便收到更理想的调查效果，这就是常讲的“不打无准备之仗”。考古调查的准备工作有三个方面：首先是资料准备；第二是制定调查计划；第三是有关仪器设备的准备。

所谓“资料准备”，主要包括两个方面的内容：一是查阅与当地有关的文献资料，包括地方志书，查看是否有与调查区域相关的史迹记录，以便作为参考和分析；二是调查区域以往的考古调查（发掘）资料，对以前进行的工作要进行全面了解和熟悉，对当地出土的实物（包括调查发掘品和当地出土的传世品）要尽可能见到实物，了解其形制特征。在准备工作中，地图的准备尤其重要，包括调查区域的行政地图和有等高线的地形图。

制定调查计划是实地调查工作的重要方面，是依据调查区域的面积大小、参加调查人员多少以及经费情况进行综合考虑。在组织方面，要有业务负责人，合理的人员分组，工作的起止时间，实地调查和路线方法的确定，等等。

关于仪器、工具的准备，主要是实地调查中所必需的工具和用品。记录时照相、绘画、文字（表格）所用的各类用品，以及必需的生活用品。因为进行实地调查以步行调查为主，如果所带物品过多、背负过重会使行动不便，也太劳累，而必需的物品不带又影响调查效果，这就要视调查组的条件（如交通情况，有无车辆随行）而定，原则以不影响调查为主要目的。

一个考古调查组要根据调查计划的安排，有秩序地实施调查工作。在我国，传统的方法是事先确定调查路线，例如以沿着古河道、古道路、调查区域的高埠地等重要调查地段为主。这种以线带面的调查固然可以发现遗址，但毕竟不是调查区域的全部，难免会有遗漏的地方。近年来，不少考古调查队吸收国外的调查方法，在调查区域进行全部踏查，称之为“区域调查”，即把调查区域分为若干单元，逐个单元进行拉网式踏查。简单地说，这种方法在实践时有 5～7 人最佳，横向排成一排，每两人间距 20～30 米，中间一人带有作记录的地图，大家同时朝着一个方面前进，不断折返，直至把该单元的每个部位都经过为止。一旦发现遗迹线索，要进行采集标本和作现场记录等工作。

在实地调查中，所能发现的线索主要是被翻动到地表的遗物，而且最常见的是遗址中存在大量的残断陶片、瓷片。发现遗址后，首先要采集标本，尽量找到文化堆积层；有条件的要使用卫星定位系统定位，把地点标在卫星照片和地图上。采集的遗物要经过专家鉴定文化属性、年代、类型等。每个地点要填写遗址登记表、采集点登记表。然后，充分利用计算机数据库技术，对田野调查所得的全部信息进行输入、统计、分析等处理，得到各个时期的采集点分布图。必要时还要进行试掘，以验证或纠正对采集点的判断，分析各个时期采集点分布图呈现出的规律、特点，分析形成原因。中国学者比较注重在采集点不仅发现标本，还要尽量发现文化堆积，以确定这些地表的标本不是其他方式流动到这里，而是此处的文化堆积中的遗物。

（二）航空勘察

地面步行观察者由于视角小，对一些遗迹难以看到全貌，而训练有素的空中飞行观察者，则能够俯视大地。综观整个遗址或遗迹，可以很容易地将那些在步行者看来是杂乱无章的斑迹拼成一个有意义的整体，从而发现遗迹各组成部分之间的内在联系。这是航空调查的基本原理。航空摄影是一种直接从空中获取地面信息的有效手段。它用图像形式客观地重现一个较大面积内的地面真实情况。红外摄影术在航空摄影中的利用，增加了勘察对遗存的感知能力。在国外，航空勘察古代遗存已发展成新的分支学科——航空考古学。在一些交通不发达，人们现场勘查很难进行的山区、沼泽、雪地等地区可以采用航空调查方法。1985 年，我国首次进行航空考古试验，对秦始皇陵保护区进行航空彩红外摄影和热红外扫描，取得了良好成果。在探得的 33 处文物古迹点群中，有 28 处与已知点群相合，并意外发现了骊山北麓唐代华清宫南界。1996 年开始，中国历史博物馆成立了航空摄影考古小组，次年扩建为遥感与航空摄影考古中心，培养了专业人才，对辽上京、元上都等大型遗迹进行了航空勘察，积累了适合我国的航空考古经验。航空考古较复杂，在航空勘察时，供飞行勘察遗迹的标志有：阴影标志、洪水标志、霜雪标志、土壤标志、潮湿标志、植被标志。

1. 阴影标志

斜射阳光能将物体阴影拉长。地上遗迹（至今仍或多或少地露在地面之上的痕迹）即使露出地面不很多，在空中也很容易观察到遗迹的轮廓。地下遗迹在一定条件下能影响生长在其上的植物长势。在生长初期和成熟期，植物生长的高矮不同而投下的阴影能显示出遗迹大致形状。拍照时，可利用逆光或侧光拍照，要选择合适的时间和拍摄高度。

2. 洪水标志

古代遗址一般较周围地势稍高，当泛滥的洪水淹没了古迹周围的土地，而只将较高的遗迹露在水面之上，洪水卷来的草叶挂在遗迹露头四周，形成特殊颜色的外圈。拍照时，需要强逆光，或从较高空中向下拍摄。

3. 霜雪标志

地上遗迹通过其凸出地表部分造成霜雪分布不同。霜雪经过风吹，一般落在地面凸起部分的四周及其背风面，以及地面凹陷部分，使地上遗迹鲜明地呈现出来。当低射的阳光只能使地上遗迹稍微突起的朝阳面上薄薄的霜雪融化时，也能显现出考古遗迹来。地下遗迹是通过与周围土壤形成的温差，致使地面上的霜雪融化速度不一而显现出来。一般说来，地下遗迹土壤比周围自然土壤颗粒细，因而储存水分多。深秋初冬降第一场霜或雪时，遗迹中储存的水分在从液体状态转变成固体状态过程中，散发出许多热量，使盖在遗迹上面的霜雪首先融化，从而出现负霜雪标志。在冬末初春冰消雪化时节，冰封的遗迹在解冻过程中需要的热能比周围天然土壤多。因此，其上霜雪就比周围的霜雪融化得慢，出现正霜雪标志。霜雪标志都十分鲜明醒目，容易拍照。

4. 土壤标志

地下考古遗迹土壤颜色与自然地层土颜色不同，当田野被翻耕或平整时，便呈现出十分显眼的色斑。我们在日照两城镇古遗址，每当农民翻地种植时，经常看到这种现象，而且这种现象带有普遍性。

5. 潮湿标志

土壤含水率和它的结构有很大关系。水分是储存在颗粒表面及颗粒空间的，颗粒表面积越大，土壤的存水能力越大。地下遗迹的颗粒与周围天然土的颗粒不一样大，因此存水能力也不相同。一般遗迹的存水能力较大，当下雨、霜雪融化或人工灌溉时，遗迹能储存比周围土更多的水分。在很潮湿状态下，地下遗迹与周围土颜色差别加大，在空中便能够发现它们。

6. 植被标志

地下遗迹的土壤往往含有灰烬、有机物和腐殖质，其养分比自然土壤多；它的颗粒细小，含水分也比自然土壤略高。因此，其上的植物生长就好。而如果是夯土、石墙基、踏得坚实的古路面，其上的植物会缺少水分和养分供应，长势就差。前者称为正植被标志，后者称为负植被标志。植被标志是通过植被的颜色或色调差别、长的高矮反映出来的。颜色不同的可以顺光拍照，高矮不同的可以侧光或逆光拍照。飞行勘察就是通过以上的标志发现遗迹的。如果一个地区的考古基础好，各个时代的文化特征得到充分研究，飞行者在空中根据遗迹的特点就可以判断某些遗迹的时代。例如，德国巴伐利亚州哈庭市附近的新石器时期居住遗址是1981年通过植被标志发现的。在小麦地里，众多的木结构建筑的柱眼布局和房屋的方向使航空考察者在天上就作出属于新石器早期文化的正确判断。

各种标志出现时间和存在的“痕迹寿命”都受自然条件影响很大，有的只在特定条件下出现很短的时间，因此要求及时捕捉拍照时机。在勘察和研究中，一般是用倾斜拍摄的航空照片记录发现的遗迹，而后利用垂直拍摄的航空照片对遗址进行测绘。

由于遗迹与周围土的地湿存在差异，因此，在航空勘察时可以采用红外线摄影，发现或看清更多肉眼看不到或看不清的古人类遗迹。例如美国利桑那州的一张红外航空相片上，观察到在一片土地上有20条冷暖相间的平行等间距条带，条带走向与坡的倾斜方向垂直，这很难用自然成因来解释，地面调查证实，冷暖相间的条带是垄背和垄沟温差的反映，根据土壤化学分析和采集陶片的年代测定得知这是11～12世纪的耕地。

除了专为考古调查的航空飞行勘察外，考古学者还从其他的航空照片和卫星拍摄的航天照片上寻找考古遗存。这是既经济又简单的方法。特别是对于全年航空航天照片的分析判读,收效最大。1987年,对1964年冬季成像的镇江地区黑白立体影像照片进行台形遗址和土墩墓的判读就取得了重要成果。

在空中发现遗迹并拍照下来,或从其他航空照片上判读出考古遗迹,只是航空考古工作的第一部分。还要对这些记录考古信息的照片进行处理、分析,并把成果公布发表,加以利用。一部分航空照片上的遗存资料比较明确,不用进一步分析就可在考古研究中或文物保护中加以应用。但大部分航空照片要经过深入分析,才能成为有用的研究资料。首先要根据航空照片测绘出遗迹图,然后再把考古遗迹从时间上和文化归属上进行分类。对照片上遗迹线索不明确的,应进行实地踏查,确认遗迹是否存在,采集可以分析时代和文化内涵的遗物。有时还要用钻探、物探方法进行遗迹定位,然后进行试掘或正式发掘。

航空调查是现代田野考古的重要方法,在欧洲,"空中摄影已经成为考古发现和记录的一种主要工具"。航空勘察的主要作用是:(1)在难以开展地面踏查的地区(如沙漠、草原、山地)、无法钻探的多石地区,航空勘察却能大显身手。(2)在居住稠密的农耕区,能使许多地上遗迹和被移平的地下遗迹重新显露出来,提高普查水平。(3)航空勘察可以在较短时间内比较简便地对大范围内区域进行全面普查,既经济省钱,又节省人力时间,而且飞行勘察不直接接触古迹,不会使其受到损坏。(4)在条件有利地区,可以在很短时间内,将那些在地面上一般只有通过大面积的发掘和复杂测量才能在图纸上看到的遗址整体及诸细节之间的关系以照片形式表现出来,既概括,又准确客观。如农田、道路、围沟、聚落的房址分布、房内柱洞排列、军事要塞分布。(5)简便测绘工作。可以把几个月辛苦的地面测绘工作,在几个小时甚至几分钟内得以完成。

除了上述方法外,很多物理方法和化学方法也被应用到考古勘查中来,如地球物理勘探法,包括电阻率勘探法、磁测法、地面电探CT技术,等等。地球化学勘探法,主要指磷酸盐勘探法,由于此法分析周期长等因素,一直未被考古学界普遍应用。

通过调查发现的各种遗存,要根据保存状况、学术价值、教育宣传作用等方面的情况,提出保护级别。我国现行的是国家级、省级和市(县)级的文物保护单位制度,分别由国务院、省政府、市(县)人民政府批准颁布,省级、市(县)级保护单位要分别向国务院和省政府备案。每个保护单位都要实施"四有"制度,即有保护范围、有保护标志、有记录档案、有保护组织。

(三)田野发掘

田野调查发现的遗址和墓葬等一般数量较多,只有根据学科研究的需要或配合基本建设,才从中选取发掘对象。对基本建设中已经暴露出来的遗址,要立即组织发掘,考古学界称为抢救性发掘。考古发掘要把埋没在地下的遗迹和遗物揭露出来。考古工作者的责任，在于采取最妥当、最严密的方法，获取实物资料和各种信息。在我们国家，考古发掘实行申报制度，经国家文物主管机关批准后方可发掘，就是抢救性发掘也要在抢救工作中补报手续。

要做好发掘工作，首先必须懂得地层学。“地层”这一名称是从地质学借用的。在人类居住的地点，通常都会通过人类的各种活动，在原来天然形成的“生土”上堆积起一层“熟土”，其中往往夹杂人类有意或无意遗弃的各种器物和生活残余，存有人们建造的各种设施的痕迹，故称“文化层”。如果后来的人类居住在同一地点，又会在已有的文化层上堆积另一文化层。由于长期延续，文化层越堆越厚，层次越来越多。如果没有经过扰乱，上层的年代必然比下层的年代为晚。人们在同一空间会先后建造各种设施，如修建房屋、修路、挖建墓葬等，在同一文化层的这些现象也有后者破坏前者的情况，如一个灰坑挖在早年废弃的房址上，一条水沟挖到一座墓葬上，这在考古学上叫“打破关系”。按照考古地层学的理论，这种有打破关系的现象，完整的年代晚些，被破坏的年代早些。这样，文化层的堆积便构成了这一居住址的编年历史。人类的活动是复杂的，所以文化层的堆积情形也往往是复杂的。考古工作者在发掘时，必须恪守地层学的原则，使用各种技术和手段，从错综复杂的层位关系中将居住址的历史井然有序地揭露出来，而不致发生错乱或颠倒。这就要求考古工作者必须具有细致、谨慎的工作态度，采用严密、妥善的发掘方法。在墓葬的发掘中，地层学的重要性虽然不如居住址的发掘，但墓葬与居住址的文化层之间，墓葬与墓葬之间，乃至墓葬本身的各部分之间，也往往存在层位关系。

发掘的具体方法，要看发掘对象而定。简单说来，可分为居住址的发掘和墓葬的发掘两类。居住址的发掘，一般要采取开探方的方法，以利对各种现象的控制和记录，并要留出剖面，以观察文化层的堆积。探方必须统一编号，以求将发掘出来的遗迹、遗物汇合起来，有条不紊地纳入总体记录中。对于各种遗迹，诸如房屋、窖藏、道路、沟渠、水井、城墙和城壕等的发掘，都要按其不同特点，采取不同的操作方法。对各种遗物，则要究明它们所在的位置和相互之间的关系，除了标明层位以外，还要记明坐标，以备查考。发掘墓葬如果有封土，要用“四分法”或“条分法”来揭露，其原理与发掘居住址时开探方或探沟相似。发掘墓室时，则要仔细清理葬具、尸骨、随葬品和它们的痕迹。不论发掘何种遗迹，都不能放过任何细微的迹象，如夯土中的杵痕、坑壁上的锹迹、房屋中的柱穴、道路上的车辙、田地中的脚印之类，都要一一清理出来。

考古资料收集要注意以下原则：一是尽量收集齐全。发掘具有破坏性，能收集到的各类标本要尽量收集齐全。遇到难以提取的标本要采取妥善有效措施，尽量收集到，以取得更多的信息。二是按单位收集发掘出土物，其重要性就在于有共存关系和层位关系，遗物的共存关系和层位关系都是以出土单位为依托的，遗物在遗址中的位置也是靠查找其出土单位的位置记录得到的。因此，必须按单位收集，严防混淆。如果一件毁坏的遗物出在两个单位的分界处，难以确定是哪个单位的，则把它归入晚期单位中，因为按地层学原理，晚期单位可以出早期遗物，而早期单位不可出晚期遗物。三是特殊品和普通品要分开存放。普通品是指大量的、残碎不全的遗物，主要是大宗的残损陶片。特殊品又称作“小件”，它是指石器、骨器、金属器、漆木器、完整的或可复原的陶瓷器以及其他重要或特殊的遗物。普通品收集时，一般只作出土单位的记录（即填写标签），而不作出土坐标的记录。一个出土单位的普通品可以盛装在一起。普通品在文化内涵分析时很重要，况且在整理和研究时，有些普通品会上升为特殊品，所以不要遗漏，不要弄混出土单位。特殊品（小件）要逐件编号，记录出土坐标，要单独存放，小型易丢的、珍贵的、容易破损的小件要用纸盒、塑料袋等包装好。本身细小的小件容易被漏掉，发掘时要打碎挖下的土块，有条件的要过筛。而像地层中的籽种、昆虫遗体要用浮选法或水洗法才能获得。有些小件因破碎或黏有泥土而被人们忽视，从而列入普通品，黏着泥土的石块、骨头要清除泥土，审查有无人工使用的痕迹。而有些遗物上的人工痕迹要在仪器检查时才能发现，如石片上的使用微痕，西周龟甲上的文字因过于细小要在放大镜下才能发现，中山靖王刘胜墓内的错金铁尺则是在X光透视时发现锈下有花纹的。四是正确填写标签。标签与遗物不能分离，普通品每个遗物袋都要放两张标签，特殊品每件都要写两张标签，标签上各项都要用钢笔或油笔仔细填写清楚，字迹要工整。

（四）室内整理

室内整理也叫实验室研究，是田野考古的后期工作，是把野外工作所取得的实物资料及各种信息作进一步的梳理，使野外工作成果更准确、更系统。这既是编写田野工作报告的一部分，也是考古学的一项基础研究。它包括对器物的清污去锈、遗物的写号、遗物的拼对、遗物的修复和对各种遗迹、遗物的分类排比分析等工作。

整理工作的目的与任务有三：第一，为编写田野报告作好各种准备。一部分整理工作可以在野外的发掘营地和调查工作站进行。现场整理所获认识能及时在田野工作中验证并对田野工作有指导意义，在有条件的情况下，应予提倡。但整理工作量往往很大，调查和发掘结束后还要延续很长时间，是一个独立的工作环节。第二，为了开展研究、向公众宣传和防止实物损坏散失后失去科学价值，要把实物资料转化成记录资料。为此，一方面，要尽可能详细了解单个遗存的各方面客观属性，另一方面，要尽量弄清诸遗存之间的纵向关系（时代早晚、渊源关系等）和横向关系（空间分布、有机联系等），这是开展其他研究的基础。第三，为了收藏保管，对遗物进行必要的处理。

进行室内整理，首先要把调查或发掘资料，包括实物标本和各种记录一一进行核实、清查，确保其准确无误。

对调查的资料，一般是按发现地点对采集标本进行清理，有的要进行洗刷，有的只能轻剥其身上的附着物，逐件写上出土地点（代号），尤其是对常见的陶片类标本，观察其形制特点，确定其年代，从中挑选出典型者进行绘图、照相和文字描述。这样对一个采集点的年代（单一的或几个时代）就会有准确的判断。在调查地图上（与调查现场的地图相对照），用事先规范的符号标示出来，即可成为编写调查报告的基础资料。对调查资料的研究重点是对采集标本的时代的判断，因为这类标本多为残断破碎的遗物，就需要研究者具备较强的辨识能力。另外，通过遗址现场调查，能尽量找到文化堆积证据和分布面积大小的线索，往往需要钻探或试掘的方法来解决，这对分析该遗址在同时代遗址中的地位及与周围同时代遗址的相互关系是非常重要的。同时在现场调查时，还要注意观察地形、地貌、物产情况，或通过查阅相关资料来了解这方面的信息，这对深入了解遗址在当时的地位和作用也是非常重要的。

对发掘资料的整理相对于调查资料收集要复杂得多。这是因为通过发掘所发现的内容更为丰富多样，所清理的每一个遗迹都有所属的层位，每一件出土物都分属于一个具体的层位或遗迹中，我们既要搞清楚它们之间横向的共存关系，又要理清纵向的发展关系。

一般说来，发掘资料的整理首先是对文化堆积（包括各种遗迹的叠压或打破关系）要搞准确，这需要以发掘时绘图记录（平剖面图）和文字记录为依据，对出土物则要在明确出土单位的前提下，分类别进行整理。例如，出土数量最多的陶片，要按单位进行清洗，在背面写出土单位号，在分类统计的基础上，经拼对、修复后，精选出典型标本，按照考古类型学理论进行排比，以发现其时代特征和演变规律，综合分析各种文化现象的相互关系及它们各自之间直接或间接的信息。在此基础上，要认真挑选发表时所用的典型资料，例如反映地层堆积的剖面图。各种遗迹都要有详细的典型单位介绍和相关的统计表、登记表（如陶片统计表、房址登记表、墓葬统计表等）。随着考古学的深入发展，发掘手段和收取资料的方法也不断改进和丰富。例如，在收取检测标本方面，用浮选法可以取得肉眼看不到的细小标本，通过选取土样、木炭等标本，用现代仪器可得到年代和成分结果。对不同质地的遗物，如陶瓷、金属器的微观观察和取样检测，可取得其成分、结构特征、制作方法等方面的信息，这类成果往往以检测报告形式作为发掘报告的一部分。在此基础上，按照考古学科发表专业报告的体例规范，编写报告提纲，并依此着手编写发掘报告。

对考古资料的室内整理，既是一项基础工作，又是一项研究任务。在整理过程中，随时都会发现问题，解决问题，不断会有新见解、新收获，这大概只有亲自经历过的人才会有深刻的体会。

经过对调查和发掘资料的科学整理，并完成资料的报告编写，整个考古实践过程才算完成。报告公布于世就可为学术界提供翔实的研究材料，可以进行专题研究或综合性的再研究，所以编写考古报告一定要真实，报道材料要丰富，不要以整理者的主观认识和意愿进行取舍，更不允许改变资料原貌，给人以误解或误导，这也是学术研究需要遵循的道德规范。

在经过资料整理和完成报告编写后，所有的原始资料都要存档，以备必要时查询，这也是学科规范要求。

二、传世文物研究

传世文物研究是文物研究的重要内容。与考古发掘品不同，考古发掘有出土地点和单位，传世文物大多缺乏这些条件，对其辨伪、断代和定级，是传世文物研究的主要内容。

在传世文物中，或出于人们尚古心理需要的仿作，或出于经济目的而作假，所以在我们所遇到的"文物"中，往往真真假假，鱼龙混杂。还有一些文物，在斗转星移的漫长岁月中，人们对它难以有正确的认识。任何一件文物，都是在一定的历史条件下产生的，都不能离开产生年代而存在。同类的物品，总是按着自己所固有的发展顺序有规律地变化着。正是这样，文物作为特定时代的载体成为历史的见证。如果超时间、超空间地再造一件与某文物完全相同的物品，是根本不可能的。因此，文物不能再生。今天常说的"复制"，只是摹制或仿制，它是通对人的感官产生相似感觉，而达到特定的目的。从理论上讲，任何伪品、复制品都是可以鉴别的。

文物鉴定是一项专业性很强的研究工作。文物鉴定的主要内容有三个方面，就是我们平时所说的辨真伪、断时代、定级别。传统的鉴定工作是相关学者以自己积累的知识进行细致的观察，作出上述三方面的判别。随着现代科学技术的引入，文物鉴定工作也越来越多地借助现代科学技术的帮助，如热释光测年技术、碳十四测年技术、中子活化分析技术、X 射线衍射分析技术、红外显微镜、红外探针、光谱法检测技术、热差分析技术、X 光探伤、激光拉曼显微镜微区分析，等等。这些现代技术的介入使文物鉴定的准确度和精确度大大提高，文物鉴定从传统手段向现代科技延伸，这样就使文物鉴定工作有了更多的科学依据，提高了鉴定的准确性。

文物鉴定者应具备广博的历史知识、文物知识，了解相关的现代科学技术知识以及文物作假方法等，掌握传统的鉴定方法和现代科学技术分析鉴定方法，力求对文物作出准确的鉴定；文物鉴定必须实事求是，要具有高度的法制观念和对国家文化遗产高度负责的崇高品德。

（一）辨真伪

辨真伪实际上就是找毛病。任何一件传世文物都是某一历史时期制作的，都有唯一性特点。不管是什么质地的器物，其制作工艺要符合当时的技术水平和条件，它的样式要与制作目的相一致，它的造型、装饰也与当时的审美要求相适应。而作伪者往往在这些方面漏出这样那样的破绽，这就是毛病，就是漏洞。例如一件商代造型、西周铭文、东周花纹的青铜器，显然是作假的，至少不是商代的，也不是西周的，是东周制作的仿品还是近现代的赝品则需要进一步分析。这就需要鉴定人员必须对仿造和作伪的方法有深入的了解，能够准确寻找出破绽。再如，有的造假者是利用图录来仿做的，可能在样式、花纹方面比较逼真，但使用的材料、器壁的厚薄与原器不会相同，这就是疑点。又如，有的作伪者虽然用真器为样品，但做出来的器物与当时的工艺特点大不相同，也容易被识破。有些仿造的古代字画可能临摹得很像，也经过作旧，但使用的材料（纸张、丝绢）不可能是古代的，鉴定者必须从此入手，把赝品识别出来。

鉴定真伪是一项复杂的科学研究工作。它研究的对象，是形态各异、内涵复杂、时代不同的各种文物。这就决定了文物鉴定者必须具有较深的专业功底和学术造诣。

（二）断时代

在确定不是赝品的前提下，正确判别鉴定对象的制作年代（时代）又是文物鉴定的一项重要任务。在传世文物断代研究中，郭沫若总结前人经验，结合自己的体会，在对两周青铜器断代研究中总结出标准器断代法。这种方法不仅延续到今天仍在被大家使用，对其他质地的传世品的断代研究也有借鉴意义。

所谓“标准器断代法”，首先是对有内证的器物，特别是内证可以明确说明制作时间的可作为第一类标准器。例如，在陕西临潼出土的一件青铜利簋，铭文表明做器人“利”因参加周王灭商战役而受到周王赏识，他感到很荣幸而做此簋以纪念并传其后人，这显然是西周早期的器物。另有些器物虽然从铭文上不能直接看出是什么时间做的，但所示内容与文献上的记载相一致，我们从文献上可以知晓事件的时间，那么这件器物可视为第二类标准器。还有的器物的造型、纹样以及铭文的书写特点和风格与第一、第二类标准器基本一致或完全一致，也可作为一般标准器来看待。随着研究的深入和发现数量的增多，可选定标准器的数量自然越来越多。对标准器中的同类者按时代排列，就可以从中总结出它们多方面的规律，如形态变化，花纹的种类及变化，铭文体例特征和书写风格等。

对其他各种传世文物的时代断定，都是依这种理论和方法，特别是以考古发掘品为借鉴，大大提高了断代的科学性。

（三）定级别

定级别即评定文物的等级，根据对文物价值的分析，把文物划分为一、二、三级和一般文物。2001 年 4 月，根据《中华人民共和国文物保护法》和《中华人民共和国文物保护法实施细则》的有关规定，文化部颁布了《文物藏品定级标准》。该《标准》对文物的定级进行了详细的规定。

文物藏品分为珍贵文物和一般文物。珍贵文物分为一、二、三级。具有特别重要历史、艺术、科学价值的代表性文物为一级文物；具有重要历史、艺术、科学价值的为二级文物；具有比较重要历史、艺术、科学价值的为三级文物；具有一定历史、艺术、科学价值的为一般文物。

1. 一级文物定级标准

(1)反映中国各个历史时期的生产关系及其经济制度、政治制度以及有关社会历史发展的特别重要的代表性文物；

(2)反映历代生产力的发展、生产技术的进步和科学发明创造的特别重要的代表性文物；

(3)反映各民族社会历史发展和促进民族团结、维护祖国统一的特别重要的代表性文物；

(4)反映历代劳动人民反抗剥削、压迫和著名起义领袖的特别重要的代表性文物；

(5)反映历代中外关系和在政治、经济、军事、科技、教育、文化、艺术、宗教、卫生、体育等方面相互交流的特别重要的代表性文物；

(6)反映中华民族抗御外侮,反抗侵略的历史事件和重要历史人物的特别重要的代表性文物；

(7)反映历代著名的思想家、政治家、军事家、科学家、发明家、教育家、文学家、艺术家等特别重要的代表性文物,著名工匠的特别重要的代表性作品；

(8)反映各民族生活习俗、文化艺术、工艺美术、宗教信仰的具有特别重要价值的代表性文物；

(9)中国古旧图书中具有特别重要价值的代表性的善本；

(10)反映有关国际共产主义运动中的重大事件和杰出领袖人物的革命实践活动以及为中国革命作出重大贡献的国际主义战士的特别重要的代表性文物；

(11)与中国近代(1840～1949)历史上的重大事件、重要人物、著名烈士、著名英雄模范有关的特别重要的代表性文物；

(12)与中华人民共和国成立以来的重大历史事件、重大建设成就、重要领袖人物、著名烈士、著名英雄模范有关的特别重要的代表性文物；

(13)与中国共产党和近代其他各党派、团体的重大事件,重要人物、爱国侨胞及其他社会知名人士有关的特别重要的代表性文物；

(14)其他具有特别重要历史、艺术、科学价值的代表性文物。

2. 二级文物定级标准

(1)反映中国各个历史时期的生产力和生产关系及其经济制度、政治制度以及有关社会历史发展的具有重要价值的文物；

(2)反映一个地区、一个民族或某一个时代的具有重要价值的文物；

(3)反映某一历史人物、历史事件或对研究某一历史问题有重要价值的文物；

(4)反映某种考古学文化类型和文化特征,能说明某一历史问题的成组文物；

(5)历史、艺术、科学价值一般，但材质贵重的文物；

(6)反映各地区、各民族的重要民俗的文物；

(7)历代著名艺术家或著名工匠的重要作品；

(8)古旧图书中具有重要价值的善本；

(9)反映中国近代(1840～1949)历史上的重大事件、重要人物、著名烈士、著名英雄模范的具有重要价值的文物；

(10)反映中华人民共和国成立以来的重大历史事件、重大建设成就、重要领袖人物、著名烈士、著名英雄模范的具有重要价值的文物；

(11)反映中国共产党和近代其他各党派、团体的重大事件，重要人物、爱国侨胞及其他社会知名人士的具有重要价值的文物；

(12)其他具有重要历史、艺术、科学价值的文物。

3. 三级文物定级标准

(1)反映中国各个历史时期的生产力和生产关系及其经济制度、政治制度以及有关社会历史发展的比较重要的文物；

(2)反映一个地区、一个民族或某一时代的具有比较重要价值的文物；

(3)反映某一历史事件或人物，对研究某一历史问题有比较重要价值的文物；

(4)反映某种考古学文化类型和文化特征的具有比较重要价值的文物；

(5)具有比较重要价值的民族、民俗文物；

(6)某一历史时期艺术水平和工艺水平较高，但有损伤的作品；

(7)古旧图书中具有比较重要价值的善本；

(8)反映中国近代(1840～1949)历史上的重大事件、重要人物、著名烈士、著名英雄模范的具有比较重要价值的文物；

(9)反映中华人民共和国成立以来的重大历史事件、重大建设成就、重要领袖人物、著名烈士、著名英雄模范的具有比较重要价值的文物；

(10)反映中国共产党和近代其他各党派、团体的重大事件，重要人物、爱国侨胞及其他社会知名人士的具有比较重要价值的文物；

(11)其他具有比较重要的历史、艺术、科学价值的文物。

4. 一般文物定级标准

(1)反映中国各个历史时期的生产力和生产关系及其经济制度、政治制度以及有关社会历史发展的具有一定价值的文物；

(2)具有一定价值的民族、民俗文物；

(3)反映某一历史事件、历史人物，具有一定价值的文物；

(4)具有一定价值的古旧图书、资料等；

(5)具有一定价值的历代生产、生活用具等；

(6)具有一定价值的历代艺术品、工艺品等；

(7)其他具有一定历史、艺术、科学价值的文物。

在我国，对文物鉴定人员有严格的资质认定，并不是任何人都可以对文物进行级别划定的。国家文化部文物局组建的文物鉴定委员会，由各类文物研究的权威学者组成（如陶瓷类、青铜类、字画类等），而且这些专家要受鉴定委员会派遣，由若干人对文物进行鉴定，有规范的书面鉴定结果。省级文化机关也组建辖区内文物鉴定委员会或鉴定小组，才有资格做这项工作。目前，社会上有些人对藏品进行鉴定并成为一种商业活动，实际上这种鉴定不具有权威性，只是个人意见。

三、实物资料与文献资料的对比研究

对考古调查和发掘的实物资料研究，史前时期完全没有文字记载。进入到有文字记载的历史时期，在实物中，除了如甲骨文、铭文、石鼓文或古建筑中的题记，以及古字画、陶瓷器上有的文字外，绝大多数文物都是“哑巴”实物。上述文字资料是重要的第一手原始资料，应该充分利用，但毕竟数量太少，所以使用实物资料进行历史研究就有一定的局限。中国传世的历史文献资料非常丰富，但也因为多种原因，在今天的使用中也存在很多局限。例如，多种文献记载“汤都亳”，但“亳”到底在什么地方，在古书的注释中又有很多解释，成为学术研究的一大悬念。因此，把考古资料和文献资料相结合成为史学研究的一条道路。

例如，《汉书·殷本纪》中关于殷王的世袭有清楚的记载，但是否可信在史学界曾有不同的意见。商代甲骨文发现后，为其提供了重要史料。王国维先生把甲骨文记载与传世文献相结合，写出《先公先王考》这篇著名文章，证明了《汉书·殷本纪》的记载基本是正确的，解决了一大学术问题，也成为实物资料与传世文献研究结合的典范。又如，《周礼》中有“天子用九鼎，诸侯七，大夫五，元士三”的记载，而考古发现两周时期的贵族墓葬中，多有单数鼎组合随葬的现象，证明文献记载是可信的，当时存在用鼎数量的多少来表示贵族阶层身份的高低，被称为“用鼎制度”。在这一研究成果的影响下，“乐器制度”、“车马制度”也相继成为重要研究成果，并在学术界取得了共识。前面所提到的“汤都亳”的长期争论也因为在河南偃师发现商代早期都城遗址，从而使人们逐渐理出了头绪。诸多研究成果使人们越来越重视实物资料与文献相结合，成为学术研究的重要途径。

第七节　物质文化遗产的保护与利用

一、考古学与物质文化遗产保护

田野考古学方法是通过实地调查发现文物点，进而确定保护级别。考古调查最重要的目的和意义首先是为了保护。考古发掘则是取得实物资料的最系统、最全面的科学手段，是最积极主动的保护，也是日后考古学深入

研究和文化遗产保护的先决条件。没有科学的发掘过程与现场资料的完整准确记录，就不可能有下一阶段对发掘资料的科学整理和利用，更谈不上正确地复原和解释各种复杂的历史现象，取得相应的科研成果。所以，按学科规范开展的实地调查和发掘在遗产保护中有特殊的意义和作用。

按照我国现行的法律法规，任何一个建设项目开工之前，都要进行文物调查与勘探，并根据勘探结果需要时进行考古发掘，根据实际发现来决定是否进行施工建设，这是一个基本程序。例如，20 世纪 80 年代在河南偃师规划的一项基本建设项目，开工前经过考古勘查发现，施工区的地下有一座保存很好的古代城址，有重要考古价值，从而改变了建设规划，后经累次发掘，证明这是一座早商城址。又如长江三峡工程、南水北调工程等项目进行前都需要考古调查，通过考古工作发掘抢救了大批珍贵文物。截至 2003 年 4 月，三峡库区完成地下文物勘探面积近 900 万平方米，出土珍贵文物 6000 余件，一般文物 6 万余件，在中国南北方旧石器文化研究，长江流域江汉平原、三峡以西至四川盆地的东西两大新石器时代文化系统研究，古代巴人历史文化研究以及中原文化、楚文化和巴文化的发展融合研究等方面取得了重要成果。考古学家提出了“楠木园文化”、“玉溪文化”、“哨棚嘴文化”、“老关庙文化”等考古学文化命名，丰富了对三峡地区历史文化的认识，并初步构建起三峡库区史前文化的发展序列。在这场与时间赛跑的文物抢救保护工程中，考古工作者通过艰苦的努力，用 6 年时间完成了通常几十年才能完成的重任，创造了人类文物保护史上的奇迹。但由于时间紧迫，一些没有纳入国家规划的文物点来不及发掘和保护，也是非常遗憾的事。目前，正在实施的南水北调工程，同样也需要考古工作者对沿线涉及的文化遗产进行发掘保护工作。抢救、保护祖先遗留的文化遗产，是一个我们必须面对的现实，不能回避。

考古实践对遗址保护具有促进作用。通过田野工作有助于弄清遗址的分布范围和空间布局，确定遗址的年代，对大遗址保护的合理规划和开发能够提供科学的依据。同时，现代考古学的飞速发展也为文化遗产保护提出新的挑战。随着考古学技术的不断发展，已经有能力进行以前不能进行的考古工作，如水下考古的发展，自然科学探测技术的应用，区域系统调查法的开展等，都使考古收获大大增加。新的时代对文化遗产保护领域提出新挑战。既然是挑战，也包含机遇。在新形势下，抓住机遇，迎接挑战，知难而上，是文化遗产工作者肩负的责任和使命。

二、历史博物馆与物质文化遗产保护

作为博物馆机构应当具备四个条件：首先就是具有藏品，也就是实物；第二要有基本陈列；第三要面向社会公众开放；第四要有保护管理藏品的专业人员。这种法定的永久性机构才是现代意义上的博物馆。实际上，博物馆是代表国家对可移动文物进行收藏、管理和保护。

首先，实物的收集和保存。收集文物标本是博物馆的重要任务。对收集来的标本进行科学的保存和保管，延长实物的寿命也是博物馆保护工作的一项重要内容。

其次，对实物的研究。收集和保存实物资料不是博物馆的最终目的。只有收藏没有利用和研究不是现代意义的博物馆。博物馆必须正确处理收藏和利用的关系。通过一系列的工作，正确认识文物的内涵，研究文物的价值。博物馆对实物研究也包括对文物的科学保护，通过各种技术的钻研，促进文物保护研究的发展。

再次，实物的利用。利用博物馆藏品，以各种方式和方法，为社会教育和有关科学研究服务。这是“物”服务于社会的过程。

近年来兴起了数字博物馆，是利用电子计算机和网络，通过计算机技术和数字技术将文物以三维形式呈现在观众面前。这就突破了传统博物馆在时间和空间上的限制，更方便群众参观和浏览文物，是遗产保护观念的更新。

三、文物科研机构对物质文化遗产的保护

对以文物古迹为主体的物质文化遗产的保护，除了看好（收藏）、用好以外，还有管好的问题，从某种意义上说，这是更重要的保护。

文物古迹的存在形式不同，从不可移动文物来说，现已埋在地下的要确保不再被人为地破坏，妥善处理好基本建设与地下文物保护的矛盾。而现在暴露于地面的，主要是古代建筑，它们因年代久远，自身老化，遭风雨侵蚀而出现不同程度损坏现象。定期的检查、科学的维修，是常年的工作任务。对已经出土的可移动文物和传世文物，不管是在文物收藏单位还是在个人手中，也有一个防止损毁和老化的问题。例如：彩陶、彩绘陶的颜色淡化、脱落问题；青铜器的菌状锈问题；纺织品和纸张类文物的存放条件和装裱问题；在特殊情况下不可移动文物的移动问题；在考古发掘中遇到易毁、易损的文物的安全问题（如墓葬中的壁画，发掘中遇到的漆木器、纺织品、纸张类文物的提取问题）。以上都需要非常专门的技术，而且有特殊的技术要求。在我国，从国家到地方，都有专门的文物保护研究机构，如古建筑研究所、文物保护中心等，这些机构的研究人员专门从事这类研究和指导实践工作。

根据文物保护条例的有关规定，对文物的保护修复要做到“修旧如旧”，特别是在古建筑的修缮中，必须要替换的建筑构件的选择，建筑彩绘装饰如何保持原来的效果等等，都是古建筑维修中要慎重对待的问题。有彩绘装饰的文物，对器物表彩色图案的保护，要经过反复模拟试验取得可行方法后才可实施。

在我国，由于文物古迹众多，技术修复的任务繁重，又因为要修复的文物质地、形式繁多，所以技术修复的任务艰巨，要解决的难题很多。经过多年的研究，我国的文物古迹修复工作取得了重要成就，胜利地完成了很多重

大项目的修复工作，如西藏拉萨大昭寺布达拉宫的修复工作，陕西扶风法门寺的修缮，金属文物防治病毒的研究，发掘中特殊物品的提取和清理以及馆藏文物存放条件的研究等等，都取得了很好的效果。值得关注的是，近年来，为进一步做好文物古迹的保护和维修，许多科研单位加强了国际交流，不断吸取国外先进经验，加强现代科技手段的引进，最近正在进行的对北京故宫的维修，首次以与国外专家合作的形式进行。加强对文物古迹修复技术的研究是保护工作中极为重要的环节。

四、正确处理物质文化遗产保护与利用的关系

对物质文化遗产保护与开发利用的关系，在国务院《关于加强文化遗产保护的通知》中明确指出，对物质文化遗产保护主要贯彻“保护为主，抢救第一，合理利用，加强管理”的基本方针，保护是核心、是基础，开发利用则是在保护前提下的开发利用，而且必须是合理的，而不是无度的。

如果我们把保护和利用从两个层面来理解的话，那就是保护是首要的，以延长物质文化遗产的寿命为先决条件。保护的目的是更好地利用，但如果保护不好，使其面目全非，不仅不是保护，也就无所谓合理利用了。

在我国，如何正确处理保护和利用的关系，也取得了很好的成绩，积累了丰富的经验。例如，在历史类博物馆展示中，有些陈列品的价值，通过文字、画面、声像模拟等多种手段，让观众有更直观、更深入的理解。有些遗址博物馆也有很突出的表现，如西安半坡博物馆，把一个史前村落的全貌、布局生动地展现在观众面前，自20世纪50年代建成以来，参观者一直不断。陕西临潼秦俑坑更是声名远扬。还有一些著名的古建筑，如古塔、古庙宇对外开放，使人们对当时的宗教活动以及古代建筑技术、风格都会有身临其境之感，在正确处理保护和利用关系方面作出了很好的示范。

当然，我们也应该看到取得成绩的同时，对存在的问题要引起高度重视，防止在利用时对文化遗产保护带来负面影响，防止在强调经济利益时忽视文化遗产保护，在这方面有些做法要引以为戒。

对以文物古迹为主体的物质文化遗产的开发利用，引起了社会各界的广泛关注和议论。一种观点认为，只有将文化遗产保护单位纳入赢利企业，将文化遗产的所有权和经营权分离，运用市场经济手段对文化遗产资源进行市场化经营，才能促使文化遗产资源优势向产品优势转化，才能实现文化遗产事业和赢利产业的共同繁荣。只要规划合理，合同规范严格，不会影响文化遗产保护，只会给文化遗产保护带来更大益处。另一种观点持坚决反对态度。他们认为，以所谓“所有权和经营权分离”的名义，将文化遗产保护单位的管理权部分或全部转移给赢利企业，甚至将文化遗产作为一般实物资产租赁、承包和上市，是严重违反文化遗产保护法的行为，是违背文化遗产工作规律的行为，将对文化遗产事业造成难以估量的破坏性结果。因为，一旦文化遗产保护单位被纳入赢利企业，就会把文化遗产的所有权、管理

权、处置权与经济利益挂钩，就会因不当开发或过度使用对文化遗产及其环境氛围造成破坏。因此，绝不能急功近利，以损害或牺牲文化遗产为代价，换取地方经济局部的、暂时的发展。

2001 年 7 月，文化部和国家文物局向各省、直辖市、自治区文化（文物）行政部门下达了《关于禁止擅自改变文物保护单位管理体制的通知》。2001 年 10 月，由国家计委牵头，国家文物局、旅游局、建设部、环保局和林业局等八大部委组成的联合调查组专赴陕西就此问题进行调研，调查和解决存在的类似问题。2001 年 12 月，由中国社会科学院、联合国教科文组织中国委员会、建设部和国家文物局主办，中国社会科学院环境与发展研究中心承办的“改进中国自然、文化遗产管理”国际会议也对文化遗产的旅游开发、保护与管理问题进行了探讨，对此进行深入调查和研究，以寻求解决问题的途径。认为目前存在的问题主要是由于受经济利益的驱动，文化遗产保护单位被纳入到赢利企业的现象必须引起足够重视。2001 年，四川宜宾兴文石海景区、福建金湖风景区、湖南国家级历史文化名城凤凰城、安徽全国重点文物保护单位屯溪老街等一批重点文物点被纷纷出让和租赁，时间长的达 50 年之久。有识之士忧虑地感叹：文化遗产保护陷入了越来越被动的局面！如何处理文化遗产保护与赢利开发利用的关系已成为我国经济文化发展中迫切需要解决的一个问题。

对文化遗产的保护与开发利用，确实是一对矛盾，单纯强调保护，或一味追求开发都是片面的，如何将矛盾由对立转为统一，首先是一个思想认识问题。我们既要看到文化遗产是一笔财富，要发挥其为社会服务的功能，更要把握对文化遗产的开发是要建立在科学基础上的合理开发和利用，是在法规的规范下的开发。这样才能探求文化遗产保护和开发利用如何良性互动和有效合作机制。这个评判标准应该包括法律、可持续发展理论和国际文化遗产保护和利用的原则。

（一）依法处理文化遗产保护和开发利用的关系

“有法可依，有法必依，执法必严，违法必究”是社会主义法制的基本原则。有法可依是确立和实现社会主义法制的前提，有法必依是社会主义法制的中心环节，执法必严和违法必究是社会主义法制的切实保证。在处理文化遗产保护和开发利用上，依法行事这一点是不容置疑的。

为了保护我国珍贵的历史文化遗产，新中国成立以来，尤其是改革开放以来，我国政府颁布了一系列文化遗产保护方面的法律和法规。这些法律法规反映了我国文化遗产保护工作的客观规律，是协调和处理文化遗产保护工作中各种社会关系的基本准则。

《中华人民共和国文物保护法》第 5 条规定：“中华人民共和国境内地下、内水和领海中遗存的一切文化遗产，属于国家所有。古文化遗址、古墓葬、石窟寺属于国家所有。国家指定保护的纪念建筑物、古建筑、石刻、壁画、近代现代代表性建筑等不可移动文化遗产，除国家另有规定的以外，属于国家所有。国有不可移动文化遗产的所有权不因其所依附的土地所有权或者使用权的改变而改变。"这表明只有作为所有权主体的中央人民政府才具有对文化遗产行使占用和处置的权力，企业机构无权对国家所有的文化遗产进行占有和处置。出于地方利益、集团利益，擅自将文化遗产作为一般实物资产出让或转让经营，实质上是一种侵犯国家所有权的行为，是一种变相化国有为地方所有、集团所有的非法行为。所有出让和转让行为，都是非法和无效的。

1997 年国务院颁发的《关于加强和改善文化遗产工作的通知》规定："要在有效保护，加强管理的前提下，充分发挥文化遗产的社会教育作用、历史借鉴作用和科学研究作用。文化遗产的利用必须服从和服务于社会主义精神文明建设的需要，坚持把社会效益放在首位，努力实现社会效益和经济效益的统一。要为公益性文化遗产、博物馆事业单位创造有利于把社会效益放在首位的环境和条件，地方各级人民政府特别是文化遗产比较集中的地方人民政府，在把文化遗产作为地方优势加以利用的同时，要防止因单纯追求经济利益而损害文化遗产的做法。重大的文化遗产利用项目要事先进行充分的科学论证，严格履行审批手续，避免对文化遗产的破坏性利用。"上述规定阐明了三项基本原则：(1)文博事业属于社会主义公益事业，不能以赢利为目的，而应把社会效益放在首位；(2)文化遗产工作的根本宗旨是继承我国优秀的历史文化遗产，充分发挥文化遗产的社会教育作用、历史借鉴作用和科学研究作用，文化遗产工作必须服从和服务于社会主义精神文明建设的需要；(3)防止因单纯追求经济利益而损害文化遗产的做法，重大文化遗产的利用项目事先要进行充分论证，严格履行审批手续。

2005 年，国务院发布《国务院关于加强文化遗产保护的通知》，物质文化遗产保护要贯彻"保护为主，抢救第一，合理利用，加强管理"的方针。这一文化遗产工作的基本方针和原则是对我国建国以来文化遗产工作实践经验的高度概括，反映了我国文化遗产工作的客观规律，是我国新时期文化遗产工作的基本指导思想。在利用文化遗产资源，促进地方经济发展，各级地方政府都必须严格遵循国家统一的文化遗产基本方针和原则。

(二)以可持续发展眼光来协调和处理文化遗产保护与开发的关系

当今，可持续发展理论正成为世界各国制定经济社会发展战略的主要思想依据。1994 年国务院颁布的《中国 21 世纪议程》中明确指出：要在经济社会发展中实施可持续发展战略的要求，并将良渚文化等文化遗产保护单位纳入了 21 世纪议程。

在物质文化遗产的保护和利用中实施可持续发展战略，是由文化遗产的特点所决定的。物质文化遗产是人类历史发展过程中遗留下来的遗物和遗迹，是漫长历史文化长河中同类物品中的幸存者，可以说是万劫余生。文化遗产具有脆弱性、历史性和不可再生性等特点。文化遗产大多经历了一定的历史岁月，经历了长时间的自然侵蚀和人为损坏，是一种脆弱的极易损坏的物品。要长久保存,需要我们的精心呵护,经不起人为的折腾和自然的侵蚀。物质文化遗产都是一定历史时期人类活动的产物,不同程度地蕴涵着当时社会政治、经济、文化和习俗等诸多方面的信息。正因为如此,我们说文化遗产是一种历史信息的载体,具有博大精深的历史文化内涵,具有重要的历史、艺术和科学价值。对今人和后人来说,它是一份宝贵的文化财富,其价值主要体现在供人研究、教育和鉴赏上。文化遗产的历史性又决定了文化遗产是独一无二、不可再生和不可替代的。文化遗产是历史的馈赠,每处古迹、每件遗物都有自身产生的特定的历史和社会背景,都包含特定的文化内涵和历史信息。唯其如此,文化遗产的损失是绝对的损失,损坏一件就永远失去一件,就永远少了一份历史记忆,就会造成文化遗产不可逆转的枯竭,所以,文化遗产更显其珍贵。此外,文化遗产不仅是一个国家和民族珍贵的文化财富,也是全人类珍贵的文化财富;不仅是当代人的宝贵财富,也是后代子孙的宝贵财富。为全人类和后代子孙保护好文化遗产,是我们义不容辞的义务和责任。

因此,在处理文化遗产保护和开发利用的关系上,我们必须确立可持续发展的思想,即要以保护为主,以长期利益为重,发挥文化遗产的永续作用,绝对不能急功近利,竭泽而渔;以国家和全民族利益为重,而不能只顾地方利益和集团利益;以发挥文化遗产的社会效益为重,而不能为了单纯追求经济利益,千方百计地榨取文化遗产的经济利益。

(三)借鉴国际文化遗产保护与利用的经验

保护文化遗产就是保护人类文明,这是国际社会的共识。世界上一些先进国家和国际组织在长期的文化遗产保护的实践中,积累了许多成功的经验,形成和制定了一些重要的原则、惯例和工作方法。虽然我国是一个文化遗产大国,与国际先进国家相比,尚存在较大距离。因此,在处理文化遗产保护和开发利用关系时,我们应该积极借鉴国际社会的成功经验、原则和方法。通过对意大利、西班牙、法国、希腊、埃及、美国、日本等国和联合国教科文组织、国际古迹遗址理事会、国际博物馆协会等国际组织在文化遗产保护和利用方面的原则、规章和惯例的初步研究,如下原则是值得我们借鉴和参考的:

不论是发达国家还是发展中国家,都视本国本民族的文化遗产为自己的珍贵文化遗产,将之纳入国家法律的保护之中。一切保存在其领土、内河及领海之内的文化遗产,概为国家所有。对文化遗产的保护应采取综合措施予以保障,包括立法、财政、行政措施、专门机构、处罚、奖励、教育计划和修缮等。对文化遗产的保护应该是预防性的,预防性措施旨在保护文化遗迹免受可能威胁它们的各种危险,例如在遗产保护地修建各种公共建筑、道路、广告牌、电杆电线,采矿,砍伐森林,营建商业和娱乐设施等。对重要历史文化遗产应通过公布名录、划定保护区进行特殊保护,即对文化遗址采取“大保护”的做法,将遗址及其环境的真实性、原初性和完整性全面保护起来，融人文历史与自然景观于一体。要以审慎的态度对待文化遗产。文化遗产是无法估价的，它能给当地带来声誉和机会，保护好了，它就能成为一个长期的收入来源；草率行事会造成文化遗产永远破坏，其损失将是无法估量的。

开发文化遗产有利于本地、本国旅游业的发展，促进其社会经济的发展。但另一方面，也要正视旅游业可能给文化遗产保护带来的负面影响。如在文化遗产地周围迅速兴起的商业和娱乐设施会破坏遗产的环境氛围，危及遗产本身，甚至会蚕食文化遗产，使其日益败落、毁灭。所以，在制定文化遗产旅游政策和规划时，文化遗产的保护享有优先权。因此，文化遗产管理者、旅游经营者和游客对文化遗产的保护都负有伦理上和法律上的双重责任。[①]

综上所述，不论从国内文化遗产保护立法的态度，还是从长远的可持续发展的眼光，以及国际社会文化遗产保护的经验看，物质文化遗产应以保护为主，保护是物质文化遗产所有工作中排在第一位的，而开发和利用要在合理保护的基础上进行，不要因眼前利益而破坏文化遗产，真正实现"关照历史，着眼未来"的目的。

第八节　文化遗产保护法律建设与规范

自中华人民共和国建立以来，党和政府十分重视对文化遗产的保护工作。在建国之初，就颁发了一系列保护文物的法令。此后几十年间，随着形势的发展，根据我国国情、文物特点和文物工作规律，相继修订、颁布了文物保护的方针、政策和法规。这些法律规定，为我们保护文物提供了法律依据。目前，我国已初步建立了具有中国特色的文物法律体系，基本上做到了有法可依。

一、国内立法

1982 年 11 月 19 日，第五届全国人民代表大会常务委员会第 25 次会议通过了《中华人民共和国文物保护法》，这是我国文物保护方面的第一部法律。1985 年，我国批准加入《世界遗产公约》，随着我国列入《世界遗产名录》的遗产项目逐年增多，原有的《文物保护法》已不能适应文化遗产保护的需要，所以在 2002 年对《文物保护法》进行了修订。修订后的《文物保护法》对 1982 年的《文物保护法》作了一些补充和调整，如调整了文物定义的表述、将不可移动文物单列一章、严格控制文物的出境进境，等等。《文物保护法》由

---

① 参见陆建松《"文物单位所有权与经营权分离"的再思考：论文物保护与旅游利用之间的关系》，载徐嵩龄、张晓明、章建刚主编《文化遗产的保护与经营——中国实践与理论进展》，社会科学文献出版社 2003 年版。

原来的33条增加到80条，在保留原法一些可继续适用的原则和制度的前提下，针对现实需要和文物保护理念的发展，增加了一些新的内容。主要有：

1. 明确规定文物工作的基本方针是“保护为主，抢救第一，合理利用，加强管理”，是对原《文物保护法》的重新补充。为了进一步规范保护与利用的关系，还有针对性地增加了相关规定，如“各级人民政府应当重视文物保护，正确处理经济建设、社会发展与文物保护的关系，确保文物安全。基本建设、旅游发展必须遵守文物保护工作的方针，其活动不得对文物造成损害”。

2. 明确规定各级政府应当把文物工作纳入地方经济和社会发展计划，纳入城乡建设规划，纳入财政预算，纳入体制改革，纳入各级领导责任制。特别是加强了文物保护的经费来源保障，规定：“国家用于文物保护的财政拨款随着财政收入的增长而增加。”“国家鼓励通过捐赠等方式设立文物保护社会基金，专门用于文物保护，任何单位或者个人不得侵占、挪用。”

3. 进一步扩大文物的范围。特别在“文物”的第二项中增加了近现代重要史迹、实物、代表性建筑。

4. 增加了历史文化街区、村镇保护制度。1982年《文物保护法》确立了历史文化名城名录制度，但它还没有涵盖具有重大价值的历史街区或村镇。由于得不到法律保护，这些街区、村镇往往在经济建设中遭到拆毁和破坏。为此，新法在旧法确立的历史文化名城制度的基础上，增加了历史文化街区、村镇保护制度。规定保存文物特别丰富并且具有重大历史价值或者革命纪念意义的城镇、街道、村庄，由省、自治区、直辖市人民政府核定公布为历史文化街区、村镇，并报国务院备案。

5. 进一步完善了不可移动文物保护制度。新法针对当前经济建设中文物保护出现的一些问题，增加了对文物保护单位的保护范围和建设控制地带内禁止行为的具体规定。除了旧法所规定的非经特别许可“不得进行其他建设工程”外，新法还规定不得从事“爆破、钻探、挖掘等作业”，“不得建设污染文物保护单位及其环境的设施，不得进行可能影响文物保护单位安全环境的活动。对已有的污染文物保护单位及其环境的设施，应当限期治理”。为了防止国有不可移动文物的流失，明确规定国有不可移动文物不得转让、抵押。建立博物馆、保管所或者辟为参观游览场所的国有文物保护单位，不得作为企业资产经营。同时规定，国有不可移动文物不得转让、抵押给外国人。

6. 完善了考古发掘制度。新法特别规定在进行建设工程或者农业生产中发现文物者的职责和文物行政部门的职责及处理时限，即任何单位或者个人发现文物，应当保护现场，立即报告当地文物行政部门，文物行政部门接到报告后，如无特殊情况，应在24小时内赶赴现场，并在7日内作出处理意见。发现重要文物应立即上报国务院文物行政部门，国务院文物行政部门应当在接到报告后15日内提出处理意见。同时还规定，对上述情况下发现的文物，其所有权属于国家所有，任何单位或者个人不得哄抢、私分、藏匿。新法还增加了对考古发掘结果管理方面的规定。明确规定考古调查、勘探、发掘的结果，应当报国务院文物行政部门和省、自治区、直辖市人民政府文物行政部门。考古发掘的文物，应当登记造册，妥善保管，并移交文物行政部门指定的国有博物馆、图书馆或者其他国有文物收藏单位收藏。规定考古发掘的文物，任何单位或者个人不得侵占。

7. 增加了馆藏文物交流渠道，建立了补偿制度和退出馆藏的制度。新法扩大了国有文物收藏单位的交流渠道。除了旧法规定的“调拨”这一渠道外，新法增加了“交换和借用”的渠道。

8. 扩大了民间文物流通渠道，建立了文物拍卖制度。既要鼓励支持合法正当的民间文物收藏活动，允许其依法流通，也要严格规范，对其作出严格的限制性规定，以防给文物犯罪活动提供可乘之机。

9. 完善了法律责任的规定。旧《文物保护法》在法律责任的规定方面相对薄弱，新法在修订时为此增加了相应条款，极大地加强和充实了法律责任的规定。规定对有相关违法行为者依法给予行政处分，或依法开除公职或吊销其从业资格，构成犯罪的依法追究刑事责任（第七十六条）。此外，对公安、工商、海关、城乡建设规划部门和其他国家机关滥用职权、玩忽职守、徇私舞弊、造成国家保护的珍贵文物损毁或流失的，对负有责任的主管人员和其他直接责任人员依法给予行政处分；构成犯罪的，依法追究刑事责任（第七十八条）。

1992 年 4 月经国务院批准，同年 5 月由国家文物局颁布实施《中华人民共和国文物保护法实施细则》。它是根据 1982 年的《文物保护法》制定的，共 8 章 50 条，对文物行政管理机构、文物保护管理经费、划定文物保护单位保护范围职责、古建筑维修设计审批权限、考古勘探资格认定、考古发掘项目申报、珍贵文物分级、私人收藏文物保护与出售、行政处罚等，均作出了明确、具体的规定。1989 年 12 月，国务院颁布实施《中华人民共和国水下文物保护管理条例》，以加强对水下文物的保护。水下考古在我国是一项开拓性工作，需要进行规范，依法进行，该《条例》为顺利开展水下文物保护和考古工作提供了法律保障。经国务院批准，1991 年 2 月国家文物局颁布实施《中华人民共和国考古涉外工作管理办法》。它规定了中外合作进行考古应遵循的原则和申请合作考古项目应具备的条件等。为加强涉外工作管理，保护我国文化遗产和权益，促进我国与外国的考古学术交流等提供了法律依据。地方性文物法规建设的迅速发展和取得的显著成绩，是改革开放以来文物法制建设的重要组成部分。全国已有河北、河南、山东、山西、湖南、湖北、陕西、甘肃、云南、贵州、四川、内蒙古、西藏、北京等 27 个省、自治区、直辖市制定并颁布了文化遗产保护管理的地方性法规。省、自治区、直辖市人大常委会以文物保护法等法律和文物行政法规为依据，结合地方实际情况，制订、颁布原则性与灵活性相结合的地方性文化遗产法规，为加强本辖区文物保护提供了法规依据。

二、我国批准加入的国际条约

1985 年 11 月，第六届全国人大常委会第十三次会议批准加入《保护世界文化和自然遗产公约》(1972)，成为缔约国。1987 年首次成功申报世界遗产，截至 2007 年 7 月，我国已有 35 项遗产获批准，其中约有 2/3 是文化遗产。列入联合国教科文组织《世界遗产名录》的数量，仅次于西班牙(41)、意大利(40)，列世界第三位。1989 年 9 月，国务院核准接受了《防止非法进出口文化财产和非法转让其所有权的方法的公约》，对我国文化财产的出境入境以及所有权转让起了很好的指导作用。1999 年，第九届全国人大常委会批准了《关于发生武装冲突时保护文化遗产的公约》，承允在非常状态下对文化财产的尊重和保障。2004 年 8 月，第十届全国人民代表大会常务委员会第十一次会议决定，批准联合国教科文组织在第 32 届大会上通过的《保护非物质文化遗产公约》，向国际社会承诺，对非物质文化遗产保护是我国政府的意志。文化遗产保护的相关法律、法规和中央规范性文件参见表 2-4。

表 2-4　文化遗产保护的相关法律、法规和中央规范性文件①

名称	部门	时间
相关法律		
中华人民共和国刑法	全国人大	1979 年
中华人民共和国环境保护法	全国人大	1989 年
中华人民共和国城市规划法	全国人大	1989 年
中华人民共和国拍卖法	全国人大	1996 年
中华人民共和国建筑法	全国人大	1997 年
中华人民共和国文物保护法	全国人大	1982 年制定 2002 年修改
行政法规		
中华人民共和国水下文物保护管理条例	国务院	1989 年
中华人民共和国考古涉外工作管理办法	国家文物局	1990 年
中华人民共和国文物保护法实施条例	国务院	2003 年
文物行政处罚程序暂行规定	文化部	2004 年
国务院关于进一步加强文物工作的通知	国发[1987]101 号	1987 年
中央规范性文件		
国务院关于加强和改善文物工作的通知	国发[1997]13 号	1997 年

① 参见《中国文化遗产年鉴》，文物出版社 2006 年版。

续表

关于西部大开发中加强文物保护和管理工作的通知	国办发[2000]60号	2000年
关于加强我国世纪文化遗产保护管理工作的意见	国办发[2004]18号	2004年
关于加强文化遗产保护的通知	国办发[2005]18号	2005年
关于加强非物质文化遗产保护的通知	国办发[2006]18号	2006年
部门规章		
关于试行《拓印古代石刻的暂行规定》的通知	国家文物事业管理局第143号文	1979年
关于在地质找矿中注意保护文物古迹、风景名胜的通知	国家地质矿产部地办[474]号文	1982年
文物出境鉴定管理办法	文化部[9]号文	1989年
考古调查、勘探、发掘经费预算定额管理办法	国家文物局文物字第248号文	1990年
中华人民共和国考古涉外工作管理办法	国家文物局令第1号	1991年
中华人民共和国文物保护法实施细则	国家文物局令第2号	1992年
关于加强馆藏文物管理防止国有资产流失的通知	国家文物局文物博发[1998]33号文	1998年
文物、博物馆单位接受国外及港澳台同胞捐赠管理暂行规定	国家文物局文物外发[1998]21号文	1998年
考古发掘管理办法	国家文物局令第2号	1998年
文物复制暂行管理办法	国家文物局令第3号	1998年
关于加强少数民族文物工作的意见	国家民委、国家文物局文物博发[1998]54号文	1998年
依法没收、追缴文物的移交办法	国家文物局文物保发[1999]17号文	1999年
文物藏品定级标准	文化部令第19号	2001年
文物拍摄管理暂行办法	国家文物局文物办发[2001]27号文	2001年
关于禁止擅自改变文物保护单位管理体制的通知	文化部文物发[2001]24号文	2001年
关于加强和改善世界遗产保护管理工作的意见	文化部、国家文物局文物发[2002]16号文	2002年
文物出国(境)展览管理规定	国家文物局文物办发[2002]13号文	2002年
文物保护工程管理办法	文化部令第26号	2003年
关于进一步加强文物行政执法工作的通知	国家文物局文物办发[2003]47号文	2003年

续表

关于发布文物保护工程勘察设计、施工单位资质的通知	国家文物局文物保发[2004]5号文	2004年
文物行政处罚程序暂行规定	文化部令第33号	2005年
文物保护工程勘察设计资质管理办法	国家文物局文物保发[2005]18号文	2005年
文物保护工程实施资质管理办法	国家文物局文物保发[2005]18号文	2005年

参考题

1. 简述文物如何定名。
2. 文物分类的标准和方法有哪些?
3. 历史文化名城保护的内容有哪些?
4. 简述我国物质文化遗产现状。
5. 传世文物研究的主要内容是什么?
6. 辨析物质文化遗产保护与利用的关系。
7. 简述新中国成立后我国物质文化遗产保护立法工作取得的成就。

第三章　非物质文化遗产保护

第一节　非物质文化遗产的概念、内涵与特性

一、非物质文化遗产的概念

非物质文化遗产的概念是经过不断修改逐渐完善的。从联合国教科文组织的一系列文件来看，非物质文化遗产概念是由民间创作、民间文化等概念演变发展而来的，其内涵在人们对民间文化的深入理解中不断丰富。

对非物质文化遗产概念的权威表述，国际社会是2003年联合国教科文组织颁布的《保护非物质文化遗产公约》中作出的，在国内则是2005年国务院《关于加强文化遗产保护的通知》中的规范表述。

联合国教科文组织《保护非物质文化遗产公约》将非物质文化遗产表述为：被各群体、团体、有时为个人视为其文化遗产的各种实践、表演、表现形式、知识和技能及其有关的工具、实物、工艺品和文化场所。各个群体和团体随着其所处环境、与自然界的相互关系和历史条件的变化不断使这种代代相传的非物质文化遗产得到创新，同时使他们自己具有一种认同感和历史感，从而促进了文化多样性和人类的创造力。在本公约中，只考虑符合现有的国际人权文件，各群体、团体和个人之间相互尊重的需要和顺应可持续发展的非物质文化遗产。按上述定义，"非物质文化遗产"包括以下方面：(1)口头传说和表述，包括作为非物质文化遗产媒介的语言；(2)表演艺术；(3)社会风俗、礼仪、节庆；(4)有关自然界和宇宙的知识和实践；(5)传统的手工艺技能。自颁布之日起到2007年8月，已经有80多个国家批准了该公约，该公约已经自行生效。

我国政府在2004年第十届全国人民代表大会常务委员会第十一次会议上决定：批准于2003年11月3日在第32届联合国教科文组织大会上通过的《保护非物质文化遗产公约》。这是中国政府承认非物质文化遗产是中国

文化遗产和世界文化的一部分，承认非物质文化遗产保护在中国文化遗产保护中的合法地位。随后，中国政府颁布了一系列政策和措施促进非物质文化遗产保护制度的确立和保护实践的开展。2005年，国务院下发了《关于加强文化遗产保护的通知》，通知中明确指出文化遗产由物质文化遗产和非物质文化遗产两部分组成，并对非物质文化遗产进行了概念界定：非物质文化遗产是指各种以非物质形态存在的与群众生活密切相关、世代相承的传统文化表现形式，包括口头传统、传统表演艺术、民俗活动和礼仪与节庆、有关自然界和宇宙的民间传统知识和实践、传统手工艺技能等以及与上述传统文化表现形式相关的文化空间。这一概念表述是在总结中国非物质文化遗产国情，借鉴《保护非物质文化遗产公约》对非物质文化遗产表述的基础上提出的，更适合中国非物质文化遗产保护国情的表述和理解。

很多学者都提出，非物质文化遗产在概念上有广义和狭义之分，广义的口头与非物质文化遗产“应该是包括前人创造并遗留下来的全部口头形态、非物质形态的文化遗产”，即所有的非物质文化遗产；狭义的指“联合国教科文组织所希望予以保护的范畴”[①]，即符合联合国教科文组织公布的《人类口头与非物质文化遗产条例》中的评审标准。

二、非物质文化遗产的内涵

对非物质文化遗产内涵的认识也有许多不同意见。古奥瓦尼·皮那根据2003年的非物质文化遗产定义[②]，确定了非物质文化遗产的三个类型：(1)通过身体表现出来的文化表现或者社区传统的生活方式；(2)不需要通过身体形式表现出来的个体或者集体的文化表现；(3)物的象征和隐喻。皮那指出，各个类型间的界限很难确定，并且认为物的象征和隐喻属于无形遗产的一部分。苏东海则对古奥瓦尼·皮那的关于无形遗产内涵的第三类界定提出了自己不同的看法，认为无形遗产是一个十分复杂的概念，没有物质的外壳，是无形的，是靠特殊介质表现出来的，并指出“无形遗产就是无形遗产，而不要去模糊它”[③]。也有学者认为，有形文化遗产和非物质文化遗产之间是有无相生、辩证统一的完美结合，应以“虚实相生的观念来认识文化遗

---

① 参见向云驹《论口头与非物质文化遗产的范畴》，载祁庆富主编《民族文化遗产》第1辑，民族出版社2004年版；于海广《加深对非物质文化遗产的理解，促进对非物质文化遗产的保护》，载于海广主编《传统的回归与守护》，山东大学出版社2005年版。

② 古奥瓦尼·皮那：《无形遗产和博物馆》，载《中国博物馆通讯》2004年第2期。非物质文化遗产的定义表述如下：指人类所习得的表现。这些表达方法蕴涵了人类继承和发展的知识、技艺和创造力，包括了人类所创造的作品，也涉及它们所赖以维持的资源、场所和其他社会自然环境。它们代代相传，为人类所生活的社区提供了某种连续性，促进了社区的文化认同，保护了文化的多样性和人类的创造力，因而具有重要意义。

③ 苏东海：《无形遗产就是无形遗产》，载2004年5月21日《中国文物报》第5版。

产的保护”[①]。这一观点实质上是对皮那观点的进一步阐释。

以上都是从非物质文化遗产包含类别的角度去探讨非物质文化遗产的内涵，也有从非物质文化遗产的概念入手探讨非物质文化遗产内涵的。笔者认为，非物质文化遗产的实质就是一种表达，是群体或个人认识和改造主客观过程中产生的情感和动机的表达。[②] 这是从非物质文化遗产的指向理解其内涵的。

三、非物质文化遗产的特性

“特性”是指事物特有的性质，是区别其他事物的重要标志。非物质文化遗产是相对物质文化遗产而言的，其特性是相对物质文化遗产表现出来的特点，或者说，是其区别物质文化遗产而具有的独特之处。非物质文化遗产具有以下特性：

1. 非物质性，有的学者称其为无形性。非物质性是非物质文化遗产的根本特性，“非物质文化遗产的存在形态与物质文化遗产的存在形态完全不同，前者是非物质的、无形的。这是它的质的确定性，是我们观察非物质文化遗产的出发点和归宿”[③]。非物质性是人类口头和非物质文化遗产的根本特性，是它与物质文化遗产质的区别之所在。如依靠口传心授，在藏族、蒙古族、土族、裕固族中代代传唱千年的史诗《格萨尔》（也叫《格萨尔王传》），它主要被称之为“奇人”的优秀民间说唱艺人，以不同的风格从遥远的古代吟唱至今。由于非物质文化遗产的无形性，有时又可称为无形文化遗产，无形性或非物质性是它存在的基本特征之一。

2. 活态性。“非物质文化遗产的变化性，说明它是一种‘活态’文化，这种活态性，在非物质文化遗产之口头传说和表述及其语言、表演艺术、社会风俗、礼仪、节庆以及传统工艺技能等遗产中表现得尤为突出。它们的文化内涵是通过人的活动表现的，通过人的活动传达给受众（或物体）。”“非物质文化遗产中的传说、表述、表演者和传统工艺技能的操作者，是非物质文化遗产‘活态’文化创造的主体，最具有能动性，处于‘活态’文化的核心地位。”[④]这一点与物质文化遗产明显不同。物质文化遗产的文化内涵，是通过人的研究、挖掘、探索等取得认知，提示出来，而后以不同形式传递给受众。这种认知和提示，往往受到时代的局限，受到当时的认识能力和学术水平以及科技发展所提供的认知技术手段等的局限。

非物质文化遗产的文化内涵在传达给受众时，往往还会有互动，如表述中的语言交流，表演艺术的表演者精彩表演之处，受众（观众）会鼓掌，甚至

---

① 杨蔚青：《“虚”与“实”的辩证——浅识“有形”遗产和“无形”遗产的关系》，载 2004 年 5 月 21 日《中国文物报》第 8 版。

② 参见王巨山《作为表达无形文化遗产及其保护》，载 2005 年 8 月 19 日《中国文物报》第 5 版。

③ 李晓东：《无形文化遗产特性观察》，载 2004 年 11 月 26 日《中国文物报》第 5 版。

④ 李晓东：《无形文化遗产特性观察》，载 2004 年 11 月 26 日《中国文物报》第 5 版。

会欢呼。这些是物质文化遗产所不具有的。非物质文化遗产中的传说、表述、表演者和传统工艺技能的操作者，是非物质文化遗产“活态”文化创造的主体，具有能动性，处于“活态”文化的核心地位。他们在不同时间、不同地域、不同场次或场景的表述、表演和技能操作，都会有不同的发挥，都是一种新的创造。同一个戏曲剧目，不同剧种的表演会有所不同，即使是同一剧种的不同表演者的表演，如表情、念白、唱腔、手势、体态或者唱、做、念、打，也会不同，因此形成不同的艺术流派。同时，这些活的表述、表演，还会随着不同时间、不同地域、不同场次或场景等变化，也会有新的变化。时代的前进，社会的发展，对表述、表演艺术都会有不同的影响，从而出现不同的面貌。总之，“活态”性是非物质文化遗产的本然形态，也是其生命线，是非物质文化遗产的重要特性之一。

以京剧艺术为例，它是我国民族戏剧艺术的代表，是中华民族传统艺术的重要组成部分。在京剧一百多年的历史中，表演艺术名角辈出，涌现出一批杰出的表演艺术家，收入《京剧泰斗传记》书丛（河北教育出版社 1996 年版）首辑的 12 位泰斗，“有被称为‘京剧三鼎甲’之一的京剧奠基人如程长庚，有被誉为‘京剧新三杰’之一的京剧大王如谭鑫培，有承前启后影响深远的‘余派’创始人如余叔岩，有为世人瞩目的‘四大名旦’中的梅兰芳，有戏路宽广的武生宗师如杨小楼，有为当今京剧界所熟知的‘四小名旦’中的张君秋，有被称为‘南麟北马’的周信芳、马连良，有被誉为‘活武松’的盖叫天和被誉为‘十净九裘’的一代京剧铜锤花脸裘盛戎”。他们的京剧表演艺术各有千秋，各具特色。

3. 地域性，是指非物质文化遗产的地域特色。例如，我国木版年画在很多地区都有分布，杨家埠木版年画制作工艺的地域性是与天津杨柳青年画工艺和苏州桃花坞年画工艺比较得出的。杨家埠木版年画和杨柳青、桃花坞、武强年画进行比较，制作工艺、艺术特色以及人物造型等方面存在很多差异。杨柳青年画风格主要是宫廷画特色，采用的技法为半印半画，经过创作画稿、色描、印墨线、套印、彩绘等工序完成，其画面简练，场面繁盛，颜色明快，人物造型栩栩如生；桃花坞年画主要是仕女画，人物造型比较细腻，形象多采用装饰性的夸张手法，线条简练，颜色主要以大红、桃红、黄、绿、紫等为基本色调；而杨家埠年画采用木版套印，人物风格粗犷而不失细腻，画面满而不挤。其艺术风格与上述两地年画存在很大差异，这些差异具有明显的区域特色，因其所归属的文化圈不同，其生产方式、生活方式、风俗习惯等均有差异，这些地域差异在年画创作中的体现就是风格的差异。因此，不同地域人们的人文环境、价值观决定了不同地域年画的内容和所追求的精神满足感的不同。

地域性是非物质文化遗产的重要特点，在不同地域相同的非物质文化遗产项目也会表现出不同的特点。强调非物质文化遗产的地域性实质是在强调地域环境和文化对具体类别非物质文化遗产形成的影响。我们在研究非物质文化遗产时，必须加强地域认识以及文化圈理念的认识。

4. 可接受性，是从非物质文化遗产的传承来讲的，是指非物质文化遗产能够被共同体、团体和个人所接受。

非物质文化遗产是由一定的共同体、群体或个人创造的，是对自然界认知的流露，是共同体、团体和个人情感的一种表达和表现形式，是对主客观世界认知的实践，等等。这些表达和实践只有能够得到共同体内成员的认可，能够引起人们情感上的共鸣和文化价值上的认同，能被共同体或个人所接受，才能成为民族文化财产。如果非物质文化遗产不具有可接受性，其无形的文化创造不能得到认可，不能引起情感上的共鸣和文化价值上的认同，失去了生命力，也就不具有可传承性，也不会寻找到《保护非物质文化遗产公约》中描述的认同感和历史感。

以杨家埠木版年画为例。在清代中期和清末民初，杨家埠年画是当地及一些地区过年的必需品，“有钱没钱，买画过年”。目前，其发展陷入了低迷期，从事画版雕刻的艺人逐渐减少，年画的销售比以前也大为减少。随着改革开放和时代的发展，工业化、全球化等大潮的来临，杨家埠村落居民的思想也有了极大的变化，当地的生产方式从单纯的以农为主向多种经济联合发展，以前木版年画业的两种表达正逐渐地被其他经济形式所取代，村落内居民的思想观念因为知识普及也较以前有较大提高。目前，杨家埠木版年画制作工艺能够唤起的共鸣和文化认同已经减小，其带来功利已经不能引起更多人的兴趣和关注，这对后人来讲，可接受性正在减小。因此，年画制作和销售正日趋减少，现有从事年画制作的艺人数量和生产的产品足以说明这个问题。可接受性的减小造成情感共鸣与文化认同的减弱也正是杨家埠木版年画制作工艺面临困境的重要原因之一。

5. 目的性，也可称为功利性，是从非物质文化遗产的指向而言的。以经济学视角审视非物质文化遗产作为经济行为在生产生活中的作用，可以说非物质文化遗产一经诞生就有很强的功利性。

分析《保护非物质文化遗产公约》所列举的五项非物质文化遗产，透过现象看其指向，都具有很强的目的性或是功利性，有的是为了自身情感的表达，有的是为了实现功利的获取，有的是为了表述自身认知的结果（对自然的实践）。举个例子，烹饪技术在中国有着悠久的历史，八大菜系各具特色，作为非物质文化遗产的烹饪技术具有很强的目的性，既满足了人的基本生理需求，也在追求一种审美的精神享受，在具有食用价值的同时，也具有一定的审美价值，这也是烹饪大师常讲的色香味意形俱全之所在。正是非物质文化遗产具有强烈的目的性和功利指向，才使非物质文化遗产能够被广泛地接受并代代传承。

功利性能否实现关系到非物质文化遗产的生存和发展，如果功利性目的能够顺利实现，非物质文化遗产的生存和发展则能够顺利进行；否则，非物质文化遗产的生存必然受到威胁，也必将会被现实所抛弃。

6. 非孤立性，是指非物质文化遗产与周围自然环境和人文环境的密切关系。非物质文化遗产产生、发展和演变都不是孤立存在的，都是与一定环境等因素联系在一起的。通过对杨家埠木版年画制作工艺的调查和发展史的研究，杨家埠木版年画制作工艺非孤立性主要体现在以下三个方面：

一是非物质文化遗产与时代的关系。《公约》中指出，"各个群体和团体随着其所处环境、与自然界的相互关系和历史条件的变化，不断使这种代代相传的非物质文化遗产得到创新"。非物质文化遗产具有一定的活态性，随着时代的变化，非物质文化遗产也逐渐在改变，其成长历程应该与其所处的时代有密切的关系，与有形文化遗产被打上时代的烙印一样，非物质文化遗产同样被打上了时代的烙印，具有一定的时代特征。如杨家埠木版年画制作工艺与时代的关系表现得非常密切，主要体现在年画创作上。在不同的时期，杨家埠木版年画艺人用自身的经历和重大历史事件进行年画的创作，如画师刘明杰创作的《炮打日本国》、《义和团》、《红灯照》、《慈禧太后逃长安》等年画反映所处时代的重大历史事件。新中国成立后，文化部着手对木版年画创作进行改革，这一时期的时代印记在年画创作中表现得更为明显，如《妇女翻身》(1952 年)、《马下双驹》(1977 年)、《做军鞋》(1977 年)等年画的内容均与时代有着密切的联系。

二是非物质文化遗产与周围环境的密切关系。"文化"本来就是人群的生活方式，在什么环境里生活，就会形成什么方式的文化，也决定了这个人群的文化性质。[1]

非物质文化遗产是共同体的文化创造，一方水土养一方人，一定的自然环境和人文环境孕育了一定的非物质文化遗产，非物质文化遗产的发展和传承也不会孤立存在于人的精神领域中，而是始终与特定的共同体和环境等因素联系在一起。只有在与其适应的群体和环境中，非物质文化遗产才具有突出的个性和强烈的目的指向，才具有鲜活的生命力和可传承性，也只有在其特定的生长环境中，非物质文化遗产才能保持其原生性。文化空间[2]包含时间和空间两个含义，它是非物质文化遗产进行表达所必需的空间和时间。这里指的环境，既包含自然环境也包含人文环境，比文化空间指示的范围更宽泛。现在有些非物质文化遗产的存在危机很多都是生存环境变化所致，因为外部大环境或生存小环境的改变，非物质文化遗产与其相联系的群体和环境割裂，非物质文化遗产便失去了表达的空间和指向。表达和指向因失去了目的而变得不明确，从而非物质文化遗产就丧失了原有的活力，失去原来的存在特色，这也正是今天要加强保护、研究的意义之所在。

三是非物质文化遗产是与一定的人群、共同体联系在一起的。如杨家

---

① 参见费孝通《土地里长出来的文化》，载《费孝通文化随笔》，群言出版社 2000 年版。

② 文化空间是指定期举行传统文化活动或集中展现传统文化表现形式的场所，兼具空间性和时间性。

埠木版年画制作工艺并不是杨家埠村落所有人都掌握的技艺，也不是所有的人都能从事年画创作。优秀的杨家埠木版年画制作技艺保有者一般都具备一定文化修养，积累了丰富生活经验，对人生和周围事物都有独到的见解和感悟。杨家埠木版年画制作工艺作为一个重要的文化现象，其传承正是在这样的文化共同体内才得以实现。

在英文版《保护非物质文化遗产公约》中对非物质文化遗产的概念进行表述时提到了 community，可以翻译为“社区”，也可以翻译为“共同体”。社区是指社会上以某种特征划分的居住区；共同体是指人们在共同的条件下结成的群体，其条件包含地域、血缘、精神等多种因素。中文版《保护非物质文化遗产公约》将 community 翻译为“群体”，笔者认为用“共同体”似乎更合适，更有助于加深我们在学术上的认识。从共同体角度来看，非物质文化遗产是在一定的共同体中诞生，也是在一定共同体中传承的，共同体可以区分为不同的层次，如家族共同体、社区共同体、民族共同体等。非物质文化遗产正是共同体、群体和个人在生产生活中产生情感的表达或表现形式，其传承也是依靠共同体内成员的接力来完成的。共同体、群体和个人这三个组织单位将非物质文化遗产的生存群体界定出来，加强对共同体和群体的理解有助于我们实施对非物质文化遗产的保护。

功利性、活态性和非孤立性三个特性之间也存在密切的联系：功利性决定了其活态性，活态性是非物质文化遗产适应环境，逐渐合理化和合法化的过程，这一过程本质是为了最大限度地实现功利性；非孤立性在本质上决定了活态性，进而影响非物质文化遗产的功利性，功利性也使得非物质文化遗产与环境和时代联系得更加密切。可接受性是遗产项目的存在基础，也是实现非物质文化遗产实现功利性、活态性和非孤立性的基础，后三者则在一定程度上加强了非物质文化遗产的可接受性，从而促进了非物质文化遗产的传承。

第二节　非物质文化遗产的分类

联合国教科文组织在《保护非物质文化遗产公约》中对非物质文化遗产进行了分类列举，划分为五大类别：(1)口头传说和表述，包括媒介的语言；(2)表演艺术；(3)社会习俗、礼仪、节庆；(4)有关自然界和宇宙的知识和实践；(5)传统手工艺。由于国情不同和理解上的差异，各国在理解非物质文化遗产内涵的基础上对非物质文化遗产类别的划分提出了许多新看法，我国遗产学界的学者主要提出了以下几种划分方法：

第一种是以向云驹为代表。他认为，口头与非物质文化遗产是一种典型的人体文化，它的具体形态可以分为四类：一是口头文化，包括口头表达，嗓音表现，人声说、唱、吟的文化和艺术；二是体形文化，即以人的身体、行为、姿态、动作即肢体语言作为表现形式和表现对象的文化和艺术；三是综合文化，即口头与形体相综合的艺术，是视听、时空的综合艺术；四是造型文化，是单个或多个人体的造型或模拟艺术表现，属空间艺术、视觉艺术。在每一类下又分别包含很多小类别。向云驹先生的划分是借鉴了文化的三种分类法而形成的。[①]

第二种是以马自树为代表。他认为，“非物质遗产可分为二类：一类是技艺类，一类是文化类。技艺类多半是生产和创造物质财富的，维系社会的物质生活需要；文化类是传承和发展精神财富的，满足社会的文化生活需要。这两类遗产越是丰富多样，社会的物质文化生活就越丰富多彩”[②]。

第三种是以汪培梓为代表。他根据遗产本身对人体的依附程度和对民族心理作用的广度与深度的不同，从更利于遗产保护的角度，把无形遗产划分为技艺类和习俗类两种类型。“技艺类的无形遗产包括戏剧、音乐、舞蹈、各种工艺、技术，这种类型的无形遗产一般与个体喜好和特长密切相关，同群体的依赖和结合相对较弱，它们在外来文化的冲击下最为脆弱，在全球工业化、经济一体化进程中最容易遭到削弱而走向消亡。习俗类主要包括社会风俗、语言文字等，该类型的无形遗产对社区内全体民众的影响相对较强，对个体具有一种约束力，并表现一定的自发性，通常对民族的心理和民族性格的形成有深刻影响。除非由于大规模的种族绝灭，习俗类无形遗产的消亡是比较隐性和渐进的。”[③]

马自树和汪培梓二人都把技艺归为一大类，除技艺之外的非物质文化遗产，马自树称其为文化类，汪培梓称其为习俗类，内容相近，但强调的角度不同。

另外需要注意的是，中华人民共和国国务院于 2006 年下发《关于公布第一批国家级非物质文化遗产名录的通知》，批准了第一批 518 项国家级非物质文化遗产，给予正式公布。《第一批国家级非物质文化遗产名录》（以下简称《名录》）将我国非物质文化遗产划分为十大类，包括民间文学、民间音乐、民间舞蹈、传统戏剧、曲艺、杂技与竞技、民间美术、传统手工技艺、传统医药和民俗等。这是国家公布的关于非物质文化遗产分类方法，这一分类法既参考国际惯例，也糅合了国内学者专家对非物质文化遗产的理解，在遗产领域有一定的影响。

2006 年 10 月由文化艺术出版社出版的《非物质文化遗产概论》（王文章主编）一书是国内少见的关于非物质文化遗产的理论著作。书中对非物质文化遗产分类也进行了探讨，其将非物质文化遗产分为 13 类，相比《名录》的划分，增加了语言、文化空间两类，并对武术、竞技等项目进行了组合（如表 3-1 所示）。

---

① 参见向云驹《人类口头与非物质遗产》，宁夏人民出版社 2004 年版。

② 马自树：《认识非物质遗产 尊重非物质遗产》，载《中国博物馆》2004 年第 3 期。

③ 汪培梓：《试论无形遗产于博物馆之间的互动效应》，载《中国博物馆通讯》2004 年第 8 期。

表 3-1　《名录》与《概论》分类①

	《名录》	《非物质文化遗产概论》
1	民间文学	语言(民族语言、方言)
2	民间音乐	民间文学
3	民间舞蹈	传统音乐
4	传统戏剧	传统舞蹈
5	曲艺	传统戏剧
6	杂技与竞技	曲艺
7	民间美术	杂技
8	传统手工技艺	传统武术、体育与竞技
9	传统医药	民间美术、工艺美术
10	民俗	传统手工艺及其工艺技术
11		传统医学和药学
12		民俗
13		文化空间

第三节　非物质文化遗产保护的法律法规、制度和措施

一、法律法规

(一)国家级法规文件

关于非物质文化遗产保护的立法和制度建设在我国起步比较晚,目前,还没正式出台国家法规,这一工作正在酝酿和准备之中。2003 年 11 月,全国人大教科文委员会组织起草了《中华人民共和国民间传统文化保护法(草案)》,提交全国人大常委会审议。2004 年 8 月,全国人大把法律草案的名称改为《中华人民共和国非物质文化遗产保护法》,并作相应的内容修订,正在广泛征求意见和修改。这部法律草案已列入全国人大立法规划。

在国家级法律法规正式颁布前,国家以政府文件形式颁布了多条对非物质文化遗产的保护意见,如《国务院关于加强文化遗产保护的通知》、《关于加强我国非物质文化遗产保护工作的意见》,这两个行政文件中都针对非物质文化遗产保护的规定和相关意见,对非物质文化遗产保护及传承提出了政策性指导。《关于加强文化遗产保护工作的通知》中对包括非物质文化

① 参见王文章主编《非物质文化遗产概论》,文化艺术出版社 2006 年版。

遗产在内的文化遗产的保护工作，提出了一系列规定。这是国家最高行政机关首次就中国非物质文化遗产保护工作发布的权威指导意见，明确指出了保护工作的重要性和紧迫性。提出保护工作的目标是："通过全社会的努力，逐步建立起比较完备的、有中国特色的非物质文化遗产保护制度，使我国珍贵、濒危并具有历史、文化和科学价值的非物质文化遗产得到有效保护，并得以传承和发扬。"保护工作的指导方针是："保护为主，抢救第一，合理利用，传承发展。"保护工作的原则是："政府主导、社会参与，明确职责、形成合力；长远规划、分步实施，点面结合、讲求实效。"《关于加强我国非物质文化遗产保护工作的意见》明确指出，要建立名录体系，逐步形成有中国特色的非物质文化遗产保护制度。2005 年，我国政府公布了第一批 518 项国家级非物质文化遗产名录，由此开启了非物质文化遗产的名录时代，非物质文化遗产保护不仅仅停留在名录上。在 2006 年，文化部颁布了《国家级非物质文化遗产保护与管理暂行办法》，该《办法》的目的是为有效保护和传承国家级非物质文化遗产，加强保护工作的管理，组织、协调和监督全国范围内国家级非物质文化遗产的保护工作。《国家级非物质文化遗产保护与管理暂行办法》的实施，对促进我国非物质文化遗产保护的规范化和制度化提供了保证。

（二）地方级法规文件

随着非物质文化遗产保护在我国的深入发展，各地市已经注意到了本地区保有的非物质文化遗产的重要性，文化遗产保护意识较强的省份早在 2000 年就制定了无形文化遗产保护的条例。国务院批准联合国教科文组织《保护非物质文化遗产公约》后，各省陆续通过了本省的保护非物质文化遗产条例，为非物质文化遗产保护实践提供了法律依据。

2000 年，云南省为加强本省民族民间文化的保护，继承、弘扬优秀的民族文化传统，依据宪法和有关法律，结合云南省实际，制定了《云南省民族民间传统文化保护条例》。《云南省民族民间传统文化保护条例》共分为七个部分，由总则、保护与抢救、推荐与认定、交易与出境、保障措施、奖励与处罚、附则等七章构成。第一章"总则"规定了要保护的民族民间文化的定义和范畴，后面几章对保护的方法、措施、保障制度和奖惩等都进行了一一说明。《云南省民族民间传统文化保护条例》是我国第一部关于民族民间文化保护的条例，这一条例的颁布从侧面说明了我国地方政府对活态文化保护的重视，对民族民间文化保护的重视。

2006 年 11 月，江苏省制定了《江苏省非物质文化遗产保护条例》，并于 2006 年 9 月 27 日江苏省第十届人民代表大会常务委员会第二十五次会议通过。《江苏省非物质文化遗产保护条例》分为总则、规划与保护、传承、管理与利用、保障措施、法律责任、附则等七个部分。"总则"界定了非物质文化遗产的定义和保护范畴，"规划与保护"对非物质文化遗产的认定、申报规划和保护都提出了具体的要求，后面几章对非物质文化遗产的传承、管理及直接负责遗产项目的主管人员和其他直接责任人员的工作职责和所负的法律责任进行了规定。《江苏省非物质文化遗产保护条例》的出台是我国较早的关于非物质文化遗产保护的专项法律条例，对其他省份非物质文化遗产保护条例的出台有借鉴意义。

2007 年 6 月，浙江省十届人大常委会第三十二次会议通过的《浙江省非物质文化遗产保护条例》分为总则、保护职责与保护经费、名录与传承、保护措施与管理、科学研究与合理利用、法律责任、附则等七个部分。该《条例》除对保护内容和范畴、保护责任、传承、法律责任等内容进行了详细规定外，第二十八条明确规定：传统文化生态保持较完整，并具有特殊价值的村落或者特定区域，可以建立非物质文化遗产生态保护区。非物质文化遗产生态保护区应当划定保护范围，设立保护标志。这是在以前非物质文化遗产保护条例中没有涉及的内容，它为浙江省非物质文化遗产保护提供了新思路，也为其他地区及其他地域非物质文化遗产保护提供了新的借鉴模式。

通过类似保护条例的省份还有宁夏，其正式通过的《宁夏回族自治区非物质文化遗产保护条例》，将为今后保护、传承非物质文化遗产提供法律依据。甘肃省文化厅出台了《甘肃省非物质文化遗产保护条例（草案）》，规定甘肃省对珍贵、濒危并具有一定历史、科学和文化价值的非物质文化遗产，采取确认、建档、研究、保存等方式进行保护。同时规定，国家征集的非物质文化遗产资料、实物属国家所有，任何组织和个人不得侵占或以礼品赠与。同时，对非物质文化遗产保护实行分级保护制度，建立保护名录，设立非物质文化遗产传承人、传承单位、艺术之乡、文化生态保护区来进行保护。对掌握某项非物质文化遗产传统技艺，在一定区域内有较大影响并被公认为技艺精湛的艺人，授予“甘肃省民间艺术大师”荣誉称号。列入保护名录的传统工艺美术制作技艺或其他对象，符合国家秘密条件的应当按照国家保密法律法规的规定确定密级，并予以保护。非物质文化遗产珍贵、稀有的原始资料和实物，不得出境。

国际非物质文化遗产保护先行国家的关于非物质文化遗产保护的法律制度已经建立很长时间，如日本在 1950 年就颁布了《文化财保护法》，韩国在 1962 年颁布了《无形文化财保护法》，菲律宾和法国也在 20 世纪 70 年代颁布了非物质文化遗产保护的相关法律。我国与这些国家存有差距，我国也需要借鉴这些先行国家对非物质文化遗产保护的法律实践取得的经验。

二、制度建设

为贯彻落实中国共产党第十六次全国代表大会精神，履行中国加入联合国教科文组织《保护非物质文化遗产公约》的义务，2005 年 3 月 26 日，国务院办公厅印发《关于加强我国非物质文化遗产保护工作的意见》，就进一步加强中国非物质文化遗产保护工作的目标、方针、原则和措施作出了明确指示。同时，为了发挥政府的主导作用，建立协调有效的保护工作领导机制，国务院决定：由文化部牵头，建立由发展改革委员会、教育部、国家民族事务委员会、财政部、建设部、旅游局、宗教局、文物局组成的中国非物质文化遗产保护工作部际联席会议制度，统一协调非物质文化遗产保护工作。部际联席会议的主要职能是：

1. 拟订我国非物质文化遗产保护工作的方针政策，审定我国非物质文化遗产保护规划；

2. 协调处理我国非物质文化遗产保护中涉及的重大事项；

3. 审核《国家级非物质文化遗产代表作国家名录》名单，上报国务院批准公布；

4. 承办国务院交办的有关非物质文化遗产保护方面的其他工作，重大问题向国务院请示、报告。

三、主要措施

随着非物质文化遗产立法工作的开展，保护工作的重要内容——非物质文化遗产保护实践也已展开，从文化部到各省、地、市，对非物质文化遗产保护的行动实践也如火如荼地展开。

（一）四级名录体系的建立

2005 年，文化部颁布了第一批国家级非物质文化遗产名录，由此，国家级非物质文化遗产名录体系诞生。随后各省、市、县也纷纷颁布自己的非物质文化遗产名录，由此，非物质文化遗产名录体系已经形成了国家、省、市、县四级体系，这标志着我国非物质文化遗产保护名录时代的到来。

（二）两大工程的实施

1. 中国民族民间文化保护工程

2003 年 1 月，文化部、财政部等有关单位启动了中国民族民间文化保护工程。针对我国民族民间文化保护面临的严峻形势，采取有效措施，加强我国民族民间传统文化的保护，已刻不容缓。为此，文化部、财政部等单位联合启动了在全国范围内实施中国民族民间文化保护工程。该工程是在以往民族民间文化保护工作成果的基础上，结合新时期的新情况和新特点，由政府组织实施推动的，对珍贵、濒危并具有历史、文化和科学价值的民族民间传统文化进行有效保护的一项系统工程。

“保护工程”计划从 2004 年到 2020 年实施，实行“保护为主，抢救第一，合理利用，继承发展”的方针，正确处理抢救、保护和利用的关系，在确保我国民族民间文化获得有效保护的前提下，促进抢救、保护、利用的有机结合和协调统一。

“保护工程”的实施原则是“政府主导，社会参与；长远规划，分步实施；明确职责，形成合力”。坚持立法保护与政策保障相结合，政府保护与民间保护相结合，决策系统与咨询系统相结合，财政投入与社会资助相结合，国内立法与国际立法相结合。

“保护工程”的保护对象主要是珍贵、濒危的并具有历史价值的民族民间传统文化，包括：传统的口述文学和语言文字；传统的戏剧、曲艺、音乐、舞蹈、美术、杂技等；传统的工艺美术和制作技艺；传统的礼仪、节日、庆典和体育活动等；与上述各项相关的代表性原始资料、实物和场所；其他需要保护的特殊对象等。

“保护工程”采取的保护方式有：(1)对民族民间传统文化进行全面普查、确认、登记、立档。(2)在真实记录的基础上进行整理、研究、出版，或以博物馆等妥善方式予以展示、保存。(3)通过建立文化生态保护区、命名民族民间文化艺术之乡，对原生态文化保存较为完整并具有特殊价值和浓郁特色的文化区域，进行动态的持续性保护。(4)通过对传承人的资助扶持和鼓励，建立民族民间文化传承机制。对优秀的民族民间文化进行宣传、弘扬和振兴。

“保护工程”主要实施内容有：(1)全面普查，摸清家底，制定民族民间文化保护规划。(2)建立分级保护制度和保护体系，建立国家级民族民间文化保护名录和地方各级民族民间文化保护名录。(3)利用现代科技手段，对珍贵、濒危的并具有历史价值的民族民间文化进行系统的抢救和保护。(4)建立民族民间文化传承人(传承单位)的认定和培训机制，通过采取资助扶持等手段，鼓励民族民间文化的传承与传播。(5)在民族民间文化形态保存较完整并具有特殊价值、特色鲜明的民族聚集村落和特定区域，分级建立文化生态保护区；建立民族民间文化艺术之乡的申报、审核和命名机制。(6)合理开发利用民族民间文化资源，推动优秀的民族民间文化融入现代日常生活。(7)普及民族民间文化保护知识，提高全社会的民族民间文化保护意识。(8)建立起责任明确、运转协调的民族民间文化保护工作机制。(9)建立一支宏大的高素质的专业队伍，培养一大批热爱民族民间文化、专业知识精湛、具有奉献精神的民族民间文化保护工作者。

通过“保护工程”建设，到2020年，使我国珍贵、濒危并具有历史、文化和科学价值的民族民间文化得到有效保护。初步建立起比较完备的中国民族民间文化保护制度和保护体系，在全社会形成自觉保护民族民间文化的意识，基本实现民族民间文化保护工作的科学化、规范化、网络化、法制化。[①]

2. 中国民间文化遗产抢救工程

2003年2月，中国民间文化遗产抢救工程在北京正式启动，该工程是由中国文化部和中国文联联合实施的对民间文化进行国家级抢救、普查和整理的巨大工程。具体内容包括：出版《中国民间美术集成》120卷、《中国民俗志》2000余卷、《中国民俗图录》200卷、《中国民俗分布地图集》100卷、《中国民间文艺荟萃》200卷、拍摄电视片《中国民俗》365集；建立“搜集库”和“中

---

① 参见《中国民族民间文化保护工程实施方案》，载中国非物质文化遗产研究中心《中国非物质文化遗产普查手册》，文化艺术出版社2007年版。

国民俗"网站;命名一批民间文艺之乡,编制《中国民间文化遗产名录》;确定并向联合国教科文组织申报一批有形民间文化和无形民间文化遗产名录;陆续举办该工程成果展示、展览和展演。

中国民间文化遗产抢救工程的实施对非物质文化遗产保护具有重大意义。这是有史以来第一次对民间文化进行国家级抢救、普查、整理和出版的巨大工程,对了解文化国情、民情,鉴别良莠,促进文化创造,在全球经济一体化的历史潮流中,增强国家文化实力、建设国家文化主权具有重要的意义。同时,它也必将深化即将在2008年举行的奥运会的人文精神,让世界更真切地了解中国和中华民族灿烂、悠久的文化。通过这一工程抢救和记录下来的优秀民间文化遗产,可珍藏于博物馆,保存一段历史的记忆;又可服务于"两个文明"建设,为先进文化的创造提供不竭的资源;还可振奋民族精神,促进人民思想道德素质的提高;同时可丰富国际文化交流,促进人类进步事业及世界和平。

(三)文化生态区建设

2007年6月9日,文化部正式批准建立闽南文化生态保护实验区,成为全国首个文化生态保护区。闽南文化生态保护实验区将福建泉州、漳州、厦门三地划定为文化生态保护区,将诸如南音、梨园戏、木版年画等众多原生态的非物质文化遗产和一大批国家重点文物保护单位等物质文化遗产在其所属区域及环境中进行保护。促进文化原生态发展与延续,使之成为"活文化",这是保护文化生态的一种有效方式。

国家"十一五"时期文化发展规划纲要明确提出设立国家级民族民间文化生态保护区的要求。2007年9月在安徽黄山市召开的全国非物质文化遗产保护工作会议,确定我国将在福建省闽南文化生态保护实验区试点的基础上,进一步扩大生态保护区建设范围,在"十一五"期间,将确定十个国家级民族民间文化生态保护区,对非物质文化遗产内容丰富、较为集中的区域实施整体性保护。

(四)传承人的寻访与认定

非物质文化遗产保护的先行国家,如日本、韩国,都建立了"人间国宝计划"和"活的文化财"制度,用于保护具有特殊价值的非物质文化遗产的保有者,对其进行资金扶植,鼓励其传授技艺并促进其保有的非物质文化遗产的传承与传播。我国也曾授予部分民间艺人"工艺美术大师"等称号,但从文化遗产保护和传承角度对非物质文化遗产保有者进行寻访和认定是在2005年开始的。为了从根本上保护和传承民间艺术,中国民间文艺家协会将目光投向民间艺术的载体——传承人,"中国民间文化杰出传承人调查认定和命名"项目已正式启动,调查对象是民间文学讲述人、民间艺术传承人和民间工艺美术师,如民间说唱艺人、民间故事家、民间舞者、民间歌手、民间画师、民间工艺家等。最终评定出的杰出传承人,将被授予"中国民间文艺山花奖·终身成就奖",进入《中国民间文化杰出传承人名录》系列丛书。相关专家和工作人员将整理建立专门的图文影像数据库，展开专业分析，并向社会进行推介和传授。2007 年 6 月，文化部公布了第一批国家级非物质文化遗产项目代表性传承人名单。

第四节 非物质文化遗产保护的原则

非物质文化遗产保护实践已经开展，在理论上探讨与建立非物质文化遗产理论体系，在实践上寻找非物质文化遗产保护方法，成为目前非物质文化遗产保护工作的两项重要内容。但我国非物质文化遗产流失速度决定非物质文化遗产保护方式的探寻和实践更有重要意义。我国四级名录体系的建立和相关保护制度的建立，成为我国非物质文化遗产保护工作的新起点，因为如何保护非物质文化遗产比如何将其列入四级名录体系更具现实意义。

针对非物质文化遗产保护，很多学者提出了相关的保护原则，主要有以下十大原则：[①]

一是非物质文化遗产保护的"有形化"原则。即通过收藏、录音录像及口述记录等方式将它们保存下来。

二是以人为本原则。将保护身怀绝技的艺人作为非物质文化遗产保护的重点。

三是整体保护原则。即对非物质文化遗产及其生存空间实施整体保护。

四是活态保护原则。为非物质文化遗产传承人营造出一个更宽松、更适合其成长的生态环境。

五是民间事民间办原则。民众是遗产的主人，应该调动他们的积极性，与国家的规划形成合力。

六是原真性保护原则。建立传统文化"基因库"，将那些优秀的、具有原生态特点的文化遗产保存下来，为未来新文化的创造保留更多的种源。

七是保护文化多样性原则。由五十六个民族创造的多元文化是我们新文化创造取之不尽、用之不竭的源泉。

八是精品保护原则。要将文化与文化遗产区分开来，严格文化遗产的入选标准，对文化遗产实施分级管理。

九是濒危性保护原则。通过临时性指定制度的建立，对濒危遗产实施紧急抢救。

十是保护与开发并重原则。在保护的基础上，对非物质文化遗产实施有限度的可控开发。

这里需要特别提出原真性原则和整体性原则。原真性是英文 authen-

---

① 参见苑利、顾军《非物质文化遗产保护的十项基本原则》，载《学习与实践》2006 年第 1 期。

ticity 的翻译，有时也称为“真实性”，其英文原意是确实性、真实性、纯正性。20 世纪 60 年代，原真性原则被引入到文化遗产保护中。1964 年 5 月，在威尼斯举行的第二届历史古迹建筑师和技师国际会议通过了《国际古迹保护与修复宪章》（又称《威尼斯宪章》），提出了文化遗产保护的原真性含义，应将古代遗迹“真实地、完整地传承下去是我们的责任”①。1994 年 12 月，世界遗产委员会在日本奈良召开第 18 次会议，通过了《关于原真性的奈良文件》。文件认为在世界的一些语言中，并无可以精确传达“原真性”概念的词汇。会议对“原真性”是定义、评价、监控世界遗产的一项基本因素进行了肯定：“原真性，如按照上述方式思考并得到《威尼斯宪章》认可，看来是评审遗产价值的本质因素。对原真性的理解，在文化遗产的所有科研中，在保护与修复规划中，也在《世界遗产公约》和其他文化遗产目录所采用的申报程序中，发挥着基础性作用。”②

整体性原则是文化遗产保护的另一个重要原则。一项历史文化遗产是与其生存环境一同存在的，不仅保护遗产本身，它们的生存环境也要一同得到保护，特别对于城市、街区、地段、景区、景点，要保护其整体的环境，这样才能体现出遗产的风貌。整体性还包括文化遗产所具有的历史、科学、情感等方面的内涵和文化遗产形成的要素，如街区应该包括居民的生活活动和与之相关的所有环境对象。

原真性原则和整体性原则的提出，为文化遗产保护和修复提供了重要参考原则。原真性原则是保护原生的、本来的、真实的文化遗产，要保留遗产的真实信息；整体性原则是要保护文化遗产与周边环境及文化遗产的各方面内涵和形成要素。

1. 原真性原则与非物质文化遗产保护

与物质文化遗产保护一样，非物质文化遗产保护也追求真实性，即真实性原则也适用于非物质文化遗产保护的各个环节，不仅是项目本身的真实性，也包括这种遗产保护工作的各个方面，如遗产的确认、立档、研究、保存、宣传、弘扬、传承，都要真实、准确、客观地反映遗产项目的情况。

物质文化遗产追求的“真实”是可以感知的，被时间定格的历史性的真实，是一种静止的真实。而非物质文化遗产的活态性使其处于不断变化中，其所表现的真实处于不断变化之中，因此，非物质文化遗产的原真性在操作中不能简单像物质文化遗产一样追求一种固定的真实。另外，由于利益驱动或地方保护主义等因素，非物质文化遗产保护中存在的原真性问题比物质文化遗产保护复杂得多。非物质文化遗产作为一种文化现象是不断传播，随着人口的流动而具有一定的流动性，在与其他文化交流融合的过程中，随着时间的推移，今天已经很难去伪存真了。一般来说，文化现象的源

① 有版本为“一点不走样地把它们的全部信息传下去”。参见中华知识产权在线网。

② 《奈良原真性文件》，载新疆文物保护网（www.xjwwbh.com）。

地只能有一个，造成目前一个项目多个申报地的原因是由于年代久远，已经不能说清楚哪里是其真正的发源地，原真性保护原则也就出现了很大的尴尬。而项目传承人的确认也变得更为复杂。

伴随旅游产业的发展，文化遗产掀起了开发热潮。古迹、遗址等物质文化遗产是具体的存在，只要规划合理，措施得当，监管有力，是可以做到产业开发与原真保护相互促进的。而非物质文化遗产的原真性保护在蓬勃发展的旅游产业面前却遭遇一次次的挑战。经济利益下的伪民俗、假展演屡见不鲜，如何规避这些虚假现象的滋生不是单纯提倡某一原则就能够得到有效解决的，有力的监管和作为非物质文化遗产传承载体的人如何自律，对非物质文化遗产真实性保护原则的贯彻显得更为重要。

2. 整体性原则与非物质文化遗产保护

文化本来就是人群的生活方式，在什么环境里生活，就会形成与之相适应的文化，也就决定了这个人群的文化性质。中国人的生活主要是靠土地，传统的中国文化是土地里长出来的。由此可见，文化与环境的关系十分密切。因此，要保护非物质文化遗产也需要保护与其相关的环境，从这点来说，整体性保护原则也适用于非物质文化遗产的保护，但对不同文化属性的非物质文化遗产，整体性原则也有着不同的要求。非物质文化遗产的整体性保护包含两层含义：

一是保护文化遗产项目所拥有的全部内容和形式，这是从文化遗产项目的完整性角度而言的。

二是将非物质文化遗产保护与遗产项目所处的自然环境、生态环境、人文环境和相关的制度、习俗等内容，把这一有机系统视为一个整体。这个整体是从文化与环境之间的和谐共存而言的。

原真性原则的真实性要求适用所有的非物质文化遗产项目保护要求，而整体性原则并不是对每项非物质文化遗产项目都适用。

整体性原则的第一层含义在一些项目实际操作中可能会产生分歧。如皮影戏，我们能够看到的是其具体的舞台展演，其背后有直接关系的还有一系列的技术准备，如影人是用驴皮加工的，首先就有选料和原料加工（熟皮子）的工艺，还有影人的设计、雕刻、着色技术。上述技术作为一个链状结构相互联系着，支撑皮影戏的展演与发展。在理论上，整体性保护应该包括上述全部内容，但在操作中，有些细节却经常被人们忽略，或人为地将一些环节排除在项目之外。

整体性原则的第二层含义也要视项目的不同，有些项目适用此原则，有些项目不适用此原则。如川江号子是川江船工们为统一动作和节奏，由号工领唱，众船工帮腔、合唱的民间歌唱形式。它作为原始航运文化的伴生文化而产生，其发展、延续与原始航运文化关系十分密切。随着现代船运技术的发展和长江沿岸环境的变迁，船工已经失去了原始航运时代的作用。整体性保护原则在川江号子的保护中毫无用武之地。如果通过恢复船工拉纤，而延续川江号子，笔者认为那是一种表演，而不是真实的生活。

真实性原则和整体性原则的目的是促进文化遗产项目真实、完整地传承下去，相对物质文化遗产而言，非物质文化遗产保护的真实性原则和整体性原则在内容上也更为丰富，在操作和实施上更为复杂，诸多相关问题还需要在实践中不断摸索。

第五节 非物质文化遗产的申报与审批

一、联合国教科文组织“人类口头与非物质遗产代表作”的申报

（一）申报方式

每个会员国每两年只能申报一个国家作品。多国共同体的多民族作品可以在每个国家的限额之外申报。

参评作品的申报可以通过三种方式提出：

1. 会员国或联合会员国政府提出；

2. 政府间组织在听取有关国家的教科文组织全委会的意见后提出；

3. 与联合国教科文组织有正式关系的非政府组织在听取本国教科文组织全委会的意见之后提出。

申报的作品需附有作品所有者个人或群体认可的文字、录音、录像或其他证明材料，无此等证明者不可申报。

（二）申报单格式和内容

申报单应按照联合国教科文组织非物质文化遗产申报指南附录中所要求的标准格式制作，申报单应包括下列内容：

1. 一个适合于这种文化表达的计划。包括参评作品的法律规范和在后十年中对该口头及非物质遗产的保护、保存、支持和使用的办法。这个行动计划要对所提出的措施和措施的执行提出完整的说明，并要充分考虑对传统的传播衍生机制的保护。

2. 协调行动计划与保护民间传统文化建议的预定措施之间以及和联合国教科文组织的宗旨之间关系的具体办法。

3. 使有关群体对他们自己的口头及非物质遗产进行保护和利用所要采取的措施。

4. 社区和（或）政府内监督其参评的口头及非物质遗产作品与申报的作品不会变更的监督机关名称。

申报作品相关的评选文件齐全。包括卡片、摄影、幻灯、录音、录像及其他有用材料。对作品要有分析说明，并备有完整的参考书目。

（三）评审团

总干事要在各成员国、非政府组织及秘书处提名的基础上每四年任命一个包括九名成员的评审团。这个评审团的工作方式由《联合国教科文组

织宣布人类口头及非物质遗产优秀作品国际评审团工作规则》来确定。

(四)评选标准

在评定工作中评审团及其专家们，把规则(附件1)中的第一条作为主要条件，即参选作品应该具备体现人类的创造天才的优秀作品的特殊价值。因此，为了让评审团注意到这一点，参评作品的特殊价值要从以下方面得到证实：

1. 或者是具有特殊价值的非物质文化遗产的集中体现。

2. 或者在历史、艺术、人种学、社会学、人类学、语言学及文学方面有特殊价值的民间传统文化表达。

3. 申报的文化空间或文化表达形式，为了能被联合国教科文组织宣布为人类口头及非物质遗产优秀作品，还必须符合《联合国教科文组织宣布人类口头及非物质遗产优秀作品国际评审团工作规则》的五项条件。因此，此申报的作品应该：

(1)表明其深深扎根于文化传统或有关社区文化历史之中。

(2)能够作为一种手段对民间的文化特性和有关的文化社区起肯定作用，在智力借鉴和交流方面有重要价值，并促使各民族和各社会集团更加接近，对有关的群体起到文化和社会的现实作用。

(3)能够很好地开发技能，提高技术质量。

(4)对现代的传统具有唯一见证的价值。

(5)由于缺乏抢救和保护手段，或加速的演变过程、或城市化趋势、或适应新环境文化的影响而面临消失的危险。

(五)参评作品的评审日程和评审程序

根据《联合国教科文组织宣布人类口头及非物质遗产优秀作品国际评审团工作规则》，总干事每四年的12月末任命新的9位评审团成员。

每两年的12月31日结束对一届参评作品的统计，12月31日以后收到的参评作品计入下一届评审。作品的申报表先由联合国教科文组织秘书处研究，然后递交由评审团和总干事指定的专家组进行审议。申报表和专家组的评审意见在当年的年底之前寄回秘书处。

评审团每隔两年的1月份集中开会，认定哪些文化空间或文化表达形式够条件被联合国教科文组织宣布为人类口头及非物质遗产的优秀作品。1月底之前评审团向总干事提交可由联合国教科文组织宣布的作品和两年后复审的作品的意见。

总干事每两年的2月份举行仪式宣布人类口头及非物质遗产优秀作品。

专家的评审报告递交给评审团作最后评审，评审团把决定性意见列入两个表中提交给总干事。一个表是建议由联合国教科文组织宣布为人类口头及非物质遗产优秀作品，另一个表所列的参评作品是建议在两年之后复审。

总干事根据评审团的建议宣布人类口头及非物质遗产优秀作品，所宣布的全部文化空间或文化表达形式列入一个名录表中，于公布的第二个月发表，这个名录表还发给会员国并公布于众。

评审团在实施代理业务中，不考虑参评人员的国籍、种族、性别、语言、职业、意识形态、宗教情况，但评审团可能要求非物质口头遗产的管理人员到场或征集他们的意见。

会员国或非政府组织的代表不应对他们国家或非政府组织提交的文化空间或文化表达形式的采纳发表意见，只能对向他们提出的问题提供补充信息。

如果有捐赠国或私人赞助商提供预算外的资金支持奖励活动的设立或赞助口头及非物质遗产的抢救、保护、弘扬活动，评审团可以在众多的文化空间或文化表达形式中挑选联合国教科文组织宣布为人类口头及非物质遗产优秀作品的优胜者。优胜者的评选标准根据创立的每个奖励活动或奖励金额确定。[①]

二、国家级非物质文化遗产名录的申报与评定

国务院办公厅为加强非物质文化遗产保护工作，规范国家级非物质文化遗产代表作的申报和评定工作，根据《中华人民共和国宪法》第二十二条“保护名胜古迹、珍贵文物和其他重要历史文化遗产”及相关法律、法规，制定了国家级非物质文化遗产代表作申报评定暂行办法。国家级非物质文化遗产代表作的申报评定工作由非物质文化遗产保护工作部际联席会议（以下“简称部际联席会议”）办公室具体实施。部际联席会议办公室要与各有关部门、单位和社会组织相互配合、协调工作。

（一）建立国家级非物质文化遗产代表作名录的目的

1. 推动我国非物质文化遗产的抢救、保护与传承；

2. 加强中华民族的文化自觉和文化认同，提高对中华文化整体性和历史连续性的认识；

3. 尊重和彰显有关社区、群体及个人对中华文化的贡献，展示中国人文传统的丰富性；

4. 鼓励公民、企事业单位、文化教育科研机构、其他社会组织积极参与非物质文化遗产的保护工作；

5. 履行《保护非物质文化遗产公约》，增进国际社会对中国非物质文化遗产的认识，促进国际的文化交流与合作，为人类文化的多样性及其可持续发展作出中华民族应有的贡献。

国家级非物质文化遗产代表作的申报项目，应是具有杰出价值的民间传统文化表现形式或文化空间；或在非物质文化遗产中具有典型意义；或在历史、艺术、民族学、民俗学、社会学、人类学、语言学及文学等方面具有重要价值。

（二）具体评审标准

① 参见联合国教科文组织《人类口头和非物质遗产代表作条例》，1998 年。

1. 具有展现中华民族文化创造力的杰出价值;

2. 扎根于相关社区的文化传统,世代相传,具有鲜明的地方特色;

3. 具有促进中华民族文化认同、增强社会凝聚力、增进民族团结和社会稳定的作用,是文化交流的重要纽带;

4. 出色地运用传统工艺和技能,体现出高超的水平;

5. 具有见证中华民族活的文化传统的独特价值;

6. 对维系中华民族的文化传承具有重要意义,同时因社会变革或缺乏保护措施而面临消失的危险。

(三)需采取的措施

申报项目须提出切实可行的十年保护计划,并承诺采取相应的具体措施,进行切实保护。这些措施主要包括:

1. 建档:通过搜集、记录、分类、编目等方式,为申报项目建立完整的档案;

2. 保存:用文字、录音、录像、数字化多媒体等手段,对保护对象进行真实、全面、系统的记录,并积极搜集有关实物资料,选定有关机构妥善保存并合理利用;

3. 传承:通过社会教育和学校教育等途径,使该项非物质文化遗产的传承后继有人,能够继续作为活的文化传统在相关社区尤其是青少年当中得到继承和发扬;

4. 传播:利用节日活动、展览、观摩、培训、专业性研讨等形式,通过大众传媒和互联网的宣传,加深公众对该项遗产的了解和认识,促进社会共享;

5. 保护:采取切实可行的具体措施,以保证该项非物质文化遗产及其智力成果得到保存、传承和发展,保护该项遗产的传承人(团体)对其世代相传的文化表现形式和文化空间所享有的权益,尤其要防止对非物质文化遗产的误解、歪曲或滥用。

(四)申报者及须提交的资料

公民、企事业单位、社会组织等,可向所在行政区域文化行政部门提出非物质文化遗产代表作项目的申请,由受理的文化行政部门逐级上报。申报主体为非申报项目传承人(团体)的,申报主体应获得申报项目传承人(团体)的授权。

省级文化行政部门对本行政区域内的非物质文化遗产代表作申报项目进行汇总、筛选,经同级人民政府核定后,向部际联席会议办公室提出申报。中央直属单位可直接向部际联席会议办公室提出申报。

申报者须提交以下资料:

1. 申请报告:对申报项目名称、申报者、申报目的和意义进行简要说明;

2. 项目申报书:对申报项目的历史、现状、价值和濒危状况等进行说明;

3. 保护计划:对未来十年的保护目标、措施、步骤和管理机制等进行说明;

4. 其他有助于说明申报项目的必要材料。

传承于不同地区并为不同社区、群体所共享的同类项目，可联合申报；联合申报的各方须提交同意联合申报的协议书。

部际联席会议办公室根据本办法第十条的规定，对申报材料进行审核，并将合格的申报材料提交评审委员会。

评审委员会由国家文化行政部门有关负责同志和相关领域的专家组成，承担国家级非物质文化遗产代表作的评审和专业咨询。评审委员会每届任期四年。评审委员会设主任一名、副主任若干名，主任由国家文化行政部门有关负责同志担任。

评审工作应坚持科学、民主、公正的原则。

评审委员会根据本办法第六条、第七条的规定进行评审，提出国家级非物质文化遗产代表作推荐项目，提交部际联席会议办公室。

部际联席会议办公室通过媒体对国家级非物质文化遗产代表作推荐项目进行社会公示，公示期 30 天。

部际联席会议办公室根据评审委员会的评审意见和公示结果，拟订入选国家级非物质文化遗产代表作名录名单，经部际联席会议审核同意后，上报国务院批准、公布。

国务院每两年批准并公布一次国家级非物质文化遗产代表作名录。

对列入国家级非物质文化遗产代表作名录的项目，各级政府要给予相应支持。同时，申报主体必须履行其保护计划中的各项承诺，按年度向部际联席会议办公室提交实施情况报告。

部际联席会议办公室组织专家对列入国家级非物质文化遗产代表作名录的项目进行评估、检查和监督，对未履行保护承诺、出现问题的，视不同程度给予警告、严重警告直至除名处理。①

参考题

1. 简述非物质文化遗产的概念与内涵。
2. 非物质文化遗产有哪些特性？
3. 简述非物质文化遗产类别划分。
4. 简述我国非物质文化遗产保护的法规和制度建设。
5. 我国非物质文化遗产保护采取了哪些行动措施？
6. 简述非物质文化遗产保护原则。

① 参见《国务院办公厅关于加强我国非物质文化遗产保护工作的意见》，2005 年。

第四章　物质文化遗产与非物质文化遗产的辩证关系

第一节　物质文化遗产与非物质文化遗产的共性

物质文化遗产和非物质文化遗产是人类文化遗产的两大组成部分，在称谓上，二者泾渭分明，在价值和意义方面，二者有着密切的联系，因而，在保护方法上既有共性，又存在差别。在文化遗产研究中，要首先搞清楚它们的相互关系，这不仅可以促进对物质文化遗产和非物质文化遗产的准确认识和深刻理解，更有利于有针对性地制定保护措施。

按照文化结构理论，文化被分为物质文化、精神文化、制度文化三种形态。何星亮认为文化可以分为三个层次，即表层文化、中层文化和深层文化。表层文化是以物质或物化形态表现的，它是外显的，是看得见、摸得着的；中层文化是以人的行为活动或行为化的方式表现的，虽然摸不着，但能看得见或听得见，如各种工艺和生产活动以及仪式、宗教、音乐、舞蹈、习俗等；深层文化是以人的意识形态表现的，它是无形的、内隐的，不易察觉的，它是蕴含在人的头脑中的宗教观念、价值观念、法律观念、审美观念及其他各种信仰。[①] 这一划分从空间上将文化划分为三层。[②] 从其划分来看，传统的物质文化遗产属于第一层次范畴，非物质文化遗产基本属于第二层次和第三层次，二者共存于人类的文化系统中。

物质文化遗产和非物质文化遗产在形态、保护方法、保护主体等方面存在很大的差别，但二者之间也存在着密切的联系。例如，很多媒体在报道非

---

① 参见何星亮《中国图腾文化》，中国社会科学出版社 1992 年版。

② 文化构成的划分一般有二分法、三分法和四分法等。二分法分为物质文化和精神文化；三分法分为物质文化、精神文化和工艺文化；还有物质文化、精神文化、制度文化；四分法认为文化可以分为物质文化、精神文化、制度文化和行为文化。

物质文化遗产时都提及了古琴艺术。古琴艺术于2001年入选联合国教科文组织人类口头与非物质文化遗产名录。在对古琴艺术的理解上,很多人认为既然古琴艺术属于非物质文化遗产,而古琴却是物质的,这又如何理解呢?这其中正涉及了物质文化遗产与非物质文化遗产的密切关系问题。

在文化遗产认定和保护的可操作实践中,科学说明"非物质文化"和与其密切相关的"物质文化"之间的联系,从而确认"非物质文化"所指的具体对象,是至关重要的。古琴乐器本身是物质的,而古琴的制作工艺、弹奏古琴的手法和技巧、口传心授的乐曲调式、传统记谱方式方法、演奏形式或仪式等等综合在一起形成的文化链接,才够得上是无形的非物质的。同样道理,剪纸作品是物质文化,但是,剪纸艺人的艺术传承和创作构思剪纸的技巧工艺则是无形的非物质文化。

在认识非物质文化遗产内涵时,争论的一个主要问题是物的隐喻和象征属不属于非物质文化遗产。很多学者认为,物的隐喻和象征属于非物质文化遗产,而一些学者认为物的隐喻和象征不属于非物质文化遗产。这个问题的争论从侧面说明了物质文化遗产和非物质文化遗产之间存在着密切的关系,如何正确理解这种关系是要继续探索和研究的问题。

物质文化遗产与非物质文化遗产的辩证关系表现在下面三个方面:其一,物质文化遗产与非物质文化遗产是文化遗产的两个组成部分,与物质文化遗产相比,非物质文化遗产更注重以人为载体的知识技能的传承。与故宫、长城等物质文化遗产不同,非物质文化遗产是以人为主线的活遗产,更注重的是技能、技术、知识的传承,蕴含着民族民间文化特有的精神价值、思维方式、想象力和文化意识。其二,物质文化遗产与非物质文化遗产相互依存、相互影响,非物质文化遗产促生物质文化,而物质文化中蕴含了非物质文化遗产。从理论上将文化遗产分为物质文化遗产和非物质文化遗产是可以的,但在具体认识中,两者又是交织在一起的,在保护工作中应该二者兼顾,不可顾此失彼。其三,物质文化遗产与非物质文化遗产共同承载着人类社会的文明,是世界文化多样性的体现。非物质文化遗产所蕴含的民族特有的精神价值、思维方式、想象力和文化意识,是维护文化身份和文化主权的基本依据,对一个地区或一个国家而言,二者相辅相成,缺一不可,它们构成一种文化的整体形态。

第二节　物质文化遗产与非物质文化遗产的差异

作为人类的文化创造,物质文化遗产和非物质文化遗产共同组成了人类文化遗产,二者共存于人们的生产生活中。虽然都是人类的文化创造,皆是人类的文化遗产,但二者之间在存在形态、表达方式等方面都存在很大差异。

首先,形态上的差异是二者最显著的差异,物质文化遗产是有形的,看得见、摸得着，能被触觉和视觉感知的。如长城，从东到西，绵延万里，人们可以登上长城感受其雄伟和壮阔，千年来，长城静静地卧在那里，不管人们留不留意，都是客观的物质形态存在。而非物质文化遗产是触摸不到的，不能被触觉所感知的。如古琴艺术、民歌艺术、舞蹈、民俗等，这些项目存在于人们的精神领域，我们能看到的是人们对这些艺术如何表演，当其不进行表演时，我们就看不到，而不是像长城那样的实体存在。有些非物质文化遗产也涉及一些物质，如古琴艺术涉及古琴，古琴是展示古琴艺术存在的借用物，但不是古琴艺术的实质内容，如何弹拨古琴及其演奏方法等才是非物质文化遗产，笔者认为古琴是古琴艺术存在的介质。

其次，保护方式上，二者也存在巨大差别。由于传统物质文化遗产是实体的存在，其可以通过博物馆收集、保护或保护区建设，或确定文物保护单位，划定保护区，增列历史文化名城等方法，可以使文物或遗产项目获得较为有效的保护。

作为人类创造的非物质文化遗产，在对其进行保护时，要充分考虑其作为人类文化创造的组成部分是人类生活方式的一部分，是活态的、不断发展的文化生态系统的构成部分。就不能像传统物质文化遗产保护那样，将遗产项目送入博物馆，或划定文化保护区。物质文化遗产保护要求的是原样保护，是“死”的保护；非物质文化遗产保护中还要使文化遗产项目继续发展，是一种“活”的保护。

再次，在保护主体上，物质文化遗产保护的是遗产本身及相关的存在环境。如故宫、泰山、殷墟遗址、平遥古城、丽江古城等文化遗产，对这些文化遗产保护时，其物质形态既是遗产本身，也是保护的主体，即可以实现遗产主体和保护主体的统一。而非物质文化遗产看不见，摸不到，其传承和延续靠的是人的接力，依托社会化个人的代代传承实现活态文化的传承。因此，要保护非物质文化遗产，就要保护好非物质文化遗产的特殊载体——社会化的人。如京剧艺术、年画、南音等非物质文化遗产，对这些非物质文化遗产进行保护时，首先确认其传承人，通过对其载体——传承人——的保护实现对非物质文化遗产保护。非物质文化遗产保护的遗产主体和保护主体不是同一的，而只有实现对其传承人保护才能实现对非物质文化遗产的保护，这是物质文化遗产和非物质文化遗产的重大区别之一。

最后，物质文化遗产是不可再生的，一旦消失就永远消失，具有不可再生性，不具有可恢复性。再如古建筑遗迹。2000 年，北京市东城区人民检察院指控被告人靳某于 2000 年 1 月 15 日 21 时许，在本市东城区天安门城楼驾驶白色昌河面包车，欲由北向南驶入长安街。当该车行至金水桥主桥北侧桥头时，撞上主桥北端拦挡行人的防护绳（绳子拴在桥北端东西两侧汉白玉栏杆上），绳子两端各两块汉白玉栏板被拉倒，形成粉碎性破坏。经北京市文物鉴定委员会现场勘察鉴定：桥北端东西两侧长度各约 4 米的汉白玉石柱、石栏板和抱柱石各一块全部损坏，残破断裂数十块，已无法修补继续使用，该委员会认为对全国重点文物保护单位的文物建筑造成了不可弥补的损失。

而非物质文化遗产不同于物质文化遗产，通过文献的记载和相关资料的借鉴，能够得以恢复，具有再生性。如山东寿光《齐民要术》研究会依据《齐民要术》的记载对黄河下游地区传统饮食文化进行了初步尝试性恢复。依据《齐民要术》记述的菜肴制作方法对记载的菜品进行了“古食今制”，试制了近 200 多道菜，冷、热、荤、素样样俱全。菜肴的烹饪方法恢复了《齐民要术》记载的饮食制作工艺的各种制法，如炙、炸、炒、煎、酱、腌、藏等多种制作方法。恢复试制各种宴席，有普通家宴、中档家宴、高档家宴，有春夏秋冬四季宴席，还有全鸡宴、全鸭宴、全鱼宴、全牛宴、全虾宴、全羊宴、豆腐席等等多种实例。这是对消亡的非物质文化遗产恢复迈出了探索性的一步，为复苏和保护非物质文化遗产，尤其是技艺类非物质文化遗产探索了一条新途径。虽说不同人对此会有不同认识，但不失为有益的尝试和探索。

物质文化遗产和非物质文化遗产是人类文化遗产的两大组成部分，二者之间的差异是显而易见的，而二者之间的辩证关系还需要在实践中进一步认识，尤其是在保护实践中，不能因为差异而将二者严格区别开来，不可将非物质文化遗产涉及的实物划在保护范围之外。

思考题

1. 非物质文化遗产与物质文化遗产的共性是什么？
2. 非物质文化遗产与物质文化遗产的差异是什么？

第五章　文化与自然双重遗产

第一节　“双遗产”的保存现状

“双遗产”是指兼具联合国教科文组织公布的文化遗产和自然遗产的双重标准。“自然遗产”是指具有科学、保护或美学价值的地质、物质、生物结构、濒危动物栖息地和自然资源保护区。根据《保护世界文化与自然遗产公约》，自然遗产从审美或科学角度看，具有突出的普遍价值，是由物质和生物结构或这类结构群组成的自然面貌；从科学或保护角度看，具有突出价值的地质和自然地理结构以及明确划为受威胁的动物和植物生境区；从科学、保护或自然美角度看，具有突出的普遍价值的天然名胜或明确划分的自然区域。自然遗产是靠地壳运动的力量生成的，并在当地环境、气候条件影响下形成的自然景色和物产地，其表现或为独特的自然景观，或埋藏有重要自然资源，或生长各类动植物，这些现象（或其中的几项）有机地结合在一起，构成富有特色的地理单元。当逐渐被人们发现和认识后，在此又赋予它们人文因素，使自然遗产和人文因素巧妙地融为一体，称之为“双遗产”。“双遗产”是人与自然和谐相处的结合点，在今天，不管是从人类文化还是自然资源或是自然景色都有重要价值和多重意义。因此，“双遗产”受到人们普遍关注，也成为联合国教科文组织和各拥有国加强保护的对象。

在我国，由于地域辽阔，地形、地貌起伏变化复杂，气候差异明显，所以分布在全国各地的自然遗产单元是很多的，而其中人文因素的内容也很丰富。而且人文因素与自然遗产有密切的关系，所以双遗产的文化内涵及表现形式也各有特色，加强对这类双遗产的保护也是遗产学界的重要使命。

截至 2007 年，中国共有世界文化与自然双遗产的项目 5 项，分别是泰山、黄山、武夷山、庐山、峨眉山和乐山大佛。为具体说明“双遗产”的面貌特点，我们对下列对象作具体介绍，以便发现更多的“双遗产”项目。

一、泰　山

中文名称：泰山

英文名称：Mount Taishan

批准时间：1987 年 12 月

遗产种类：自然与文化遗产

遗产遴选标准：泰山根据文化遗产和自然遗产遴选标准 C(Ⅰ)(Ⅱ)(Ⅲ)(Ⅳ)(Ⅴ)(Ⅵ)、N(Ⅲ)被列入《世界遗产名录》。

世界遗产委员会评价：庄严神圣的泰山，两千年来一直是帝王朝拜的对象，其山中的人文杰作与自然景观完美和谐地融合在一起。泰山一直是中国艺术家和学者的精神源泉，是古代中国文明和信仰的象征。

(一)概况

泰山以泰山主峰为中心。泰山主峰海拔 1545 米，气势雄伟磅礴，享有“五岳之首”、“天下第一山”的称号。泰山呈放射状分布，由自然景观与人文景观融合而成。泰山山体高大，形象雄伟。尤其是南坡，山势陡峻，主峰突兀，山峦叠起，气势非凡，蕴藏着奇、险、秀、幽、奥、旷等自然景观特点。泰山的人文景观，其布局重点从泰城西南祭地的社首山、蒿里山至告天的玉皇顶，形成“地府”、“人间”、“天堂”三重空间。岱庙是山下泰城中轴线上的主体建筑，前连通天街，后接盘道，形成山城一体。由此步步登高，渐入佳境，而由“人间”进入“天庭仙界”。

自古以来，中国人就崇拜泰山，有“泰山安，四海皆安”的说法。相传远古时即有 72 位君主来到泰山巡狩祭祀。秦始皇登峰遇雨，留下五大夫松的传说；汉武帝八至泰山，惊叹：“高矣！极矣！大矣！特矣！壮矣！赫矣！骇矣！惑矣！”古代历朝历代不断在泰山封禅和祭祀，并且在泰山上下建庙塑神，刻石题字。古代的文人雅士更对泰山仰慕备至，纷纷前来游历，作诗记文。泰山宏大的山体上留下了 20 余处古建筑群，2200 余处碑碣石刻。

泰山风景以壮丽著称。重叠的山势，厚重的形体，苍松巨石的烘托，云烟的变化，使它在雄浑中兼有明丽，静穆中透着神奇。

泰山日出是岱顶奇观之一，也是泰山的重要标志。另外，当云雾弥漫的清晨或傍晚，游人站在碧霞祠的山头上顺光看，可能看到缥缈的雾幕上，呈现出一个内蓝外红的彩色光环，将整个人影或头影映在里面，好像佛像头上方五彩斑斓的光环，所以被称为“佛光”或“宝光”。泰山佛光是一种光的衍射现象。据记载，泰山佛光大多出现在每年 6～8 月份的半晴半雾的天气里，而且是太阳斜照的时候才能偶然出现。

泰山还以石刻众多闻名天下，这些石刻有的是帝王亲自题写的，有的出自名流之手，大都文辞优美，书体高雅，制作精巧。泰山现存有石刻 1696 处，分为摩崖石刻和碑刻，既是记载泰山历史的重要资料，又是对泰山风景的精彩解读。

（二）文化遗产价值

泰山是黄河流域古代文化的发祥地之一。很早以前，泰山周围就被我们祖先所开发。据考古发现证实，有距今40万年前的沂源人和距今5万年前和新泰人进入新石器时代。大汶口文化和龙山文化遗存，夏商周遗存也比较丰富。战国时期，沿泰山山脉直达黄海边修筑了长约500千米的长城，今遗址犹存。泰山与孔子活动有关的景点有孔子登临处坊、望吴圣迹坊、孔子小天下处、孔子庙、瞻鲁台、猛虎沟等。泰山有“五岳之首”、“五岳独尊”的称誉。它是政权的象征，成为一座神圣的山。古代帝王登基之初，太平之岁，多来泰山举行封禅大典，祭告天地。据说，先秦时期有72代君主到泰山封禅，自秦汉至明清，历代皇帝到泰山封禅27次。皇帝的封禅活动和雄伟多姿的壮丽景色，吸引历代文化名人纷至泰山进行诗文著述，留下了数以千计的诗文刻石。如孔子的《邱陵歌》、司马迁的《封禅书》、曹植的《飞龙篇》、李白的《泰山吟》、杜甫的《望岳》等诗文，成为中国的传世名篇；天贶殿的宋代壁画、灵岩寺的宋代彩塑罗汉像都是稀世珍品；泰山的石刻、碑碣，集中国书法艺术之大成，真草隶篆各体俱全，颜柳欧赵各派毕至，是中国历代书法及石刻艺术的博览馆。泰山文化遗产极为丰富，现存古遗址97处，古建筑群22处，对研究中国古代建筑史提供了实物资料。

泰山的宗教文化发祥久远，佛教于公元4世纪中期传入泰山。公元351年高僧朗公首先到泰山岱阴创建了朗公寺和灵岩寺。魏晋南北朝时期，泰山较大的寺院有谷山玉皇寺、神宝寺、普照寺等。著名的泰山经石峪是北齐人所刻的佛教经典《金刚经》。唐宋时，灵岩寺极为鼎盛，唐宰相李吉甫把泰山灵岩寺称为天下“四绝”之一。泰山道教早在战国时就有方士隐居岱阴岩洞；秦汉后祠庙林立，保留至今的有王母池（群王庵）、老君堂、斗母宫（龙泉观）、碧霞祠、后石坞庙、元始天尊庙等。其中以王母池为最早，创建于公元220年以前。以碧霞祠影响最大，泰山是王母娘娘神话传说的发祥地，早在魏晋时期就建有王母池道观。王母池位于泰山南麓环山路东首，古称“群玉庵”，又名“瑶池”。三国魏曹植有“东过王母庐”的诗句，唐李白有“朝饮王母池”的吟咏。

（三）自然遗产价值

泰山的形成，历经了自太古代至新生代各个地质时代的演变过程。泰山运动形成了巨大的山系，燕山运动奠定了泰山的基础，喜马拉雅山运动造就了泰山的雄伟和今日泰山的总体轮廓。泰山有丰富的地壳运动遗迹，具有世界意义的地质科学研究价值。泰山地区的寒武纪片麻岩群是华北台地的基底，地层剖面出露齐全，化石丰富，保存完好。泰山杂岩有20亿年的历史，是世界最古老的岩石之一，对研究中国东部太古代地层的划分、对比以及太古代历史的恢复，均具重要意义。泰山西北麓张夏、崮山、炒米店一带的灰岩和砂页岩发育典型，是古生物许多种属的命名地或模式标本原产地。

泰山南部在太古界岩层上裂隙泉分布甚广，从岱顶至山麓，泉溪争流，山高水长。泉水甘冽透明，“性寒而沉，味甘而润，有清心明目、止烦润肠及利二便和轻身延年之功效”，古人称为“泰山神水”。泰山北部，中上寒武系和奥陶系石灰岩岩层向北倾斜，地下水在地形受切割处出露成泉，从锦绣川向北星罗棋布。北麓丘陵边缘地带，岩溶水向北潜流，受地层辉长岩的堵截，纷纷涌露，使古城济南成为“家家泉水，户户垂杨”的泉城。

泰山地貌分为冲洪积台地、剥蚀堆积丘陵、构造剥蚀低山和侵蚀构造中低山四大类型，在空间形象上，由低而高，造成层峦叠峰、凌空高耸的巍峨之势，形成多种地形群体组合的地貌景观。泰山位于华北大平原的南北通道与黄河中下游的东西通道交叉枢纽之侧，这一独特的地理位置对泰山影响的扩大及其文化的弘扬，起了极为重要的作用。

泰山有丰富的生物资源，植被覆盖率达 80%，从山麓拾级而上，可依次见到落叶林、阔叶针叶混交林、针叶林、高山灌木草丛，林带垂直界线分明，植被景观各异。现有种子植物 144 科，989 种，其中木本植物 72 科 433 种，草本植物 72 科 556 种，药用植物 111 科 462 种。

泰山的古树名木，源于自然，历史悠久，据《史记》载：“茂林满山，合围高木不知有几”，现有 34 个树种，计万余株。它们与泰山历史文化的发展紧密相连，是古老文明的象征，其中著名的有“汉柏凌寒”、“挂印封侯”、“唐槐抱子”、“青檀千岁”、“六朝遗相”、“一品大夫”、“五大夫松”、“望人松”、“宋朝银杏”、“百年紫藤”等，每一株都是历史的见证，历经风霜，成为珍贵的遗产。

泰山的四季更是别具风味：

春回大地，万物更生。泰山上下“松拱一天翠，草生万壑青”，泰岱春晓的美景吸引着无数中外游人前来踏青赏春：红的桃花、白的杏花、金黄的迎春柳和连翘花缀满枝头；西溪两岸的刺槐花自下而上次第开放，花白如絮，花香袭人；岱顶大片的湖北海棠绽开蓓蕾，整座泰山成了花的海洋。

夏季的泰山，层层林海掩在茫茫的云雾之中，一旦天气放晴，满山青翠欲滴，万壑千峰，处处流溢着蓬勃的生命力。每当微风乍起，对松山一带松涛阵阵，有如天籁。难怪乾隆帝有“岱宗最佳处，对松真绝奇”的咏叹。

秋天，是泰山色彩最丰富的季节。远远望去，层林尽染：黄栌、五角枫、花楸叶红似火；银杏、紫椴叶黄如金；松柏不凋，依然青翠；栎树、水榆、槲树尽管色彩不那么鲜艳，却也给泰山的秋色增加了层次；卫矛在松柏的衬托下，万绿丛中一点红；与卫矛相媲美的藤本爬山虎，在夏季里曾不露声色，可到了深秋却突然调子高昂，或红满一石，或紫盈一沟。造化就像是大手笔的浓彩国画，把泰山妆扮得分外妖娆。

泰山的冬天别有一番韵味。不凋的松柏顶风冒雪傲然屹立在山巅，挺拔的竹林给泰山抹上了一团团翠绿。遇上雪后初霁，那景致更是妙不可言，整座大山银装素裹，色彩斑斓：绿树、红墙、黄瓦、白雪，还有那份难得的清新和宁静，置身其中，使人心旷神怡。[①]

二、黄 山

中文名称：黄山
英文名称：Mount Huangshan
批准时间：1990 年
遗产种类：自然与文化遗产

遗产遴选标准：黄山于 1990 年根据文化遗产和自然遗产遴选标准 C(Ⅱ)、N(Ⅲ)(Ⅳ)被列入《世界遗产名录》。

世界遗产委员会评价：黄山，在中国历史上文学艺术的鼎盛时期(公元 16 世纪中叶的“山水”风格)曾受到广泛的赞誉，以“震旦国中第一奇山”而闻名。今天，黄山以其壮丽的景色——生长在花岗岩石上的奇松和浮现在云海中的怪石——而著称。对于从四面八方来到这个风景胜地的游客、诗人、画家和摄影家而言，黄山具有永恒的魅力。

(一)概况

黄山位于中国东部安徽省南部，南北约 40 公里、东西宽约 30 公里，面积约 1200 平方公里，其中精华部分为 154 平方公里，号称“五百里黄山”。

黄山处于亚热带季风气候区内，由于山高谷深，气候呈垂直变化。同时由于北坡和南坡受阳光的辐射差大，局部地形对其气候起主导作用，形成云雾多、湿度大、降水多的气候特点。主峰莲花峰，海拔 1864 米。山中的温泉、云谷、松谷、北海、玉屏、钓桥六大景区，风光旖旎，美不胜收。

黄山原称“黟山”，因传说中华民族的始祖轩辕黄帝曾在此修炼成仙，唐天宝六年(公元 747 年)六月十六日改现名，这一天还被唐玄宗钦定为黄山的生日。黄山以其奇伟俏丽、灵秀多姿著称于世。这里还是一座资源丰富、生态完整、具有重要科学和生态环境价值的国家级风景名胜区和疗养避暑胜地，自然景观与人文景观俱佳。

黄山集中国各大名山的美景于一身，尤其以奇松、怪石、云海、温泉“四绝”著称，是大自然造化中的奇迹，历来享有“五岳归来不看山，黄山归来不看岳”的美誉。

(二)文化遗产

黄山与宗教有密切的关系，唐代道教旧籍中，关于轩辕黄帝和容成子、浮丘公来山炼丹、得道升天的仙道故事，流传千年，影响深广。至今还留下与上述神仙故事有关的许多峰名，如轩辕峰、浮丘峰以及炼丹、仙人、上升、仙都、道人、望仙诸峰。黄山之名，亦与黄帝炼丹之说有关。道教在黄山建立较早的道观有浮丘观、九龙观等。宋末道士张尹甫在黄山修炼，创建松谷道场。明末以后，全山范围内，已无数教活动的踪迹。据《黄山图经》记载，

① 参见《泰山》，载国家文物局网站(www.sach.gov.cn)。

佛教早在南朝刘宋时就传入黄山，历代先后修建寺院近百座。寺庙之中，祥符寺、慈光寺、翠微寺和掷钵禅院，号称黄山“四大丛林”。黄山历代释徒中，能诗善画者多，著名的有：唐代岛云，明代海能、弘智、音可、元则、王寅，清代大均、大涵、檗庵、渐江、雪庄等，都有作品传世。

黄山伟大的自然美，使无数诗人、画家和其他艺术家为之赞叹和陶醉，产生出无法抑制的创作激情，留下了不可胜数的艺术作品。从盛唐到晚清的1200年间，仅就赞美黄山的诗词来说，现在可以查到的就有两万多首。黄山艺术作品的体裁和内容都十分丰富。它们从各个侧面发掘体现并充实了黄山的美，是祖国艺术宝库中的灿烂花朵。就诗文而言，李白、贾岛、范成大、石涛、龚自珍、黄炎培、董必武、郭沫若、老舍等都有不少佳作流传于世。散文中，徐霞客的《游黄山日记》、袁牧的《游黄山记》、叶圣陶的《黄山三天》、丰子恺的《上天都》等都体现了黄山的绝美秀丽的风姿。另外，黄山的故事传说也不胜枚举，如《黄帝炼丹》、《李白醉酒》、《仙人指路》、《仙女绣花》等广为传颂。尤其以体现黄山俊美恬静的黄山画派，更是成为黄山文化的一颗璀璨明珠。黄山画派的大师们不断从黄山山水中吸取养分，丰富自己的艺术创作。他们以凝重简练的笔墨、明快秀丽的构图和清高悲壮的风格、深沉宏达的旨意，在画坛独树一帜。黄山哺育了各个时代的许多艺术家，艺术家们又赋予黄山以艺术的生命。

（三）自然遗产

黄山经历了漫长的造山运动和地壳抬升以及冰川的洗礼和自然风化作用，才形成其特有的峰林结构。黄山号称有“三十六大峰，三十六小峰”，主峰莲花峰海拔高达1864米，与平旷的光明顶、险峻的天都峰一起，雄踞景区中心，周围还有77座千米以上的山峰，群峰叠翠，有机地组合成一幅有节奏旋律、波澜壮阔、气势磅礴的立体画面。

山体主要由燕山期花岗岩构成，垂直节理发育，侵蚀切割强烈，断裂和裂隙纵横交错，长期受水溶蚀，形成瑰丽多姿的花岗岩洞穴与孔道，使之重岭峡谷，关口处处，全山有岭30处、岩22处、矼7处、关2处。前山岩体节理稀疏，岩石多球状风化，山体浑厚壮观；后山岩体节理密集，多是垂直状风化，山体峻峭，形成了“前山雄伟，后山秀丽”的地貌特征。

黄山有丰富的第四纪冰川遗迹，主要分布在前山的东南部。典型的冰川地貌有：苦竹溪、逍遥溪，为冰川移动刨蚀而成的“U”形谷；眉毛峰、鲫鱼背等处是两条“V”形谷和刨蚀残留的刀脊；天都峰顶是三面冰斗刨蚀遗留下来的角峰；百丈泉、人字瀑为冰川谷和冰川支谷相汇成的冰川悬谷；从逍遥溪到汤口、乌泥关、黄狮垱等河床阶地中，分布着冰川搬运堆积的冰碛石；传为轩辕黄帝炼丹用的“丹井”、“药臼”，也是由冰川作用形成的冰臼。

黄山是钱塘江和长江两大水系的分水岭，水资源十分丰富，自中心向四周放射状分布着众多的山涧沟谷，其中大谷36条，形成36源，汇入24溪，以桃花、云门二峰为界，分别流入新安江、钱塘江和青弋江、长江。黄山高差大，山水迸泻，形成飞瀑，悬垂如练，溅珠喷玉，构成黄山最积极、最有生命力的景观，著名的有“人字瀑”、“百丈泉”和“九龙瀑”，此外已命名的潭 20 处、泉 15 处、池 9 处。

黄山自然环境条件复杂，生态系统稳定平衡，植物垂直分带明显，群落完整，还保存有高山沼泽和高山草甸各一处，是绿色植物荟萃之地，森林覆盖率为 56%，植被覆盖率达 83%。黄山野生植物有 1452 种，其中属国家一类保护的有水杉，二类保护的有银杏等 4 种，三类保护的 8 种；有石斛等 10 个物种属濒临灭绝的物种，6 种为中国特有种，黄山特有两种；首次在黄山发现或以黄山命名的植物有 28 种，尤以名茶“黄山毛峰”、名药“黄山灵芝”驰名中外。黄山古树名木众多，以古、大、珍、奇、多著称于世，又以黄山松最负盛名。

黄山还是动物憩息和繁衍的理想场所，已知的有鱼类 24 种、两栖类 20 种、爬行类 38 种、鸟类 170 种（隶属 17 目 40 科）、脊椎动物 300 种，主要珍禽异兽有白颈长尾雉、猕猴、短尾猴、梅花鹿、野山羊、云豹、八音鸟、白鹇鸟、相思鸟等。

“自古黄山天下奇”，“黄山之奇，信在诸峰；诸峰之奇，信在松石；松石之奇，信在拙古；云雾之奇，信在铺海”。横空峰峦，浩渺云烟，奔泻飞瀑，嶙峋巧石，奇特青松，无不展现着黄山的壮美风姿。

奇松：松是黄山最奇特的景观，百年以上的黄山松就数以万计，多生长于岩石缝隙中，盘根错节，傲然挺拔，显示出极顽强的生命力，已命名的多达近百株，玉女峰下的迎客松更成为黄山的象征。

怪石：黄山险峰林立，危崖突兀，峰脚直落谷底，山顶、山腰和山谷等处广泛分布着花岗岩石林和石柱，巧石怪岩犹如神工天成，形象生动，构成一幅幅绝妙的天然图画，其中有名可数的有 120 多处，著名的有“松鼠跳天都”、“猴子望太平”等。

云海：“自古黄山云成海”，黄山是云雾之乡，以峰为体，以云为衣，其瑰丽多姿的“云海”以美、胜、奇、幻享誉古今，尤其是雨雪后的初晴，日出或回落时的“霞海”最为壮观。怪石、奇松、峰林飘浮在云海中，忽隐忽现，置身其中，犹如进入梦幻境地，飘飘欲仙，可领略“海到尽头天是岸，山登绝顶我为峰”的境界。

温泉：黄山温泉，古称“灵泉”、“汤泉”、“朱砂泉”，由紫云峰下喷涌而出，与桃花峰隔溪相望，传说轩辕黄帝就是在此沐浴七七四十九日羽化升天的。温泉中含有多种对人体有益的微量元素。水质纯正，温度适宜，可饮可浴。唐代诗人贾岛曾发出“遐哉哲人逝，此水真吾师”的感慨。[①]

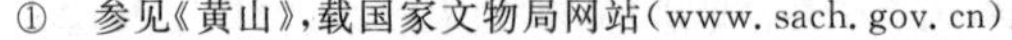

① 参见《黄山》，载国家文物局网站（www.sach.gov.cn）。

三、峨眉山和乐山大佛

中文名称：峨眉山和乐山大佛

英文名称：Mt. Emei and Leshan Giant Buddha

批准时间：1996 年 12 月

遗产种类：文化与自然双重遗产

遗产遴选标准：峨眉山和乐山大佛根据文化遗产和自然遗产遴选标准 C（Ⅳ）（Ⅵ）、N（Ⅳ）被列入《世界遗产名录》。

世界遗产委员会评价：公元 1 世纪，在四川省峨眉山景色秀丽的山巅上，落成了中国第一座佛教寺院。随着四周其他寺庙的建立，该地成为佛教的主要圣地之一。许多世纪以来，文化财富大量积淀。其中最著名的要属乐山大佛，它是 8 世纪时人们在一座山岩上雕凿出来的，仿佛俯瞰着三江交汇之所。佛像身高 71 米，堪称世界之最。峨眉山还以其物种繁多、种类丰富的植物而闻名天下，从亚热带植物到亚高山针叶林可谓应有尽有，有些树木树龄已逾千年。

（一）概况

峨眉山，又称“大光明山”，位于中国西部四川省的中南部，四川盆地向青藏高原过渡地带，主峰金顶的最高峰万佛顶，海拔 3099 米。峨眉山以优美的自然风光和神话般的佛国仙山而驰名中外，美丽的自然景观与悠久的历史文化内涵完美结合，相得益彰，享有“峨眉天下秀”的赞誉。

峨眉山处于多种自然要素的交汇地区，这里区系成分复杂，生物种类丰富，特有物种繁多，保存有完整的亚热带植被体系，森林覆盖率达 87%。峨眉山有高等植物 242 科，3200 多种，约占中国植物总数的 1/10，其中仅产于峨眉山或在峨眉山发现，并以峨眉定名的植物就达 100 余种。此外，峨眉山还是多种稀有动物的栖居地，已知动物 2300 多种。这里是研究世界生物区系等具有特殊意义问题的重要区域。

峨眉山是“中国佛教四大名山”之一。佛教的传播、寺庙的兴建和繁荣，为峨眉山增添了许多神奇色彩。宗教文化特别是佛教文化，构成了峨眉山历史文化的主体，所有的建筑、造像、法器以及礼仪、音乐、绘画等无不展示出宗教文化的浓郁气息。峨眉山上寺庙林立，其中以报国寺、万年寺等“金顶八大寺庙”最为著名。

乐山大佛位于峨眉山东麓的栖鸾峰，古称“弥勒大像”、“嘉定大佛”，始凿于唐代开元初年（公元 713 年），历时 90 年才得以完成。佛像依山临江开凿而成，是世界现存最大的一尊摩崖石像，有“山是一尊佛，佛是一座山”的称誉。大佛为弥勒坐像，坐东向西，面相端庄，通高 71 米。雕刻细致，线条流畅，身躯比例匀称，气势恢弘，体现了盛唐文化的宏大气派。佛坐南北的两壁上，还有唐代石刻造像 90 余龛，其中亦不乏佳作。

（二）申请加入世界遗产名录的理由

峨眉山(包括乐山大佛)以其特殊的地理位置,雄秀神奇的自然景观,典型的地质地貌,保护完好的生态环境,特别是地处世界生物区系的结合和过渡地带,拥有丰富的动植物资源,具有明显的区域性特点,珍稀濒危物种繁多。近两千年来,创造和积累了以佛教为主要特征的丰富文化遗产。峨眉山的自然和文化遗产具有很高的历史、美学、科研、科普和游览观光价值,是全人类的共同财富。

1. 峨眉山在中国名山中的地位

以自然风光优美、佛教文化浓郁而驰名中外的峨眉山,以其“雄、秀、神、奇”的特色雄踞于中国名山之列,并为其中佼佼者。

雄:高大的形体,雄伟的气势,引起崇高的美感。峨眉山在四川盆地西南缘平地拔起,最高峰万佛顶海拔 3099 米,相对高差 2600 米,与五岳中最高的华山相比,仍高出 1000 多米,所以历代称之“高凌五岳”。峨眉主峰三峰并立,直指蓝天,气势磅礴。登临金顶,极目眺望,或群山叠叠,或云海茫茫,变幻无穷,令人心旷神怡。

秀:峨眉山处于多种自然要素交汇地区,植物垂直带谱明显,植物种类繁多,类型丰富,植被覆盖率高达 87%以上。山中峰峦叠嶂,林木繁茂,郁郁葱葱。山体轮廓优美,线条流畅,景色多姿多彩。在天下各大名山中,其繁茂的植被景观,堪称第一。

神奇:峨眉山这个“普贤道场”的佛门圣地,浓郁的佛教文化色彩使它笼罩在一片神秘的宗教气氛之中。而神话传说以及戏剧、诗歌、音乐、绘画、武术等的渲染与传播,使这座佛国仙山的神奇色彩更加虚幻莫测。在漫长的历史长河中,峨眉山的佛教文化、寺庙建筑与自然景观有机地巧妙地融合在一起,这在中国名山中实为首屈一指。峨眉山奇特的气象景观如金顶的云海、日出、佛光、圣灯、朝晖、晚霞以及雷洞烟云、洪椿晓雨、大坪霁雪、雨湘雾湘等,千变万化,绚丽多彩,堪为中国名山之首。

峨眉山雄秀神奇的自然景观与悠久的历史文化内涵有机地融为一体,相得益彰,给人们美的享受与熏陶,使之成为人们崇拜与讴歌的对象而名扬天下。

2. 峨眉山具有独特的地质特征

峨眉山保存了从前寒武纪以来比较完整的沉积地层,为研究地壳及生物演进历史提供了难得的地质史料:岩浆侵入与喷溢所产生的侵入岩与火山岩,为研究上地幔的深部作用过程、岩石圈的拉张破裂、地壳的动定转化,提供了典型的实例;燕山运动、喜马拉雅运动所产生的复杂的地壳构造变形,又为研究地壳的表层构造,提供了充分的依据。

同时,新构造运动,在峨眉山地质构造背景上所产生的雄伟壮观,类型多样的现代地貌,为生物类群的滋生繁衍和别具一格的中—高山地生态王国的建立提供了先决条件。这些背景和条件形成的有机统一的演绎整体,造就了峨眉山的美学形象、科学内涵和在世界山岳型风景区中独领风骚的特殊地位。

3. 峨眉山具有丰富多彩的植物种类和亚热带典型的植被类型

峨眉山的植物在世界上有着独特的地位，具有世界意义，特别表现在：

(1)峨眉山具有世界上最典型、保存最好的亚热带植被类型。峨眉山具有原始的、完整的亚热带森林垂直带，从山麓的常绿阔叶林，向上依次见到常绿阔叶与落叶阔叶混交林，针阔混交林至暗针叶林。

(2)植物种类异常丰富。在这样特殊、多样的森林中生长着已知的高等植物 242 科，3200 种以上。对于仅有 154 平方公里的山体来说，在世界上是独特的，甚至在全世界亚热带也是绝无仅有的。伴随着多样的植被类型和丰富的植物种类，动物种类也是极其丰富的。

(3)原始和特有种十分繁多。其中特有的高等植物有 100 多种。古老而濒危的植物种类数目很大，被国家首批列为保护的植物就达 31 种。

峨眉山的植物区系处于中国—喜马拉雅亚区和中国—日本亚区过渡地带，对研究世界生物系等有着重要地位。

4. 峨眉山是动物物种的基因库

峨眉山的动物正处于古北界和东洋界的过渡地带而较接近东洋界的特殊地区，其特征十分显著和典型：区系复杂、类型齐全、种类丰富，是世界上罕见的集中分布区；分布呈明显的区域性，水平、垂直分带明晰，既有东亚类群，也有南亚类群，还有高原类群；具有“四多”的特点，即古老珍稀濒危的物种多，特有种多，模式种多，东洋区系物种多；古老珍稀的物种有效保存至今，保留了原始的生态，是现存的较好动物基因库，有较高的科研价值和特殊的保护意义。

5. 峨眉山具有丰富的历史文化和佛教文化遗存

峨眉山有着悠久的人文历史。据现有考古资料表明，早在 1 万年以前，这一区域内已有古代先民的活动。进入文明社会，有文献、史迹可考的人文历史已有两千多年。在如此漫长的历史时期，古代先民创造了光辉的历史文化，留下了丰富的历史遗产。佛教的传入，寺庙的兴建和繁荣，又使峨眉山这座雄而秀的“蜀国仙山”增添了神奇的色彩；宗教文化——特别是佛教文化，构成了历史文化的主体。所有的建筑、造像、法器、礼仪、音乐、绘画等无不展示出宗教文化的浓郁气息和鲜明色彩。

寺庙的建筑艺术是峨眉山佛教文化的突出体现，它与这座“秀甲天下”的名山的自然环境与景观融为密不可分的整体，成为风景明珠。全山现有寺庙 30 余处(其中规模大、历史悠久的主要寺庙十余处)。建筑富有地方传统民居风格，装修典雅，朴实无华，因地制宜，依山就势，各具特色，无论选址、设计和营造都别具匠心，既有庙堂之严，又富景观之美。其技艺之高，堪称中国名山风景区寺庙建筑艺术的典范。

峨眉山丰富的历史文化遗存和佛教文物在中国其他风景名山中是罕见的，它是峨眉山悠久历史文化的结晶和瑰宝，其中有不少佛教文物和寺庙建筑对研究峨眉山佛教的兴盛演变以及整个佛教史都是非常珍贵的资料和佐证。

乐山大佛以人文遗产精粹和自然遗产的有机结合为特色，山水交融。景区 2.5 平方公里范围内，国家一级保护文物 2 处，二级保护文物 4 处，与中国历史文化名城——乐山城——隔江相望，堪称得天独厚。景区以唐代摩崖造像——大佛——为中心，有秦、汉、唐、宋至明清的佛像、宝塔、寺庙、墓葬等遗迹，是两千年历史的博物馆。中国历代名人有关的文化遗存十分丰富、独特，文物馆藏丰富，其中有不少是国内外罕见的稀世珍品。

（三）文化遗产价值

雄秀神奇的峨眉山，千百年来以其独具特色的魅力，吸引着无数的信众、香客、文人、学者和僧人前来游山礼佛、说法传经、赋诗作画、述文记游，创造了璀璨的峨眉山文化，闻名海内外。

公元 1 世纪中叶，佛教经南丝绸之路由印度传入峨眉山，药农蒲公在今金项创建普光殿。公元 3 世纪，普贤信仰之说在山中传播，中国僧慧持在观心坡下营造普贤寺（今万年寺）。6 世纪中叶，世界佛教发展重心逐步由印度转向中国，四川一度成为中国佛教禅宗的中心，佛寺的兴建便应运而生，历史上寺庙最多时曾多达 100 多座。公元 8 世纪，禅宗独盛，全山禅宗一统。9 世纪中叶，宋太祖赵匡胤派遣以僧继业为首的僧团去印度访问。回国后，继业来山营造佛寺，译经传法，铸造重 62 吨、高 7.85 米的巨型普贤铜佛像供奉于今万年寺内，成为峨眉山佛像中的精品，文化、艺术价值极高。千百年来，峨眉山这个佛门圣地便以“普贤道场”之名，与山西五台山、浙江普陀山、安徽九华山并称为中国佛教四大名山蜚声中外。

在漫长的历史岁月中，峨眉山不仅积累了丰富的佛教文化瑰宝，也遗存了大量珍贵的文物。景区内现存寺庙 30 余处，建筑面积 10 万余平方米，它们都各具特色，富有个性。其中飞来殿、万年寺无梁砖殿均为国家级保护单位。佛教文物品类繁多，其中高 5.8 米，7 方 14 层，内外铸全本《华严经》文和佛像 4700 余尊的华严铜塔、万年寺明代铜铸佛像以及明代暹罗国王所赠《贝叶经》等都是稀世珍宝。峨眉山现有文物古迹点 164 处，寺庙及博物馆藏品 6890 多件，其中属于国家定级保护的文物 850 多件，它们都具有不同的历史、文化和艺术价值。

中国武术有着悠久的传统，起源于佛门中的禅修功，吸收了道家的动功，以及军旅中的攻防战技，衍生成中国武术中三大流派之一的峨眉派，流传至今。

作为“佛门圣地”、“天下名山”的峨眉山，历来与名人学士、墨客骚人的咏赞、记述和传播有着密切关系。著名诗人李白、苏东坡留下不少赞美峨眉山的诗篇，至今脍炙人口。在二峨山（古绥山）下不远处的沙湾镇，有现代文豪郭沫若的故居。郭沫若写下了不少颂峨眉的诗篇，堪称峨眉诗人。他所书写的“天下名山”题名，已成稀世珍品。

乐山大佛，位于峨眉山东麓的凌云山栖弯峰，濒岷江、大渡河、青衣江三江汇流处。佛像是 8 世纪初一座依山凿成的弥勒坐佛造像，建造历时 90 年。

佛像通高71米,坐身高59.96米,为世界最高弥勒石刻大佛。大佛背负九项山,面向三江汇流,刻工线条流畅,比例匀称,庄严肃穆。佛坐南北两壁,尚有唐代石刻造像90余处,其中"净土变"龛、"三佛"宝堪称艺术佳品,极具艺术价值。

乐山大佛景区内有秦离堆,汉崖墓,唐代佛、塔、寺,宋代抗元九顶城等古迹,人文景观密集,且与自然景观融为一体,交相辉映。

(四)自然遗产价值

峨眉山保存了从前寒武纪以来比较完整的沉积地层,为研究地壳及生物演化历史提供了难得的地质史料;燕山运动、喜马拉雅运动所产生的复杂的地壳构造变形,又为研究地壳的表层构造提供了充分的依据。同时,新构造运动在峨眉山地质构造背景上所产生的雄伟壮观、类型多样的现代地貌,为生物类群的滋生繁衍和别具一格的中、高山地生态系统的建立提供了先决条件。

峨眉山处于多种自然要素的交汇地区,区系成分复杂,生物种类丰富,特有种繁多,保存有完整的亚热带植被的垂直带谱,从山麓向上依次为常绿阔叶林、落叶常绿阔叶混交林、针阔叶混交林和暗针叶林,森林覆盖率达87%。峨眉山有高等植物242科,3200多种,约占中国植物总数的1/10,仅产于峨眉山或首次在峨眉山发现,并以峨眉定名的植物达100余种,首批被国家列为保护植物的有珙桐、桫椤、银杏、独叶草、连香树、领春木等31种。第三纪以前延续下来的、保持一定原始形状的古老种类,如木兰、木莲、木樨、含笑、万寿竹、石楠、铁杉、五味子等,是与北美相对立的间断分布类群,具有极高的科研和保护价值。

峨眉山的动物区系复杂,种类丰富,古老、珍稀、濒危、渐危的物种多,特有种多,模式种多,是天然的动物种质基因库。已知动物2300多种,其中兽类51种,鸟类256种,爬行类34种,两栖类33种,昆虫类1000多种,鱼类60种,小熊猫、林麝、短尾猴、苏门羚、白鹇、白腹锦鸡、灰斑角雉及胡子蛙、弹琴蛙、古叶蝶等珍稀特产和以峨眉山为模式产地的有157种,对研究世界生物区系等具有重要地位和特殊保护意义。

峨眉山药用植物具有种类繁多、种类成分复杂、珍稀品种多、特产品种多的特点。仅据近半个世纪以来的考察研究,品种已由1952年的207种增至1995年的2050种。这些药用植物分属212科,其中属双子叶植物的有129科、1225种,相对集中在双子叶纲之中。常为人们乐求的有朱砂莲、峨眉黄连、峨三七、天麻、老鹳草、冬虫夏草、峨眉黄柏、峨参、雪胆、佛掌参等。

晴空万里时,白云从峨眉山千山万壑冉冉升起,光洁厚润,无边无涯。佛家把云海称作"银色世界"。峨眉云海,是由低云组成,峰高云低,云海中浮露出许多岛屿,云腾雾绕,宛若佛国仙乡;白浪滔滔,这些岛屿化若浮舟,又像是"慈航普渡"。诗人赵朴初诗"天著霞衣迎日出,峰腾云海作舟浮",是这一景致的绝妙写照。

峨眉山高立在四川盆地的西部边缘，鸟瞰纵横千里的“天府平原”，登山观日出，视野开阔，涤荡胸襟，深悟人与自然之情。伴随着旭日东升，朝霞满天，万道金光射向大地，峨眉山宛似从头至脚逐渐披上金色的大氅，呈现出全部的秀美身姿。北宋诗人苏东坡咏道：“秋风与作云烟意，晓日令草木姿。”

佛光，又称“峨眉宝光”。佛家称为普贤菩萨眉宇间放出的光芒。实际上，佛光是光的自然现象，是阳光照在云雾表面所起的衍射和漫反射作用形成的。夏天和初冬的午后，摄身岩下云层中骤然幻化出一个红、橙、黄、绿、青、蓝、紫的七色光环，中央虚明如镜。观者背向偏西的阳光，有时会发现光环中出现自己的身影，举手投足，影皆随形，奇者，即使成千上百人同时同址观看，观者也能只见己影，不见旁人。谭钟岳诗云：“非云非雾起层空，异彩奇辉迥不同。试向石台高处望，人人都在佛光中。”

金项无月的黑夜，摄身岩下有时忽见一光如萤，继而数点，渐至无数，在黑暗的山谷飘忽不定，佛家称为“圣灯”，飘浮的神灯像是“万盏明灯朝普贤”。释心诚《圣灯》诗云：“飞自峭崖东，飘来点点红。回翔分远近，掩映入空蒙。焰冷千年火，光摇半壁风。夜深人静后，挂满梵王宫。”明人尹伸《圣灯》诗亦云：“旷望不辞夜，灯从上界传。流光时渡壑，焰影欲连天。只评繁星坠，还从法力圆。迷云开暗谷，处处见金仙。”①

四、武夷山

中文名称：武夷山

英文名称：Mount Wuyi

批准时间：1999 年 12 月

遗产种类：文化与自然双重遗产

遗产遴选标准：武夷山根据自然遗产和文化遗产遴选标准 N(Ⅲ)(Ⅳ)、C(Ⅲ)(Ⅵ)被列入《世界遗产名录》。

世界遗产委员会评价：武夷山脉是中国东南部最负盛名的生物保护区，也是许多古代孑遗植物的避难所，其中许多生物为中国所特有。九曲溪两岸峡谷秀美，寺院庙宇众多，但其中也有不少早已成为废墟。该地区为唐宋理学的发展和传播提供了良好的地理环境。自 11 世纪以来，理教对中国东部地区的文化产生了相当深刻的影响。公元 1 世纪时，汉朝统治者在城村附近建立了一处较大的行政首府，厚重坚实的围墙环绕四周，极具考古价值。

(一)概况

武夷山位于中国东南部福建省西北的武夷山市，总面积达 99975 公顷。武夷山的自然风光独树一帜，尤其以“丹霞地貌”著称于世。九曲溪沿岸的奇峰和峭壁，映衬着清澈的河水，构成一幅奇妙秀美的杰出景观。

① 参见《峨眉山和乐山大佛》，载国家文物局网站(www.sach.gov.cn)。

武夷山保存着大量完整无损、多种多样的林带，是中国亚热带森林和南中国雨林最大、最具有代表性的例证。它保存着大量古老和珍稀的植物物种，其中很多是中国独有的；这里还生存着大量爬行类、两栖类和昆虫类动物。

武夷山拥有一系列优秀的考古遗址和遗迹，包括距今 3700 多年的悬棺葬遗迹、建于公元前 1 世纪的汉城遗址、大量的寺庙和与公元 11 世纪产生的朱子理学相关的书院遗址。这里也是中国古代朱子理学的摇篮，作为一种学说，朱子理学曾在东亚和东南亚国家占据统治地位达很多世纪，并在哲学和政治方面影响了世界很大一部分地区。

（二）自然和文化遗产价值

武夷山申报世界文化与自然遗产的提名地区总面积为 999.75 平方公里，其中核心区面积 635.75 平方公里，核心次区面积 364 平方公里，缓冲区面积 278.88 平方公里，包括武夷山风景名胜区、武夷山自然保护区、武夷山古汉城遗址和九曲溪上游保护地带四部分。武夷山申报世界文化与自然遗产的内容包括：

1. 文化遗产

(1)架壑船棺，距今 3750 余年，是目前国内外发现的悬棺遗址中年代最早的；

(2)古汉城遗址，距今 2355±70 年，西汉闽越国时期的王城，面积达 22 万平方米；

(3)朱子理学文化，构成中国宋至清代处于统治地位的思想理论，影响远及东亚、东南亚；

(4)摩崖石刻，现存 426 幅，由宋至清，是武夷山古文化和古书法艺术的宝库；

(5)古崖居遗迹；

(6)茶文化；

(7)宗教文化；

(8)余庆桥。

2. 自然遗产

武夷山具有独特、稀有、绝妙的自然景观，属罕见的自然美地带，是人类与自然环境和谐统一的代表。

武夷山九曲溪自然风光独树一帜。九曲溪发源于武夷山森林茂密的西部，水量充沛，水质清澈，全长 31.4 公里，在河流自然弯曲和深刻的断裂方向控制下，形成深切河曲，在峰峦岩壑间萦回环绕，4.75 公里的河曲，直线距离只有 5 公里，曲率达 1.9。九曲溪两岸是典型的单斜丹霞地貌，分布着 36 奇峰、99 岩，顶斜、身陡、麓缓，昂首向东，如万马奔腾，气势雄伟，千姿百态。优越的气候和生态环境，又为群峰披上一层绿装，山麓峰巅、岩隙壑涧都生长着翠绿的植被，造就了“石头上长树”的奇景，构成了罕见的自然山水景观。

九曲溪风光是山与水完美结合的典范。曲折萦回的九曲溪如玉带串珍珠，将36峰、99岩连为一体，沿岸比肩并列的奇峰和光滑的峭壁，映衬着清澈深邃的溪水，构成“一溪贯群山，两岩列仙岫”的独特自然美景，溪光山色中熔铸了中国传统的诗情画意和美学意境。游者乘一叶古朴的竹筏顺溪而下，可赏奇拔秀伟、千姿百态、争奇斗妍的形象美；可观青山碧水、赤壁褐岩、绿树红花的色彩美；可品泉歌鸟鸣、浪击轻舟、篙点河床的听觉美；可看流水游鱼、浮云飞鸟、艄公游人的动态美；可睹云绕山涧、雾锁峰腰、雨罩群山的朦胧美。身临秀色美景，有如漫步奇幻百出的山水画廊。山不高有高山之气魄，水不深集水景之大成，堪称世界一绝。

武夷山是人文与自然和谐统一的突出代表。大自然给武夷山提供了独特和优越的环境，吸引了历代高人雅士、文臣武将，或游览，或隐居，或著述授徒，前赴后继，继往开来。自然山水陶冶了人们的性情，启迪了人们的智慧，人类的活动又传播发展了武夷山，为自然山水增辉添彩。文物古迹和先民文士的驻足在九曲溪两岸和山内留下众多的文化遗存：有高悬绝壁的船棺，鸿儒大雅的书院遗址，僧道的庙观，历代的摩崖石刻，古代官府保护武夷山水和动植物的禁捕禁樵令。这些遗存星罗棋布，如璀璨的宝石，镶嵌于武夷山的溪畔山涧、峰麓山巅、岩穴崖壁，将人的思想、情感、智慧与自然山水紧密相融，达到天人合一的境界，给人以浑然天成的和谐美。

武夷山是全球生物多样性保护的重要地区，是尚存的大量古老和珍稀濒危物种的栖息地，是代表生物演化过程以及人类与自然环境相互关系的突出例证。

武夷山保存了世界同纬度带最好的中亚热带原生性森林生态系统，是当前世界最优秀的亚热带林区之一，有着大量完整无损、多种多样的林带，是中国亚热带森林和中国南部雨林最大和最具代表性的例证。武夷山还发育有明显的植被垂直带谱：随海拔递增至2158米，依次分布着常绿阔叶林带、针叶阔叶过渡林带、温性针叶林带、中山苔藓矮曲林带、中山草甸等五个植被带，分布着南方铁杉、南方红豆杉、小叶黄杨、鹅掌楸、武夷玉山竹等珍稀植物群落，几乎囊括了中国中亚热带所有的植被类型，且结构稳定。风景区还保留着块、片状分布的中亚热带原生性常绿阔叶林和岩生性植被群落及丰富繁多的蕨类。

联合国教科文组织于1987年将武夷山列为国际生物圈保护区网的成员。武夷山属中亚热带季风气候区，区内峰峦叠嶂，高低悬殊，绝对高差达1700米，良好的生态环境和特殊的地理位置，使其成为地理演变过程中许多动植物的“天然避难所”，物种资源极其丰富。

武夷山有丰富的植物种质资源。武夷山已知植物3728种，古树名木具有古、大、珍、多的特点。武夷山是珍稀、特有野生动物的基因库。武夷山已知的动物种类5110种，有46种被列入国际《濒危物种国际贸易公约》(CITES)，其中黑麂、金钱豹、黄腹角雉等11种列入世界一级保护动物，属中国特有的有 49 种。

武夷山还是世界著名的模式标本产地，已被中外生物专家采集的野生动植物模式标本 1000 多种。另外，武夷山负氧离子资源极其丰富，其综合指数是全国最优秀地区之一。①

五、庐　山

中文名称：庐山国家公园

英文名称：Lushan National Park

庐山于 1996 年根据文化遗产遴选标准 C(Ⅱ)(Ⅲ)(Ⅳ(Ⅵ)被列入《世界遗产名录》。

世界遗产委员会评价：江西庐山是中华文明的发祥地之一。这里的佛教和道教庙观，代表理学观念的白鹿洞书院，以其独特的方式融会在具有突出价值的自然美之中，形成了具有极高美学价值的，与中华民族精神和文化生活紧密联系的文化景观。

(一)概况

庐山位于中国中部江西省九江市南，北濒长江，东接鄱阳湖，属地垒式断块山。山体总面积 302 平方公里，南北长，东西窄。全山共 90 多座山峰，最高峰为大汉阳峰，海拔 1474 米。群峰间散布有许多壑谷、岩洞、瀑布、溪涧，地形地貌复杂多样。相传在周朝时有匡氏七兄弟上山修道，结庐为舍，由此而得名。庐山自古享有“匡庐奇秀甲天下”之盛誉，大山、大江、大湖浑然一体，险峻与柔丽相济，素以“雄、奇、险、秀”闻名于世，是中国名山之一，有雄奇挺秀的山峰，变幻莫测的云海，神奇多姿的流泉瀑布，文明悠久的历史古迹。

庐山现主要有 12 个景区、37 个景点、230 个景物景观。庐山早有“神仙之庐”的传说，水汽缭绕的万顷江湖，使庐山夏日清凉，雨水充沛，云雾弥漫。庐山的年平均雾日多达 191 天，弥漫的云气为庐山平添了许多迷人秀色和神秘色彩。

庐山是一座集风景、文化、宗教、教育、政治于一体的千古名山。这里是中国山水诗的摇篮，古往今来，无数文人墨客慕名登临庐山，为其留下 4000 余首诗词歌赋。晋代高僧慧远(公元 334～416 年)在山中建立东林寺，开创了佛教中的“净土宗”，使庐山成为中国封建时代重要的宗教圣地。遗存至今的白鹿洞书院，是中国古代教育和理学的中心学府。庐山上还荟萃了各种风格迥异的建筑杰作，包括罗马式与哥特式的教堂、融合东西方艺术形式的拜占庭式建筑，以及日本式建筑和伊斯兰教清真寺等，堪称庐山风景名胜区的精华部分。庐山不但拥有“秀甲天下”的自然风光，更有着丰厚灿烂的文化内涵。

①　参见《武夷山》，载国家文物局网站(www.sach.gov.cn)。

（二）自然遗产

庐山地处江南台背斜与下杨子坳隐的交接带，区内地层除三叠纪外均有系统的出露，构造明显，展现出地壳演化的主要过程。庐山具有独特的第四纪冰川遗迹，是中国第四纪冰川学说的诞生地，山麓鄱阳湖滨遗留着末次冰期时由古季风环流产生的独特的风沙丘群。

庐山地区地质构造复杂，形迹明显，主要有北东向华夏式构造和北东向新华夏式构造。许许多多的断裂构造，形成众多的山峰。庐山是第四纪强烈上升的断块山，当庐山上升之际，周围相对下陷，鄱阳盆地进一步发展，继而形成鄱阳湖。

北部以招曲构造为主要特征，形成一系列秀丽的岭谷地貌，南部和西北部则由一系列的断层崖形成雄伟高峻的五老峰、秀峰、石门涧。山地中分布着宽谷和峡谷，外围则发育着阶地和谷阶。山上和山麓地带都存在着古地面。在庐山与长江的交接地带，鄱阳湖的形成与扩张塑造出一系列独特的湖滨地貌。与之相连，长江九江河段的地貌演变，湖洲交错的鄱阳湖大平原，形成了多种地貌的汇集，表现出极高的地理地质科学价值与旅游观赏价值。

庐山众多的奇峰、怪石、壑谷、瀑泉、岩洞等，形成了奇特瑰丽的山岳景观。

云雾频繁，夏季凉爽，是庐山气象的显著特征；土壤呈垂直分布现象；植物显示出中国第三纪植被组成的特点；昆虫形成了庐山特有的种群。

（三）文化价值

庐山是中国古代教育基地和宗教中心。白鹿洞书院创建于公元940年，居中国古代四大书院之首。宋代理学大师朱熹在此提出的教育思想成为中国古代教育的准则，在世界教育史上也有重要影响。

公元391年，佛教领袖慧远建立东林寺，是中国最早的寺庙园林。慧远在庐山活动了36年，创建净土法门，使庐山成为中国南方的佛教中心。公元5世纪，南朝道士陆修静在庐山开创道教南天师派。唐代马祖道在山上开创佛教临济宗和沩仰宗，影响极大。到宋代，庐山有寺庙多达361座。明清以后，伊斯兰教、基督教、天主教也在庐山建堂传教。经过1600年的发展，庐山已形成一山兼聚五教的罕见现象。[①]

“双遗产”既具有自然遗产的属性，也具有文化遗产的属性。因此，对其保护既要兼顾其文化属性，也要兼顾其自然属性；既要保护文化遗产的原汁原味，也要促进遗产项目属地的生态多样性保护。

---

① 参见《江西庐山风景名胜区》，载央视国际网站（www.cctv.com）；《庐山国家公园》，载国家文物局网站（www.sach.gov.cn）。

第二节 “双遗产”的申报与审批

一、世界自然与文化遗产的申报与审批

世界遗产的评定标准主要依据《保护世界文化和自然遗产公约》第一、第二条规定，遗产项目要列入《世界遗产名录》，必须经过严格的考核和审批程序。每年举行一次的世界遗产委员会会议将对申请列入名单的遗产项目进行审批，其主要依据是该委员会此前委托有关专家对各国提名的遗产遗址进行实地考察而提出的评价报告。申报世界文化与自然遗产时，需要同时呈递给国际古迹遗址理事会（ICOMOS）和世界保护联盟（IUCN）两个组织，对各国提名的遗产遗址的考察，主要由该委员会会同国际古迹遗址理事会和世界保护联盟组织专家进行。前者总部设在巴黎，成立于1965年，是国际上唯一从事文化遗产保护理论、方法、科学技术的运用与推广的非政府国际机构；后者总部设在瑞士日内瓦，成立于1948年，原名国际自然及自然资源保护联盟，宗旨是促进和鼓励人类对自然资源的保护与永久利用，成员包括分布在120个国家的官方机构、民间团体、科研和保护机构。两者受世界遗产委员会委托，分别对提名列入《世界遗产名录》的文化和自然遗产地派遣专家，根据世界遗产条约对所申报的项目进行审核，对项目价值进行评估，评估后将报告附以推荐材料呈递世界遗产办公署，世界遗产办公署审核文件，并向成员国索要补充材料，然后向世界遗产委员会进行推荐。世界遗产委员会在将项目列入世界遗产名录之前，向成员国索要补充材料，最后给出结论，接受申报，列入名录或拒绝将所申报的遗产列入名录。

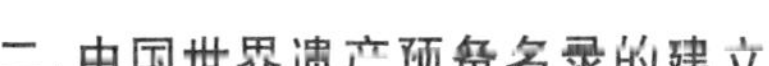

二、中国世界遗产预备名录的建立

为保护我国遗产资源，完善工作机制，加强世界自然遗产和自然与文化双遗产申报、管理和保护工作，按照《保护世界文化和自然遗产公约》、《世界遗产公约操作指南》及相关法律、法规的要求，结合我国遗产管理的实际需要，经研究决定，设立《中国国家自然遗产、国家自然与文化双遗产预备名录》（以下简称《预备名录》），作为申请列入《世界自然遗产、自然与文化双遗产预备名单》的候选项目。

（一）列入《预备名录》的有关原则

《预备名录》的入选原则如下：

1. 符合《保护世界文化和自然遗产公约》第1条和第2条规定的关于自然遗产、自然与文化双遗产标准和条件，符合《世界遗产公约操作指南》关于遗产真实性、完整性条件，并具有相应保护管理措施的地域，均可申报列入《预备名录》。

2. 申报项目所在地的外围环境应进行整治并与遗产的历史与现状相协

调。申报遗产地已经制定或拟制定了保护管理法律、法规和保护规划。

3. 申报项目的遗产分类和地区分布要考虑代表性与平衡性，国内外遗产目录中所缺少的遗产类别及遗产地相对缺乏的地区，给予优先考虑。

4. 为保持遗产资源分布地域的完整性和满足保护范围划定的需要，鼓励并支持跨行政区域的联合申报项目。

（二）《预备名录》的申报和评审程序

1. 申报单位。预备名录申报由项目所在地县级以上人民政府相关主管部门提出，由项目所在地的省、自治区建设厅，直辖市建委（园林局），对拟申报项目组织初审，填写《国家自然遗产、国家自然与文化双遗产预备名录申报书》，报建设部。

对于跨市、县行政区域的联合申报，由项目所在地县以上人民政府相关主管部门协商一致后，由其共同上一级人民政府相关主管部门提出申请。

2. 申报材料。(1)项目所在地县级以上人民政府相关主管部门的申请报告；(2)《预备名录》申报书；(3)资源价值介绍（光盘及文字介绍）；(4)相关管理法规和规划文件。

（三）评审程序

1. 由建设部组织国内外专家，对申报项目及相关申报材料进行技术审查论证和必要的现场考察，提出初审意见。

2. 建设部城建司提出复核意见。

3. 建设部分管领导审定后，由建设部公布《预备名录》。

（四）国家自然与文化双遗产预备名录标准

国家自然与文化双遗产预备名录的标准既要符合自然遗产预备名录的标准，也要符合文化遗产预备名录的标准。

1. 国家自然遗产预备名录标准

(1)从美学或科学角度看，具有突出、普遍价值的由地质和生物结构或这类结构群组成的自然面貌；

(2)从科学或保护角度看，具有突出、普遍价值的地质和自然地理结构以及明确划定的濒危动植物物种生态区；

(3)从科学、保护或自然美学角度看，具有突出、普遍价值的天然名胜或明确划定的自然地带；

(4)构成代表地球演化史中重要阶段；

(5)构成代表进行中的重要地质过程（如冰河作用、火山活动等）、生物演化过程（如热带雨林、沙漠、冻土带等生物群落）以及人类与自然环境相互关系（如梯田农业景观）的突出例证；

(6)独特、稀少或绝妙的自然现象、地貌或具有罕见自然美的地带（如河流、山脉、瀑布等生态系统和自然地貌）；

(7)尚存的珍稀或濒危动植物物种的栖息地（包括举世关注的动植物聚居的生态系统）。

2. 国家自然与文化双遗产预备名录标准

国家自然与文化双遗产除满足国家自然遗产标准外，还需满足以下关于文化遗产标准的有关要求：

(1)代表一种独特的艺术成就，一种创造的天才杰作；

(2)在一定时期内或世界某一文化区域内，对建筑艺术、纪念物艺术、城镇规划或景观设计方面的发展产生过重大影响；

(3)为一种已消逝的文明或文化传统提供一种独特的或至少是特殊的见证；

(4)作为一种建筑或建筑群或景观的杰出范例，展示出人类历史上一个(或几个)重要阶段；

(5)作为传统的人类居住地或使用地的杰出范例，代表一种(或几种)文化，尤其在不可逆转之变化的影响下变得易于损坏。[①]

首批中国国家自然与文化双遗产预备名录名单(13 处)[②]

1. 山西省五台山风景名胜区
2. 安徽省九华山风景名胜区
3. 福建省清源山风景名胜区
4. 江西省龙虎山风景名胜区
5. 江西省高岭—瑶里风景名胜区
6. 河南省嵩山风景名胜区
7. 湖南省南岳衡山风景名胜区
8. 湖南省紫鹊界—梅山龙宫风景名胜区
9. 贵州省黄果树风景名胜区及屯堡文化
10. 云南省大理苍山与南诏历史文化遗存
11. 陕西省华山风景名胜区
12. 甘肃省麦积山风景名胜区
13. 宁夏贺兰山—西夏王陵风景名胜区

参考题

1. 什么是“双遗产”？
2. 简述“双遗产”的评审标准。
3. 我国列入世界遗产名录的“双遗产”有哪些？
4. 简述我国“双遗产”保护现状。

---

① 参见《关于做好建立〈中国国家自然遗产、国家自然与文化双遗产预备名录〉工作的通知》(建城[2005]56 号)，载建设部网站(www.cin.gov.cn)。

② 参见《关于公布首批〈中国国家自然遗产、国家自然与文化双遗产预备名录〉的通报》(建城[2006]5 号)，载建设部网站(www.cin.gov.cn)。

第六章　文化遗产保护与文化产业开发

相对文化遗产保护来说,文化遗产的产业开发是一个新的话题,是把传统认识中的社会文化事业内容引入市场领域的新生事物。文化产业开发是社会发展的趋势,是满足人们精神需要的重要途径,从另一个角度看,也是对文化遗产保护的需要。

第一节　文化遗产保护与产业化开发是时代发展的需要

产业是国民经济的载体,根据国家统计局2003年公布的《三次产业划分规定》,第一产业是指农林牧渔业,第二产业是指采矿业、制造业、电力、燃气及水的生产和供应业和建筑业,第三产业是指除了第一产业、第二产业外的其他行业。第三产业包括:交通运输、仓储和邮政业,信息传输、计算机服务和软件业,批发和零售业,住宿和餐饮业,金融业,房地产业,租赁和商务服务业,科学研究、技术服务和地质勘察业,水利、环境和公共设施管理业,居民服务和其他服务业,教育,卫生、社会保障和社会福利业,文化、体育和娱乐业,公共管理和社会组织,国际组织。① 因此,我国的文化产业应该归入到第三产业中。

目前,对文化产业还没有统一的定义。美国作为文化产业最发达的国家,对文化产业也没有明确定义,西方其他国家也是如此。我国政府对文化产业的关注比较晚。2003年9月,文化部发布的《文化部关于支持和促进文化产业发展的若干意见》中指出:"文化产业是指从事文化产品生产和提供文化服务的经营性行业。文化产业是与文化事业相对应的概念,两者都是社会主义文化建设的重要组成部分。文化产业是社会生产力发展的必然产

① 参见《国家统计局关于印发〈三次产业划分规定〉的通知》(国统字[2003]14号),2003年。

物，是随着我国社会主义市场经济的逐步完善和现代生产方式的不断进步而发展起来的新兴产业。目前，文化产业已形成演出业、影视业、音像业、文化娱乐业、文化旅游业、网络文化业、图书报刊业、文物和艺术品业以及艺术培训业等行业门类。”①

2004 年，国家统计局发布了《国家统计局关于印发〈文化及相关产业分类〉的通知》，将文化产业表述为：“为社会公众提供文化、娱乐产品和服务的活动，以及与这些活动有关联的活动的集合。”范围包括文化产品制作和销售活动、文化传播服务、文化休闲娱乐服务、文化用品生产和销售活动、文化设备生产和销售活动、相关文化产品制作和销售活动。② 在附件《文化及相关产业分类》中指出，文化产业分为核心层、外围层和相关文化产业层。核心层包括：①新闻服务；②出版发行和版权服务；③广播、电视、电影服务；④文化艺术服务。文化产业外围层包括：①网络文化服务；②文化休闲娱乐服务；③其他文化服务。相关文化产业层包括：①文化用品、设备及相关文化产品的生产；②文化用品、设备及相关文化产品的销售。

2005 年，联合国教科文组织通过《保护和促进文化表现形式多样性公约》中的第三章第四条第五款对文化产业进行了定义，“文化产业”指生产和销售上述第四项所述的文化产品或服务的产业。第四项所述的内容是“文化活动、产品与服务”，是指从其具有的特殊属性、用途或目的考虑时，体现或传达文化表现形式的活动、产品与服务，无论它们是否具有商业价值。文化活动可能以自身为目的，也可能是为文化产品与服务的生产提供帮助。③

文化产业没有统一的定义，原因之一是除了各国的文化背景不同，国际社会对文化产业的政策取向也是不同的。各国文化产业的出现和兴盛实际上是包含国际社会对文化与经济关系的新理解，是文化发展与经济进步的一体化过程，即经济文化一体化。经济文化一体化是指经济中文化的因素越来越重要，经济的发展为文化发展提供充分必要的物质基础；反过来，文化发展为经济前进提供强大的推动力量。国外文化产业发展的经验表明，文化的产业化经营意味着文化既是经济，经济也是文化。经济和文化两方面的发展其实是同一过程。经济文化一体化包含着“文化经济化”和“经济文化化”两个方面。“文化经济化”是指文化进入市场，文化进入产业，文化中渗透经济的、商品的要素，使文化具有经济力，成为社会生产力中的一个重要组成部分。“经济文化化”是指现代经济发展中文化的、科学技术的、信息的乃至心理的要素越来越具有举足轻重的作用。④

---

① 文化部：《文化部关于支持和促进文化产业发展的若干意见》，2003 年。

② 国家统计局：《国家统计局关于印发〈文化及相关产业分类〉的通知》（国统字[2004]24 号），2004 年。

③ 参见联合国教科文组织《保护和促进文化表现形式多样性公约》，2005 年。

④ 参见邹广文《文化产业发展：我们向发达国家学习什么》，载文化部网站（www. ccnt. gov. cn）。

随着文化产业的发展，很多国家文化产业已经成为国民经济新的增长点。1995年，日本的娱乐收入已经超过了汽车工业产值；2000年，美国音像出版总收入达700亿美元，出口创汇仅次于航天产业，且当年文化产业增加值占美国GDP的12%。2000年统计，日本和英国文化产业增加值占GDP的比重都超过了10%，而意大利的文化产业增加值占GDP的比重超过25%。这是发达国家文化产业发展给中国对文化产业认识的最好启示。2000年10月通过的《中共中央关于“十五”规划的建议》提出，要“完善文化产业政策，加强文化市场建设和管理，推动有关文化产业发展”。目前，我国文化产业处于起步阶段，比发达国家的文化产业发展水平还有很大差距，在实力、科技水平、市场运作能力、创新能力等方面尚需要加大投入，在运作模式上还需要学习和借鉴西方国家成功经验，不断提高我国文化及相关产业在国际上的竞争力。

文化产业中的重要一项是旅游产业。随着人们生活水平的改善和提高，我国的旅游业在近几年得到了飞速的发展，尤其是涉及历史文化名胜的文化游，备受大众的喜爱。旅游资源是旅游业发展的基础，文化遗产是旅游资源中极具吸引力的部分，是旅游业发展的重要资源，是市场拓展的“重要品牌”，是发展全国旅游、带动地方经济可持续发展的重要动力。

目前，我国列入世界文化遗产名录的项目已经达到了29处，列入非物质文化遗产名录的已有4项。旅游产业对地区经济发展和居民生活水平的提高有着明显的促进作用，并给地区带来的经济效益是极其显著的。但也要注意到旅游产业对地区文化遗产资源的负面影响，旅游产业的发展和文化遗产保护之间的关系则是需要认真对待和研究的。目前的文化旅游主要集中在物质文化遗产领域。物质文化遗产是不可再生资源，处理好文化遗产与旅游产业发展的关系也就非常重要。而文化民俗游是近年才兴起的旅游新动向，尤其是少数民族风情游是旅游业的主打品牌。推广民俗游，给大众带来精神愉悦的同时，不能让民俗和民族风情逐渐失去原来的味道，甚至出现“伪民俗”，这些现象是对非物质文化遗产的歪曲和破坏。与物质文化遗产的破坏不同，这些无形的非物质文化遗产的破坏是隐性的，是群体无意识中造成的破坏和流失。因此，如何处理群众文化需求、旅游产业发展、促进地区经济与发展文化遗产保护的关系，简而言之，如何处理文化遗产的保护与产业开发之间的关系，是当前及今后必须要解决好的问题。

第二节　物质文化遗产与产业开发

物质文化遗产由于其不可再生，因此，对其进行产业开发一直有两种截然相反的态度：一种是反对产业开发。关于旅游开发破坏环境，旅游发展侵蚀文化的批评日渐增多。有人指出，旅游者的涌入把宁静的边陲小镇丽江变成熙熙攘攘的商业街，将当年的“绿杨人家”鼓噪成一片“开发热土”，“天生丽江，投资福地”成为丽江今日的形象。旅游接待的商机，结束了平遥、西递、宏村等古城老镇居民上百年的平静生活,家家户户成店铺,男女老幼变商人。生态旅游的概念,被无数希望凭借出售“绿色”而发财的企业家们所滥用,成为一个纯粹商业化的市场标签,引得有人惊呼“莫让生态旅游成为生态杀手”,一些遗产地“先污染、后治理,先破坏、后重建,不讲科学盲目干”的现象十分突出。如世界文化遗产武当山的复真观被改建成三星级宾馆,有600多年历史的遇真宫则在不久前的一场大火中化为灰烬。另一种观点主张开发。中国世界遗产地的旅游业已经成为经济欠发达地区居民脱贫致富的重要产业。随着申报世界遗产的成功,当地知名度的提升以及交通条件的快速改善,许多中西部地区的经济和社会发展得到了进一步推动。如果只讲保护,不讲发展,地方经济长期陷入贫困的窘境中,连基本的生存条件都非常困难,资源保护的经费是难以保证的。我们认为,单纯强调保护,而不进行开发,或单纯开发,而不关心遗产的保护,都是片面的。随着世界经济与科学文明的发展,文化遗产地的旅游开发与保护越来越受到广大规划界的关注。文化遗产的旅游开发问题已经成为世界热点话题。遗产保护和发展旅游之间存在怎样的一种关系,在现实中如何协调处理这种关系,两者能否取得双赢,如何有效合理地开展文化遗产旅游等问题一直是学术界关注的研究课题。寻求适于文化遗产的旅游开发模式,在保护历史文化遗产的同时,进行适度的旅游开发,促进遗产地经济的繁荣和历史文化的传承,已经成为现代规划师肩负的一大重任。

一、防止产业开发对文化遗产的破坏

世界自然保护联盟出版的《旅游业、生态旅游和保护区:世界自然旅游的状况和发展指南》一书将“旅游业的负面影响”归结为六项,其中建筑业、人流和车辆对生态系统的破坏,水资源被污染,文物遭掠夺和践踏,在一些世界遗产地频频发生。我国“假日旅游”不断升温,使许多世界遗产陷入了超负荷运转与接待的境地。例如北京的故宫,连续几年在黄金周的前三天,日接待游客量都在10万人次以上,最高突破了13万人次的历史纪录,超过饱和度100%～200%。事实上,故宫每天接待游客的恰当值仅为三、四万人次。游客过多除增加古建直接意外损伤的可能外,活动中产生的废气还会使古建内的温度、湿度等各项指标发生变化,对已保存了数百年的彩画、雕刻都会有不同程度的影响。不仅故宫如此,很多历史文化名胜都面临这样的问题。不少文化遗产面临失控的旅游和过度旅游开发的威胁,不仅人满为患,过度开发还造成屋满为患:宾馆、商店、索道、人造景观等遍地开花,导致风景区人工化、商品化及城市化,破坏了遗产的真实性和完整性。莫高窟壁画脱落、周口店猿人遗址残破、“三孔”壁画被洗,长城的现状也令人担忧,沿线生态环境不断恶化,加上人为因素,长城损毁现象十分严重,特别是西部干旱荒漠区,有的地段早已被沙漠埋于地下。目前长城三分之一修复,三分之一残破不全,三分之一不复存在。

面对此种情况，许多文化遗产风景区不得不作出控制旅游客流的应对措施。据介绍，故宫已初步制订出一整套的应急方案以期将客流量控制在允许范围内，其中包括在长假高峰日限制进入故宫的团队数量，对局部景点在紧急情况下关闭，狭窄路段单向分流，旅游路线适当调整等措施。苏州市正在讨论提升文化遗产处的门票，以控制游客人数，而丽江古城则要求每一位到访的游客上缴几十元的古城保护费。

更要引起重视的是，一些遗产属地管理者只求经济发展的指标，在文化遗产规划和开发中强行推行行政意志，造成遗产保护规划存在很多不合理之处；对遗产门票收入分配进行干涉，造成文化遗产的后续经费短缺，相关设施的修缮和保护工作因此陷入恶性循环之中。

二、产业开发与遗产保护的关系

随着中国成为世界旅游强国，1992年以来，为更好地向海外旅游者宣传和介绍中国旅游，中国国家旅游局不断推出以不同风情旅游为主旋律的旅游主题，旨在吸引更多的海外旅游者来华旅游。在这个过程中，中国世界遗产地的逐年增加和分布地的逐渐拓展，为这些主题形象的设计提供了良好的背景，其中有多个年份的主题年宣传活动都与遗产地的宣传、开发和保护密切相关。

我国著名古建筑专家罗哲文教授认为，文物古迹与旅游的发展互为表里，密不可分，旅游离不开文物古迹，文物古迹借旅游发挥其作用，流传其历史。如由联合国教科文组织世界遗产委员会以公布世界遗产的办法把各个国家著名的文物古迹与自然景观列入《世界遗产名录》，为旅游者提供了最值得选取的旅游参观对象。旅游是发挥文物古迹作用的一个非常重要、非常关键的途径和非常好的形式。两者如果处理得好可以达到相辅相成、相得益彰的双赢目的，如果处理不好，也可能两败俱伤。关键是要做到互通情报，科学规划，合理安排，依法办事。

世界遗产地开展旅游是体现世界遗产价值的重要方面，因为真正读懂世界遗产，到遗产地旅游是不可或缺的一种方式。旅游为人们认识遗产价值提供了最直接、最有效的途径，但各国必须在两者之间寻求平衡，不致使遗产遭到破坏。联合国教科文组织总干事松浦晃一郎在接受新华社记者采访时说，旅游让人们真正感受世界遗产，世界遗产让人们的旅游更增趣味。“我很高兴看到，世界遗产地能够适度接待旅游者。”中国联合国教科文组织全国委员会秘书处副秘书长杜越提出，遗产地最主要的特征应该是开放。“祖先留给我们的遗产，我们有权利也有义务参观、学习和传承，因此旅游是必要的。它已成为游客提高文化品位、增长知识阅历的重要一环。”同时，保护好遗产需要经费支持，旅游的适度收入可以为遗产管理提供经济保障。

但许多地方存在着盲目过度开发文物古迹的情况，以牺牲文物古迹内在价值为代价，一味追求所谓的经济效益和旅游发展，无异于杀鸡取卵，这种做法是不可取的。例如，将世界遗产和文物保护单位作为旅游项目捆绑上市或租赁使用，进行商业性开发；无处不在的索道严重地破坏了自然景观；一窝蜂地修建新造景点，却忽视了对文物本身的保护和利用；弃真求假，随意修造假古董和臆造景观等等，不一而足。我们对世界遗产要加以保护与利用，但这些遗产的价值绝不仅仅是旅游价值，基于历史功能所产生的现实功能，将在更广阔的空间显示它们的历史文化价值和在现实生活中的活力，这就是历史文化遗产持续发展、永续利用的主题。

世界遗产是人类的共同遗产，对它的价值研究和认识是很重要的。一方面，提高和深化公众对世界文化遗产的认知，引导人们对世界文化遗产的主动保护意识；另一方面，要加强管理，提高旅游管理者与从业人员的职业道德和专业知识水平，做好遗产保护与利用。对文化遗产保护的态度，需要强调三个负责：第一，对历史负责，对创造人类高度价值和文明的祖先负责。第二，对当代人负责，用适当的形式将世界遗产传达给世界人民是遗产管理研究队伍的义务。第三，对未来负责，关键的是要把它完整地交给子孙后代。没有任何理由为了短期目标或局部利益，牺牲遗产历史价值，我们申报世界遗产不是为了能获得多少经济利益，而是因为它的历史艺术价值。

第三节　非物质文化遗产与产业开发

我国拥有十分丰富的非物质文化遗产，如蒙古长调、马头琴演奏艺术、皮影戏、新疆木卡姆、昆曲等都是杰出代表，这些活态文化不仅构成了中华民族深厚的文化底蕴，而且还承载着中华民族文化渊源的基因。近年来，我国非物质文化遗产保护工作初见成效，全国性的保护体系正在形成。

非物质文化遗产，是人类在历史上创造并传承至今的，具有重要历史价值、艺术价值、科学价值和文化价值，也具有知识性、技艺性和技能性的文化事项。比如民间文学、表演艺术、传统节日、传统仪式和生产生活知识等都是非物质文化遗产的重要组成部分。漫长的历史给我们留下了丰富的遗产，面对这笔巨大的文化财富站在不同的角度往往会有不同的认识。

站在遗产工作者的角度上看，非物质文化遗产是对民族文化的传承与延续，妥善地保护非物质文化遗产对于客观认识历史、开展文化创新、保护文化多样性、构建和谐社会都有着重要的意义。由于非物质文化遗产不具有实物形态，使其较之有形的文物（可移动文物和不可移动文物）在识别、保护方面都有一定的难度；同时又由于非物质文化遗产活态传承的特性，也使其在历史变革与时代冲击时比有形文物更加脆弱，比有形文物更容易消失。正是因为非物质文化遗产在保护上的这种困难性和其本身的这种脆弱性，对它的保护才显得更加急需和紧迫。

站在旅游和经济工作者的角度上看，非物质文化遗产是先民留给今人和后人的一份宝贵财富，其中蕴藏着丰富的文化价值和经济价值。在非物质文化遗产的保护过程中，应当鼓励各方对非物质遗产的活用，从民俗表演到旅游开发,从工艺品销售到文化创意发展,多手段、全方位地开发非物质文化遗产中的文化价值和经济价值,使非物质文化遗产在弘扬传统文化、振兴民族艺术的同时也为开发人文旅游景观、刺激地方经济发展发挥应有的作用。

一、开发与保护的悖论

前面的两种观点看似有较大的分歧,但细细想来却各有其合理之处。站在一个客观的角度上,以上两种观点都有正确的一面,保护遗产与开发遗产同样都可以对遗产传承发展起到促进作用。但是,在实践中基于不同的认识往往会引发不同的行动,对遗产、对社会、对国家都会产生不同的结果。不论是遗产工作者还是经济工作者,面对祖先遗留的非物质文化遗产只要我们心态正常、方法得当,不论是保护行动还是开发行动都是对遗产有利的活动,但如果不能端正心态或使用不正常的方法则往往会给珍贵的文化遗产造成不良影响甚至是严重的后果。

开发非物质遗产本无可厚非,但是在最近我们却总能听到因为开发不当给遗产造成不良影响的例子。从民乐改良增加交响乐指挥,到梆子演员穿上歌剧演出服,我们不难发现,由于开发者热情过高,又不了解遗产的文化内涵,在开发的过程中盲目追大求全,导致经过“开发”的文化遗产已经失去了应有的韵味,民间小戏像京剧大戏,民族音乐像西方交响乐。本来极具地方特色和民族特色的非物质文化遗产正在快速地向主流文化和西方文化趋同,而文化趋同的过程往往正是文化遗产消失的过程。从云南石林的天天“三月三”,到民俗村里的随意“拉郎配”,一些开发者只看到了遗产之中的经济价值,对于文化遗产背后的文化价值缺乏应有的重视,导致开发过后的文化遗产形式与内涵分离,文化遗产中蕴藏的风俗、信仰反而在文化遗产保护大潮中快速消失,如此一来,经济开发也就成了遗产糟蹋。

产业开发可能给遗产造成开发性的破坏,这一点也许不难理解。但是仅仅按照遗产保护的工作规范对遗产进行保护就完全利于遗产发展吗?这个问题的答案也不尽然。非物质文化遗产是一种活态的遗产,它需要由传承人代代相传,随着时代的变迁,传承人所生活的社会也不断发展,遗产也会发生变化。如果遗产工作者仅是教条、机械地对遗产进行保护,不注意随着社会发展改变保护手段,并且总是希望遗产处于一个历史的时间点,与遗产有关的一切都一成不变,那么这种保护就成为一种机械的保护。机械的保护是不现实的,比如我们不能为了保护一个民族地区的民族习俗就让当地的女孩子不去上学,比如我们不能为了保护船工号子就让河流上的航运交通停止使用机械动力而恢复拉纤。像这样的过度保护往往会桎梏经济甚至是社会的发展,并且也不可能被社会所接受。

二、合理利用与传承发展

非物质文化遗产作为一种文化现象,对它的保护也要尊重事物的发展规律。不论是开发还是保护，只要违背了事物的发展规律，总会变得不切合实际。《国务院办公厅关于加强我国非物质文化遗产保护工作的意见》(国办发[2005]18号)提出了“保护为主、抢救第一、合理利用、传承发展”的保护工作方针，同时明确指出：“正确处理保护和利用的关系，坚持非物质文化遗产保护的真实性和整体性，在有效保护的前提下合理利用，防止对非物质文化遗产的误解、歪曲和滥用。”“合理利用、传承发展”这给我国的非物质文化遗产保护与利用工作提出了一个基本方针，在这个大方针下非物质文化遗产保护与开发之间的矛盾也并非不可调和。科学的保护与合理的开发会相辅相成，促进文化遗产的传承发展。所以在适度保护与合理开发的过程中还有一些原则需要把握：

一是不能将开发置于保护的对立面上。要走出保护与开发“非黑即白”的二元论怪圈，保护可以是为了开发而保护，开发也可以是为了保护而开发。不能盲目地将开发置于保护的对立面上，单纯为了保护而禁止开发或为了开发而拒绝保护。开发者要有效利用保护者的工作成果，依照文化传统进行传承性的开发，而保护者则应当针对开发者的工作给出有效建议，以便开发工作在合理的范围内进行。

二是可以利用遗产开发当代文化产品，但要与遗产加以区分。许多非物质文化遗产都来源于民间、来源于生活，并非为表演和旅游而设计，在需要进行商业演出和旅游开发时就难免会对遗产的部分内容进行变更。比如，为了增强视觉效果在民间戏剧中加入声光电元素，为了增强音响效果在民间音乐中加入新式乐器的伴奏，为了提高制作效率在民间手工艺制作过程中加入现代工艺，等等。经过这样的变更原本非为商业演出和旅游开发需要的文化遗产，就成为一种既具有全新形式，又带有遗产元素，适合商业演出和旅游开发的当代文化创意产品。为了经济开发需要而利用传统文化遗产开发当代文化创意产品是应当给予支持的，因为它一方面带动了经济增长，另一方面也扩大了遗产的社会影响。但是值得注意的是这种当代文化创意产品应当在推广时与传统的非物质文化遗产加以区分，让当代创意产品的受众对于其改动内容有明确的认识，防止对于遗产的误解。

三是要通过科学记录保护遗产的现状，并努力保护遗产的活态传承。许多非物质文化遗产来源于生产力不发达的民族地区和农村，当今在这些地方正发生着快速的社会变革。在社会变革中人们思考的往往不是如何保护文化遗产，而是如何摆脱落后文化的束缚。当他们有朝一日过上盼望的“幸福生活”时，则会发现他们的传统文化已经消逝，一些与时代发展“不适应”的非物质文化遗产已经消亡。面对这种情况，遗产工作者不可能人为地阻碍社会变革，让遗产的传承人选择他们不愿接受的生活。我们应该做的是积极地通过多媒体的科学记录方式保护对遗产的记忆，通过收集与遗产有关的作品、工具保存遗产的现状，并通过改善传承人生活状态努力保护遗产的活态传承。要尽可能真实地保持文化遗产的原貌，让后人更加真切地了解遗产的全貌，防止以后可能发生的对于遗产的滥用。

第四节　文化遗产产业化开发的对策与建议

今后一个时期，中国文化遗产数量还会在深入调查中不断增多，旅游业也会有较大规模和较快速度的发展。正视旅游发展与遗产资源保护及开发相互关系中存在的问题，确立处理这些问题的准则并找到合理的解决方案，是文化遗产资源保护和永续开发利用的需要。

一、以发展的态度对待文化遗产的开发与保护

任何文化遗产都是经过漫长的历史时期逐步形成和遗留下来的，是特定历史时期的活化石。从自然遗产来说，是保护生物多样性，注重原生性；从文化遗产来说，是要保护文化的多样性，注重原创性；从景观来说，是保护景观的多样性。但引申的问题是，即使我们付出百分之百的努力对遗产保护到极限，我们是否有可能保住真正的原汁原味？而且，这里还有一个问题，就是原生性也好，原创性也好，应当保护到一个什么程度？或者说按哪个年代的状态加以保护。实际上，今天的文化遗产，都是历史发展过程中长期积累的结果，正是因为每一代人都对遗产发展作出过不懈的努力，才有可能不断“造就”更多的遗产，推动人类文明的进步。比如说北京的故宫，从元大都以来就开始建设，历经元、明、清三朝，一直到现在，如果按照元朝的原创性要求保护，显然已经不是今天的故宫。

这就引发出一个更深层次的问题：作为历史的延续，现代社会的一切发展成果都是今后世界遗产宝库的候选对象，文化遗产本身也在不断发展。巴西的首都巴西利亚，1975 年建成，距现在不到三十年的时间，然而已经进入世界文化遗产的行列。所以，对于历史遗产，要从发展的角度看待，不应当把对其合理的开发一律视为破坏。良好的后续开发，可能是对文化遗产环境的进一步美化，对其内涵的进一步挖掘和展现，实际上，可以进一步提升遗产地的价值。

二、加强立法和执法

目前，中国已经出台了文物保护法、风景名胜区管理条例、森林法、自然保护区管理条例等。在此基础上，建议出台自然、文化遗产保护法，同时特别要加强执法力度。只要在市场化的过程中不断完善法规体系，加强执法力度，才能确保文化遗产资源按照遗产保护的有关要求，合理开发，永续利用。

三、充分发挥文化遗产资源应有的社会功能

文化遗产属于全人类，我们有平等地向所有公众宣传、教育的社会义

务。但是,在文化遗产资源的经营管理中有许多实际困难比较棘手。比如,文化遗产地的游客流量过大,对环境有破坏,从保护的角度出发需要控制流量。在中国现有的体制条件下流量调节的主要方式是涨价,这就意味着剥夺了许多低收入居民参观文化遗产的权利,背离联合国关于世界遗产资源公益性的特点。中国文化遗产地目前的门票价格普遍在100元人民币上下,显著高于一般旅游景点的门票价格,加上景区内交通消费,游览一处世界文化遗产的消费通常在200元左右,尽管这种价格调节一定程度上缓解了流量压力,但同时使文化遗产社会功能的发挥受到很大抑制。

四、区别对待,分类保护

文化遗产的市场化进程是一个逐步深化的过程,对传统体制的改革是每一个层次、每一个阶段都会碰到的问题。对于遗产资源的利用也有一个深化认识的过程,要允许各地根据实际情况进行改革的探索,逐步建立相对规范、分类指导的管理体系。这里,分类指导就是区别对待。中国广阔的国土面积,极不平衡的经济发展水平,决定了遗产资源开发不能套用一种模式或者一种方法,不同类型的资源需要探索不同的开发模式。

五、有序申报世界遗产,有序发展旅游业

近几年,我国出现了空前的“遗产热”,这其中有三个支撑点:一是我国这方面的资源确实非常丰富,具备申报基础条件的地方比较多;二是遗产效应已经为许多地方所认识;三是各个地方对于争取国际品牌的制高点都非常热衷,作为提升地方工作的一项业绩在推进。[①]

但是,各地在申报遗产的过程中,耗费巨资,大兴拆迁,愈演愈烈,面对各地社会经济发展的实际情况,我们需要冷静地思考,耗费巨资申报遗产是不是各个地方应当普遍选择的工作?当前具备不具备这种条件?否则,就是一种最大的破坏。遵照当地资源和社会经济发展的现实,实事求是、量力而行是我国在文化遗产工作中必须遵循的原则。

参考题

1. 什么是文化产业,它包含哪些内容?
2. 简述物质文化遗产与文化产业开发的辩证关系。
3. 非物质文化遗产产业开发过程中需要注意什么?
4. 你对文化遗产的产业化开发有何建议?

---

① 参见魏小安、窦群、彭德安《发展旅游和遗产保护能否“双赢”》,http://www.dss.gov.cn.

第七章　世界各国及组织文化遗产保护经验

文化遗产是全人类的财富，许多国家都在积极致力于保护本国的文化遗产免受现代经济发展的负面影响。在致力于保护本国文化遗产事业的同时，联合国教科文组织也积极倡导各个国家在遗产保护领域加强合作，共同促进文化遗产保护的和谐发展，促进世界文化多样性。文化遗产保护先行和先进国家应积极帮助因财力和人员等条件不足的国家进行文化遗产保护。同时，文化遗产保护落后的国家也应抓住机遇，在探索本国文化遗产保护模式的同时，也应积极学习发达国家文化遗产的保护经验，促进本国文化遗产保护体制和机制的建立。

第一节　法国文化遗产保护经验

作为文化遗产保护先进国，法国在文化遗产保护方面一直走在世界前列。它有着完善的文化遗产管理体制和系统的法律法规。它的经验对许多国家，特别是对西方诸国都曾产生过积极影响。

一、法国文化遗产保护史回顾

(一)法国文化遗产保护法的发展历程

在文化遗产保护的法律建设方面，法国一直走在世界前列。据不完全统计，法国在近百余年的法制建设中，仅文化遗产法一项，先后颁布过100多部，我们以法律颁布时间为序作一简要回顾。这些法律为法国政府和文化机构依法管理文化遗产奠定了坚实的基础。

法国第一部文化遗产保护法《历史性建筑法案》颁布于1840年。此后，又颁布了《纪念物保护法》(1887年)及《历史古迹法》(1913年)。可见法国社会对文化遗产的关注是从历史建筑的保护开始的。1844年，法国人V. L.

杜克(Viollet-Duc)在为巴黎圣母院进行修复设计时,提出"整体修复"原则。他主张一座建筑在修复之前,一定要确切地查明每个部分的年代和特点,并以此为依据拟订修复的逐项实施计划;无论是整体还是局部的修复,都应在外表形式和结构上保持原有风格。他的这些主张对于促进古建修复工作的科学化是有积极作用的。

进入20世纪30年代后,法国文化遗产保护工作已扩展到自然景观的保护。除1930年颁布了《景观保护法》外,还在文化部下设立了全国历史遗迹景观保护委员会,以便更好地协调景观保护方面的工作。

1941年,法国通过《考古发掘法》。这部法律的基本框架源自1913年制定的《历史古迹法》中与地下文物有关的条款。它的提出,为后来的科学考古发掘提供了重要的法律依据。

进入20世纪60年代后,法国立法重点又回到自然景观的保护上来。1967年12月28日,法国对原有《景观保护法》进行了大规模修改,在新通过的《景观保护法》中不但对已经进入本国遗产名录的文化遗产提出了严格的保护要求,同时对这些文化及自然遗产周边环境的保护提出明确规定。在20世纪60年代,法国除重修《景观保护法》外,还于1960年7月22日颁布了《国家公园法》,这说明此时的法国人已经开始清醒地意识到只保护人文遗产尚远远不够,还应该保护好人类赖以生存的自然环境。

20世纪60年代,法国在文化遗产保护法制定上的另一重要举措是1962年《历史街区保护法》的通过。这部法律和后来在此基础上制定并在1973年颁布的《城市规划法》一同构成了法国历史建筑与历史街区保护工作中最为重要的法律依据。法国是一个建筑类文化遗产相当丰富的国家,据统计,在20世纪60年代,法国共有著名建筑群落2000座,其中至少有400座位于应该受到保护的大型历史街区。这既是法国文化遗产保护重点,也是法国文化遗产保护难点。随着都市的发展,特别是人们生活水平的不断提高,人们自然会提出诸如修建停车场、超市等的新要求。于是,保护与发展这对难题又一次摆到人们面前。但这一次法国人仍选择了后者。他们在保护传统街区的基础上提出新的都市改造计划,使现代文明的进入尽可能不扰乱已有传统。但随着岁月的流逝,许多历史建筑均已面临破损的危险。就此,法国文化部已将这些文化遗产分为"濒危型文化遗产"和"保护型文化遗产"两类实施分类保护。

(二)法国的文化遗产大普查

在加强法律建设的基础上,实际的普查是加强文化遗产保护的积极措施,也为考古发掘奠定了基础。历史上,法国对文化遗产所进行的大普查共有两次。第一次文化遗产大普查始于20世纪初。这次普查虽然具有全国性质,但由于观念、财力,特别是技术手段等方面的限制,在一定程度上影响了这次大普查的力度。

进入20世纪60年代后,美国的通俗文化开始了全球性扩张,加上美国新闻处对美国文化价值观的推广，使包括欧洲在内的许多国家和地区，都感到了一种从未有过的文化危机。一方面，他们愿意在经济上追随美国，但另一方面他们又不愿意失去自己独特的文化传统，于是在欧洲诸国，掀起了一场文化遗产保卫战。法国文化部的成立，正是这样一种文化思潮的产物。伴随着全球性文化遗产保护热的兴起，法国政府又不失时机地在全国范围内开展了第二次文化遗产大普查。这次普查缘起于法国在制定第四个经济社会开发计划(1962～1965年)时，文化艺术遗产委员会提交的一份对法国现有纪念物及艺术品等文化遗产实施总目调查提案。该提案提交后，旋即获得法国政府批准。这次普查的基本目的就是对法国现有文化遗产进行总量调查，摸清家底，做到心中有数。

法国政府对这次普查提出了科学性、系统性及标准化三项要求。这次普查只是一种技术层面上的统计工作，与具体的文化遗产保护工作没有直接联系，对已登记文物的法定地位也不会产生任何影响，但这次被称为"大到教堂，小到汤匙"的普查运动，在唤起国民文物意识、帮助政府评估本国文化资源等方面，确实发挥了重要作用。

在考古发掘方面，随着高速公路的开通、地下停车场的兴建和大规模的农田改造，这一时期屡有文物出土。从1964年起，文化部决定组织考古调查与发掘工作，这一举动，为当时的文化遗产普查开拓了一个全新领域。

作为全国性咨询机构，考古调查委员会主要负责组织协调、制定长期计划、提出资金申请与负责资金使用等方面工作。该委员会有权从文化部、科研机构、大专院校等相关机构选拔代表，组成考古调查委员会。此外，该委员会还有权与文化部下属的文物发掘司、古建博物馆司协作，进行地下文物的发掘以及相关法规的制定。

根据考古调查委员会的提议，文化部长有权组建地方文物管理所。这一机构基本上由专家学者组成。文物管理所又被分为先史文物管理所和历史(有史以来的)文物管理所两类。它们的主要任务是奖励考古作业与学术研究，颁发考古许可证、考证本地区出土文物年代、提出收藏计划与方案，同时负责保管考古发掘现场地图，定期出版考古发掘报告，等等。1966年，法国成立海底发掘自治理事会和为海底文物发掘而设置的全国咨询科学委员会，海底考古事业也进入到一个新的纪元。

法国对自然遗产的保护始于1967年，它的基本标志是法国第一座国家公园的建立。经过近半个世纪的努力，目前法国已拥有国家公园7座，地方自然公园38座，自然保留地132处，保护区2600处，各类遗址5000处，自然遗产保护网络基本形成。

二、法国文化遗产保护机构的组织建制与职能

(一)中央政府的职能

在法国，文化部是文化遗产保护工作的最高决策机构。该部下设文化

遗产司，专门负责文化遗产保护工作。由于这项工作具有一定的专业性，所以该司既有行政管理人员，也有专职科研人员。文化遗产司下设四处、三科，专门负责不同类型的文化遗产保护。这些单位包括：文化活动及事务处、遗址处、文化遗产管理处、文化遗产登记管理处、人类学遗产管理科、影像类遗产管理科、推广暨国际事务管理科。这些科室主要负责法国文化遗产保护工作的规划、决策、领导与监督。

在文化遗产保护过程中，文化部下属的历史纪念物基金会发挥着重要作用。该基金会创建于1914年，所筹基金主要用于历史建筑的维修，同时也用于与文化遗产保护业有关的各种书籍、论文集、摄影集的出版。此外，该基金会还举办各种纪念性建筑的展览展示，并通过在这些地方举行各种讲座、音乐演奏会、庆典等方式，增进公众对本土文化遗产的了解，并在不影响这些文化遗产庄重性的前提下，有限制地在这些历史纪念建筑内开设一些茶馆、咖啡馆、书店，以吸引更多的游客。这个基金会尽管在财政上自主，但所筹基金如何使用则需提交基金评议会讨论通过。基金评议会由财政部、内务部、文化部及观光厅等多方代表组成，从而确保了基金的正当使用。为做好督察工作，该基金会总裁由文化部长亲自任命。

（二）地方政府的职能

法国是遗产大国，保护任务相当繁重，因此在每个行政区的政府内部都设置有文化事务部，专门负责文化遗产的保护及管理工作。这些地区性文化遗产保护机构包括专责区域文化遗产管理局、专责区域遗址管理局、专责区域文化遗产登记管理局、专责区域人类学遗产管理局等四个局级单位。它们也是法国文化遗产保护工作的具体执行单位，国家级项目主要由15个左右的地方文化遗产管理局和纪念物遗产科中的监督官员负责实施。此外，在这些大行政区之下，还分别设置有两个级别更低的基层单位，它们分别是专门负责法国地方古迹建筑管理的建筑处和专门负责法国地方文物及艺术品管理的文物管理处。它们都是法国文化遗产保护工作的具体执行机构。

（三）咨询机构的职能

在法国，负责文化遗产保护、开发、运营与咨询业务的组织机构是文化遗产保护委员会。与其他国家相比，法国文化遗产保护委员会具有明显的法国特色。

1. 与许多国家文化遗产委员会只由专家学者组织而成的专家型文化遗产咨询机构不同，法国文化遗产委员会委员虽然绝大多数成员亦属专家学者，但相关行政部门之公职人员、相关团体的负责人以及相关方面的民意代表也都有不同程度的介入。

2. 与许多国家只设立一个文化遗产委员会，并在其下设置若干专业委员会不同，法国具有多个性质不同的文化遗产保护委员会。比较著名的全国性文化遗产保护委员会有：文化遗产保护最高委员会、文化遗产保护登记管理国家委员会、古迹研究国家(高级)顾问团等。

(四)社团组织的职能

在法国,文化遗产保护工作绝大多数都是通过委托民间社团组织托管的方式实现的。这一制度始于1914年,而最早的试点工作又是从对古迹的托管开始的。法国最大的古迹托管组织"古迹信托"在过去的20余年中(始建于1983年),不但较好地完成了对各类古迹的托管,同时,有限度的活用也使法国的文化遗产保护工作进入良性循环状态。在这个过程中,科学的保护理念也更加深入人心。从1995年起,中央政府又将共计100处古迹的托管工作交给这一组织,除硬件维修费用仍由国家支付外,其他方面的管理与营运全权交由古迹信托负责,国家不再进行财务干涉。据称,法国目前共有大小不等、功能不一的民间社团组织18000个。比较著名的有:古迹信托、青少年与文化遗产古迹国际协会、历史建筑促进会、法国传统宅院促进会、古迹基金会、法国国立古迹建筑博物馆、文化遗产专门性博物馆、古迹地图、平面图及模型博物馆,等等。

(五)科研机构的职能

作为文化遗产保护先进国,法国的文化遗产保护工作之所以能够得到国际学界的广泛认同,与他们将文化遗产保护视为一门科学,并以科学的态度加以保护、管理、研究、开发有关。从组织建构上看,法国不但有专门负责文化遗产保护工作的政府机构、顾问团体、社会组织,同时还有一套完善的教学体系与科研体系,从而确保了文化遗产保护工作的科学性与持久性。在教学方面,法国成立有专门的文化遗产教学机构——文化遗产保护学院,以培养文化遗产保护与管理工作的专门性人才。为解决普通技术人员不足的问题,法国还专门成立以培养技术员为主的法国文物保护修复学院。因此,在各国文化遗产保护专业人员明显不足的情况下,法国的文化遗产队伍建设却仍显现出勃勃生机。除教学单位外,法国还建立有数以百计的文化遗产研究机构,专门负责文化遗产的调查、研究、培训、修复及资料搜集等方面的工作。古迹保护与历史研究高等研究中心、古迹保护研究中心、法国文化遗产保护研究实验室等都是其中的佼佼者。此外,法国还设立有许多专门性研究机构。如道路与桥梁学院中央研究室、地质水利研究中心、材质检验研究室、国立瓷器研发中心、罗马时期壁画研究中心、画册保护研究中心以及图书、影像、文化遗产、自然遗址、人类学资料等方面的研究中心。这些部门在保护、整理、修复、鉴定文化遗产的过程中,发挥着相当重要的作用。

三、法国文化遗产保护经验

(一)大普查:文化遗产保护工作的必由之路

法国20世纪60年代所进行的文化遗产大普查,是法国文化遗产保护运动中最为亮丽的一笔。法国社会20世纪60年代所进行的那场旷日持久的文化遗产大普查,并未因时光流逝而被人们淡忘,相反,其巨大的现实意义与深远的历史意义随着时间的推移反倒日益突显出来。

首先，通过这次普查，法国政府又发现了一批国宝，许多重要文化遗产、历史遗迹也因在普查中被及时发现而免遭破坏。通过这次普查，法国已经成为一个对自己文化家底做到心中有数的国家，这也是法国人常引以为自豪的一件事。

其次，这次普查对于本土研究的学术贡献更是难以估量。普查不但获得了一大批系统的、数目庞大的、前所未知的文化遗产，而且每件登记文物都有一个详细的、明确的、标准化的说明；这对于民俗学家、历史学家、文物学家、美术家、教授、建筑师、博物学家的学术研究，对于新发现文化的认识，都具有重要的参考价值。通过普查，法兰西民族的文化底蕴也由此渐渐清晰起来。特别是分别记录在普查表上的有关这些文物的背景资料、历史沿革、专用术语，甚至包括制作这些遗产时所用工具的介绍，等等，对此后的学术研究与实践应用都带来了相当大的便利。

更为重要的是，通过普查不但增进了法国国民的文物意识，同时也使他们的文物价值观发生了深刻变化。

（二）重视文化遗产保护工作的队伍建设

在这次普查工作中，由学者组成的普查队伍与官方的配合相当密切。按有关规定，这次普查工作主要由文化艺术遗产委员会负责实施。该委员会的成员由相关部委及文化部有关官员组成，并根据每个人的所长和对调查对象的了解程度进行具体分工。而文化艺术遗产委员会的主要任务便是负责调查计划的起草、调查方法与调查标准的制定。当然，在这个过程中学者发挥了重要作用。

在文化艺术遗产委员会中，事务局是它的执行机构。它的基本职能就是指导地方委员会的调查工作。地方委员会则需制定出详尽的调查计划，培训一线调查人员，指导一线调查工作。在普查中，地方委员会具有较大的自主权。这些地方委员会成员主要由大学教授、科研工作者、考古学家、古建维护技师及博物馆、图书馆等方面的代表组成。地域事务局负责落实各地方委员会的指示精神，担负起各地行政、财政部门的后勤工作。而各州文化艺术遗产委员会则主要负责本州的文化遗产普查及调查人员的落实情况。

经过一个阶段的摸索之后，法国政府又对原有的组织构建进行了重新调整。新的文化遗产保护组织主要由中央机关（文化部文化遗产司）、地方机构（各行政区文化事务部）、咨询机构（文化遗产保护委员会）、民间社团组织（法国文化遗产保护工作，通常都是以委托民间社团组织托管的方式来完成）及科研单位等五部分组成。它们取长补短，密切配合，相得益彰，为法国文化遗产保护工作作出了突出贡献。

在法国文化遗产保护工作中，学者发挥了重要作用，如以强调重视文物原貌著称的法国“风格复原”派代表人物著名作家梅里美、建筑理论家维奥莱·勒·迪克,在法国历史建筑类文化遗产的保护方面,都发挥了相当积极的作用。学者的积极参与,确保了法国文化遗产保护工作一直没有出现大的失误,同时也避免了政府部门因缺乏专业知识而给普查、保护工作带来的不必要的伤害。在一些文化遗产保护工作刚刚起步的国家中,文化遗产保护常被简单地理解为政府行为,而将专业人士排斥在决策层之外:这种做法的直接后果便是普查成果的非科学化。无论哪个国家在启动文化遗产保护工程之前,都应该适时组建一个由中央政府、地方政府、咨询机构、社团组织及科研机构共同构成的文化遗产保护体系,并让学有专长的专业人士发挥作用。

第二节　英国文化遗产保护经验

自1882年通过《古代遗址保护法》以来,在过去的一百多年中,英国的文化遗产保护制度已经发生了翻天覆地的变化。在这个过程中,英国颁布了一系列法律、法规,根据这些法律规定,受到保护的文化遗产主要是古代建筑、历史街区、纪念物、遗迹遗址、文物及美术工艺品,但在非物质文化遗产及民俗文化遗产方面还有待加强。

一、英国文化遗产保护史回顾

进入20世纪后,英国的文化遗产保护事业有了更大发展。1932年,在古迹巡访员查尔斯·里德·皮尔斯(Charles Reed peers)的努力下,政府颁布了《城乡规划法》(Town and Country Planning Act)。这也是英国政府颁布的第一部有关历史建筑的法律条文。该法案明文规定:经中央政府同意,地方政府有权对具有特殊意义的历史建筑物下达保护令。1947年修订的《城乡规划法》进一步规定,对有重要建筑价值与历史价值的建筑物登记造册,地方政府有权将具有重要建筑价值及历史价值的建筑物指定为历史建筑。

1979年英国政府颁布了《古代遗址与考古地域法》(Ancient Monuments and Archaeological Areas Act)。该法律全文共三章,对考古工作提出了更为具体的要求,该法案于1998年又进行了修订,是目前英国有关考古遗址保护的最重要的法律依据。

英国司法当局先是于1983年颁布了《国家遗产法案》(National Heritage Act's 1983),从法律上明确地将历史建筑与遗址委员会从环境部中独立出来,从而使这个委员会具有更大的自主权。继之又于1987年颁布了《规划(指定建筑与保护区)法》,对保护建筑类文化遗产及历史街区,提出了更新的要求。

20世纪90年代是英国文化遗产保护法进行重建的十年。在这十年中,英国政府在遗址、建筑、历史街区、组织建构、考古等法律建设方面都有所建树。在遗址保护方面,颁布了旨在维护古迹及周边环境的政策指导性文件——《规划政策指南:考古与规划》(Planning Policy Guidance:Archaeology and Planning, 1990),该文件强调了开发过程中保护古迹等文化遗产的重要性。同时,当局又颁布了新的《城乡规划法》(Town and Country Planning Act 1990),该法案对开发规划中所涉及的问题进行了原则性规定,为后来的文物古迹保护提供了可资凭借的法律依据。1994 年,英国环境、运输与区域部及国家遗产部又共同颁布了《规划政策指南:规划与历史环境》(Planning Policy Guidance:Planning the Historical Environment, 1994),进一步强调了规划过程中保护历史遗址及周边环境的重要性。

20 世纪 90 年代,英国文化遗产保护另一个重要法律是文物法的制定:英国当局首先于 1996 年制定了《珍宝法》,并于次年制定了《珍宝法施行细则》。这些法律条文与实施细则为小型有形文化遗产的发掘、收藏、转让、评估、出口管制,提供了充足的法律依据。

二、英国文化遗产保护机构的组织建制与职能

英国对文化遗产的保护经历了一个从自发到自觉的过程。到现在为止,在组织架构方面已经形成了一个由中央政府、地方政府和社会团体共同组建的组织网络。它们在各自的位置上行使着各自的职能,发挥着不同的作用。

(一)中央政府的职能

从 1882 年开始,英国人根据《古代遗址保护法》,在政府内部专门设立了"古迹巡访员办公室",这也是英国社会以政府名义设立的第一个文化遗产保护机构。此后,文化遗产保护工作也曾由公共建筑与工程部负责,至 1970 年改归环境部负责。在环境部,负责历史文化遗产保护工作的具体单位是"古代遗址与历史建筑理事会"(Directorate of Ancient Monuments Historic Buildings),环境部派出的各地方办公室,则主要负责当地文化遗产的保护。1984 年,英国成立"英格兰遗产"(English Heritage),并取代了原有的"古代遗址与历史建筑理事会"的大部分职能。1992 年,国家遗产部成立,至此,国家遗产部已经成为英国文化遗产保护工作的主管单位。1997 年 7 月,英国取消国家遗产部,成立文化、媒体与体育部(Dept for Culture Media and Sports)来负责本国文化遗产的保护。目前,文化、媒体与体育部是英国政府文化遗产保护工作的最高权力机构,该部下设皇家公园(Royal Park)与历史皇宫管理局(Historic Royal Palace Agency),负责皇家园林与皇宫的日常管理与维护。此外,该部还通过补助 5 个公共事业团体、40 个以上的具有独立执行法人资格的社会团体的方式来处理部内业务,而其属下的 8 个顾问委员会则分别为政府文化遗产保护工程提供技术咨询。在英国,负责文化遗产保护工作的另一职能部门是艺术图书馆部,这个部门是 1983 年从教育科学部独立出来的。

(二)咨询机构的职能

在文化、媒体与体育部下面,还分设有八个顾问委员会,分别为政府文化遗产保护工程提供技术咨询。这些顾问委员会包括历史沉船遗址顾问委员会(Advise Committee on Historic Site)、出口艺术品审查顾问委员会(Reviewing Committee on the Export of Works of Art)、《英格兰遗产》(English Heritage),等等。它们都从不同领域就文化遗产保护问题向中央政府提出自己的建议。

(三)社团组织的职能

在英国文化遗产保护工作中,民间组织也发挥着重要作用。这些民间组织所招募的会员一般都是致力于文化遗产保护的专业人士和热心人,也有不少老宅的所有者。这些协会一般只有少量专职人员,绝大部分都是热衷于文化遗产保护的志愿者。按功能区分,这些协会主要可分为以下两类:一类负责文化遗产的维护,如国民信托、苏格兰国民信托、建筑遗产基金、地标信托、清教徒信托等等。一类负责有关文化遗产的咨询工作,如为政府提供遗产登记、遗产环境变更、遗址维护以及文物、古代建筑的购入等方面的技术咨询,如英国考古评议会、古代遗址学会、古建筑保护学会、保护不列颠遗产等都属于这样一类咨询团体。

三、英国文化遗产保护经验

英国对文化遗产保护创造的经验主要表现在政府主管,以制度、法律、法规和健全机制来体现政府意志,另外对发挥民间力量保护文化遗产业很有借鉴意义。在保护理念上,对古代建筑保护中强调城乡规划时的整体保护也有广泛意义。

(一)借助民间与市场的力量保护文化遗产

英国文化遗产保护的最高责任机构是文化、媒体与体育部,但真正负责具体实施工作的是其下设的两个非政府法人机构——英格兰遗产和英格兰皇家历史遗迹委员会。非政府法人的特殊身份,使它们具有更多的半民间半官方色彩。除此之外,英国还有许多民间组织从事文化遗产保护工作。比较著名的民间社团组织有国民信托(National Trust)、国家遗产纪念基金会(National Heritage Memorial Fund)、二十世纪学会(The Twenty Century Society)等等。这些民间组织依功能不同大致可分为两类:一类负责历史建筑的保护与维护,一类负责政府方面的技术咨询。这些民间组织的经费一部分来源于文化、媒体和体育部"遗产补助基金"的支持,一部分来自自己的经营所得,还有一部分来自彩票收入。例如通过彩票拓宽文物保护经费筹措之路,也是英国文化遗产保护工作的一个重要特征。英国的国家遗产彩券创建于 1994 年。按 1993 年《国家彩券法》规定,彩券收益中的 28%用做公益事业,其中便包括文化及自然遗产的保护。截至 1998 年,有 2000 多个人文及自然遗产获得国家彩券基金的资助,总金额已达 10 亿英镑。

（二）强调法律与规章的可操作性

英国政府为文化遗产保护制定了一系列法律，为方便这些法律的实施，有更好的可操作性是其特点之一。例如《规划法》是英国建筑类文化遗产保护方面的一部重要法规。作为历史建筑的入选原则，这部法规不但明确提出列入文化遗产保护名录者所必须具备的要素，同时，还从时间上细划了入选作品的年代标准，具有相当强的可操作性。

除法律外，英国政府在文化遗产政策的制定过程中也实行着严格的量化标准。如英国将历史性建筑分为三个等级。该分类虽然不具法律效应，却可为文物维修经费审批、施工许可证发放等政府决策提供重要依据，无形中增强了政府政策的可操作性。

（三）通过城乡规划对历史建筑实施整体保护

英国也是一个建筑遗产大国，再加之历史建筑多为私有，故遗产保护难度很大。英国政府在保护这类遗产的过程中总结出这样一套经验：将这些建筑类文化遗产分别纳入不同区域的城乡规划中，通过控制城乡规模开发，来防止人们对该区域内历史文化遗产所造成的破坏。这种从源头抓起的做法，使复杂的建筑类文化遗产保护问题变得简单起来。

通过制定城乡规划来防止对建筑类文化遗产破坏的做法最早起源于英国，第一个提出这一设想的是英国古迹巡访员查尔斯·里德·皮尔斯。在他的倡议下，1932 年英国政府颁布《城乡规划法》。该法明文规定：经中央政府同意，地方政府有权指定具有特殊建筑价值与历史意义的古建筑为历史建筑，并有权以保护历史街区的方式，对建筑类文化遗产实施整体保护。这些理念的提出，比《威尼斯宪章》（1964 年）、《保护受到公共或私人工程危害的文物建议案》（1968 年）及《内罗毕建议案》（1976 年）至少要早三四十年。

在英国，历史街区的申报工作由历史街区或历史地区所在地地方政府负责，上报中央政府后，由中央政府有关部门审核认定。保护区一旦指定，须承担起相应的责任与义务，未经上级主管部门批准，不得擅自施工。作为城乡规划中受到国家法律保护的历史街区，并非不能有新的发展，但相关法律要求新的发展至少要和传统景观和谐统一，新景观必须融入其原有的特色当中。在对历史街区实施保护的过程中，既要积极，又要慎重。除传统建筑外，保护区内树木的砍伐、广告的设置，亦应受到严格限制。一些可能会影响到保护区文化氛围与景观的工程，还需通过听证会的方式，听取当地居民及由当地人士组成的顾问委员会的意见。

第三节　美国文化遗产保护经验

美国的文化与自然遗产保护具有明显的自下而上的特点，在这个过程中，民间社团组织发挥了重要作用。由于历史较短等原因，美国的古建筑及小型文化遗产并不是特别丰富，因此它的保护重点主要集中在历史遗址、遗迹及自然遗产等几个方面，并主要以国家公园的方式进行。此外，与其他欧美国家相比，对民间风俗习惯等非物质文化遗产的关注，应该说也是美国文化遗产保护工作的一个突出特点。

一、美国文化遗产保护史回顾

以 1492 年哥伦布发现美洲新大陆为界，美国的文明可以被明确地区分为前后两个阶段：一个是以印第安文明为基本标志的史前文明；一个是以 15 世纪末进入美洲的欧洲移民与本土印第安人共同创造的近古及近现代文明。而美国对文化遗产的关注正是从欧洲移民对美国本土印第安早期文明的探索开始的。

（一）二战前的美国文化遗产保护

在美国密西西比河谷一带坐落着上百个土丘。关于这些土丘自古便有许多传说和猜想。19 世纪后半叶，史密森研究院（The Smithsonian Institution）属下的美洲民族局（The Bureau of American Etiology），对土丘进行了考古发掘，证实神秘土丘的主人正是当地的历史悠久的土著民族——印第安人。学者们搜集到的印第安人口传史料及土丘埋藏物与民间实物的对比结果都明白无误地印证了这一点。这是美国建国以来最早的重大考古活动。

随着 1906 年美国《文物法》（The Antiquities Act，1906）的颁布，考古遗址的学术价值受到了越来越多的关注，遗址保护也渐渐进入文化遗产保护者的视野并引起政府方面的高度关注。为保护好这笔珍贵的文化遗产，1935 年罗斯福总统签署了《历史遗址与建筑法》（The Historic Sites and Buildings Act，1935），要求各联邦机构在执行政策时必须充分考虑到对古迹等文化遗产的保护。在这部法律的影响下，从 20 世纪 30 年代开始，在美国开始了全国范围内的古迹遗产大普查和随之而来的古迹数据库的建设。

在自然遗产保护方面，美国是当之无愧的先行者。美国对自然遗产的关注是从美国边疆风情画家乔治·卡特林（Gorge Catlin）提出建立“国家公园”这一理念开始的。1832 年，乔治·卡特林在前往达科他州写生的路上，看到西部大开发给美国西部自然生态及印第安人文化生态带来的破坏忧心不已。他在日记中这样写道：如果政府能以某种强制性保护政策介入，保护这里的原住民文化及原始自然景观，人们便可以永久地欣赏到这个壮观的自然公园：……一个国家公园，其中有人也有野兽，所有的一切都处于原始状态，体现着自然之美。“国家公园”这一具有前瞻精神的理念由此诞生，他的想法赢得了许多环保人士与旅游业者的支持，在他们的共同推动下，40 年后，也就是 1872 年，美国国会通过了批准建立世界上第一个国家公园——黄石国家公园（Yellowstone Park）的法案。法案对建立国家公园的目的作了以下陈述：黄石公园“为了人民的利益被批准成为公众的公园及娱乐场所”，同时也是“为了使它所有的树木，矿石的沉积物，自然奇观和风景，以及其他景物都保持现有的自然状态而免于破坏”。

进入 20 世纪后，自然遗产保护呼声渐强，在社会舆论的广泛呼吁下，美国政府于 1916 年设立国家公园司，将自然遗产的保护工作列入政府议事日程。黄石公园的建立，为自然遗产保护提供了一个全新模式，各地纷纷仿效。1933 年至二战爆发前，美国国家公园的发展形成了第一个高峰。

（二）战后的美国文化遗产保护

二战后，美国经济步入高速发展期，当时有两个规划方案给美国文化遗产带来灾难性影响，它们分别是由交通部提出的州际公路施工方案和由住宅与城市发展局提出的旧城改造方案。伴随着这两个方案的出台和随之而起的城市建设、机场建设、交通设施建设的大规模启动，致使许多历史建筑都遭受到了不同程度的冲击，但这一灾难性破坏带来了另一个意想不到的结果，这便是促成了官方与民间社团组织的进一步合作。在他们的共同努力下，国会在稍后颁布了《交通部法》(Department of Transportation Act)，该法规明文规定：任何交通建设施工都必须以保护历史遗址与古迹为前提。1963 年，政府有关机构与全国史迹信托组织召开会议，并提出本次会议的纲领性文件《美国古迹保护准则与纲要》，该纲要呼吁联邦政府尽快成立史迹国家注册中心及史迹保护联邦理事会，专门负责史迹遗产保护，同时建议以减税的方式鼓励古建筑所有人对古迹遗产的保护；这两项建议后来都成为《国家史迹保护法》(The National Historic Preservation Act，1996)的关键性内容。

有些今天仍然生效的美国文化遗产保护法颁布于 20 世纪 60 年代以后，如《国家史迹保护法》就是在 1966 年 10 月 15 日通过的。除此之外，比较重要的法规还有 1969 年颁布的《国家环境政策法》(National Environmental policy Act，1969)，1979 年颁布的《考古资源保护法》(Archaeological Resources Protection Act，1979)，等等。

自然遗产保护方面，在经历了二战期间的停顿后，战后由于旅游业迅速复苏的刺激，美国国家公园的建设进入到了第二个高速发展期。目前美国已建立国家公园 379 处，占美国国土总面积的 3.64％。

美国政府对自然遗产，特别是对国家公园价值的认知，也经历过一个漫长而复杂的发展过程。最初，他们将国家公园的职责仅仅定义为最大限度地保留壮美的山峦、深邃的峡谷、清澄的湖水、茂密的森林以及神奇的地质景观等原始景观。他们的首要任务就是为开发旅游市场而保护好每一片原生环境。直至 20 世纪初，一些学者才开始进一步关注到国家公园内的生态问题，特别是对大型野生动物生态学的保护已经开始成为国家公园管理重点。但是即便如此，自建园以来，黄石国家公园仍丧失哺乳类动物 35 种。过度的旅游开发，满怀善意的物种引进，也使美国自然遗产保护工作尝尽苦果，并直接导致了 1995 年美国国家公园的骄傲——黄石公园被列入了《濒危世界遗产名录》，这迫使克林顿政府动用国库 9600 万美元收购了计划采矿的私人土地，有效地解除了金矿对黄石国家公园的威胁。在2003年7月召开的第二十七届世界遗产大会上，经过激烈辩论，黄石国家公园才从《濒危世界遗产名录》中被有条件除名。

从20世纪60年代开始，美国自然遗产保护工作在生物多样性理论的影响下，开始战略调整，并在保护与开发之间，摸索出一条生物多样性利用的有效途径。比如不再人工喂养野生动物，逐渐消灭外来树种等。特别是1995年成功地将被人为灭绝的野狼重新引入黄石公园，恢复了物种之间的动态平衡的做法，得到了业界人士的普遍赞许。

美国“国家公园”内涵相当丰富，在“国家公园”体系内，既有“国家湖滨”、“国家景观大道”等自然景观，也有“国家纪念战场”、“国家历史街区”等人文景观。由于每种类型的保护重点都有所区别，所以每个公园都有针对本公园具体情况的保护细则。在美国国家公园的发展过程中，也经历过投入过高、开发过度以及只注重景观而忽视生态价值的问题。但美国国家公园对自身的定位却值得我们学习。他们认为国家公园的管理者不是“业主”，而是“管家”。国家公园的真正主人是包括所有子孙后代在内的全体美国公民。因此，他们反复强调自己“对遗产只有照看和维护的义务，而没有随意支配的权利”。他们的这种朴实的遗产伦理观值得我们学习和借鉴。

此外，1976年1月，美国第九十四届国会通过了《民俗保护法案》，它的提出为美国民俗文化遗产，特别是无形民俗文化遗产的保护奠定了法律基石。

二、美国文化遗产保护机构的组织建制与职能

从组织架构上看，美国政府对传统文化遗产的保护大致可分为国家、联邦州及地方县市这样三个组织层面：国家级文化遗产保护机构主要是史迹保护联邦理事会、国家公园司，州级文化遗产保护机构是各州史迹保护办公室，而县市级文化遗产保护单位则是历史街区委员会和当地政府。

（一）中央政府的职能

美国政府文化遗产保护的最高权力机构是史迹保护联邦理事会和国家公园司；前者主要负责文化遗产保护方案的制订与决策，后者主要负责文化及自然遗产，特别是国家公园内文化及自然遗产保护的实施，两者统归内政部管辖。

根据美国《国家古迹保护法》第106条规定，史迹保护联邦理事会(The Advisory Council on Historic Preservation, ACHP)是文化遗产保护方面的国家级权力机构。作为总统文化遗产方面的咨询机构，它具有最终决定权。就文化遗产的保护、修复与改建等问题向总统提出建议，也是该理事会的一项基本职责。该理事会现有成员19名，其中包括联邦机构负责人6名，外加州长、市长、全国州古迹保护会议主席、全国古迹信托组织主席、首都建筑师各1名，保护专家、社会知名人士各4名。

国家公园司(The National Park Service, NPS)隶属内政部,它是负责联邦政府文化遗产保护工作的执行机构,主要负责研究制定文化遗产的经营与利用方案,同时提供国家级文化遗产保护所需经费、技术及工具等等。国家公园司最初是基于保护国家公园的动机而设立的,它的首要任务便是负责国家公园内文化及自然遗产的保护。其后,工作范围逐渐扩大到对国家公园之外的国有及私有文化遗产及自然遗产的保护。根据《国家史迹保护法》规定,在美国,文化遗产保护对象主要是指那些在美国历史上、建筑上、考古学上以及文化史上具有重要价值的地域、遗址、建筑及文物。联邦政府的任务,一是向各州实施的文化遗产保护工程提供资金方面的支持,二是组织协调好对国立公园、遗址、纪念物及历史公园的管理与运营。这些规划制定后,分别交由全美五大区的办公室负责实施。

此外,1976 年设立的博物馆援助机构也开始为博物馆、动物园、水族馆、植物园及天象仪的正常运营和为文化遗产收集、保护提供必要支持。而同时成立的联邦内务部鱼类、野生动植物司,环境品质理事会等国家级单位在指定濒危动植物清单,买入、管理这些濒危动物栖息地与繁殖地等方面也发挥了各自的作用。此外,为增加文化遗产保护方面的资金投入,美国还成立了美国艺术人文科学财团,并在它的旗下设立了具有全美性质的联邦政府机构——美国艺术财团。美国艺术财团是美国振兴本土艺术、保护民族文化遗产的专设机构。该财团直属总统,其资金主要来自政府预算和民间资助。

(二)地方政府的职能

由于实行联邦制,以前美国联邦政府内部并没有负责文化遗产管理的专门机构。文化及自然遗产的保护工作主要通过各州政府加以实施。由于缺乏统一管理,各州的文化政策也存在较大差异。史迹保护联邦理事会及国家公园司成立后,美国在各州也都相应地设立了史迹保护办公室。该办公室负责人由各州州长任命,其主要职责是根据联邦政府要求,制定本地区文化遗产保护预算及全州古迹保护方案,督促当地文化遗产保护组织的保护工作以及向联邦政府申请保护经费等。地方县市则设有专门负责文化遗产保护的历史街区委员会,同时地方政府也有专人负责当地文化遗产的保护。

(三)社团组织的职能

与许多西方国家一样,在美国的文化遗产保护工作中,社会团体也发挥着重要作用。许多文化遗产保护法如《联邦文物法》等的制定,都是在有关民间社团组织的共同呼吁下催生出来的。如美国《国家公园系统组织法》(The National Park System Organic Act, 1916)是在约翰·缪尔(John Muir)和其所属协会的共同推动下通过的,《历史遗址与古迹法》是在市民组织——美国历史建筑调查组织(Historic American Building Survey, HABS)以及平民保护组织(Civilian Conservation Corps, CCC)的推动下通过的。这一方面可能与美国文化遗产多保存在私人手中的现实有关,但更重要的还是因为在1966年通过《国家古迹保护法》之前,联邦政府中只有国家公园司一个单位直接介入古迹等文化遗产的保护,而社团民间组织不但声势浩大,而且涉及的领域也要比政府机构宽泛得多,再加之第二次世界大战后美国总统罗斯福公开反对国家对文保工作的投入,客观上也要求人们将分散于美国各地的文化遗产保护组织整合起来。于是,在1947年4月,成立了美国历史上第一个全国范围的文化遗产保护团体——全国史迹理事会(National Council for Historic Sites and Buildings),该组织1949年更名为"全国史迹信托组织"(National Trust for Historic Preservation),在后来的美国文化遗产保护中,发挥了关键性作用。这些民间社团组织的基本职能包括:教育国民增强文物意识,接受重要文化遗产及遗产地的馈赠,对文化遗产及遗产地进行科学而严格的保护与管理,确保文化遗产保护计划的实施。比较著名的社团组织还有"古迹保护行动组织"等等。此外,这些社团组织在美国各州、市也设有相应分支机构以负责地方文化遗产的保护。其资金一部分来自政府拨款,一部分来自社会捐款和自己的经营所得。此外,这些社会团体在一定程度上还可享受到来自政府的税收优惠。

三、美国文化遗产保护法的制定

由于采取联邦制,美国文化遗产保护所采用的体制基本是中央政府指导下的地方政府负责制。表现在法律上,便是各州文化遗产保护法的区别。尽管如此,这些地方法规的制定亦必受制于联邦法。联邦法通用于联邦、州以及级别更低的地方市县。了解联邦法是我们了解美国文化遗产保护政策的前提和基础。

美国联邦政府对文化遗产的保护经历了一个范围不断扩大的过程。最初,美国文化遗产保护对象仅局限于美国独立战争纪念物及美国南北战争的古战场遗迹,保护空间也仅局限于联邦政府所持有的国有土地。其后,随着人们文物意识的增强,管辖范围逐步扩大,许多私人拥有的文化遗产也被纳入到联邦政府的管理范畴。在美国,书画、美术品一类小型文化遗产在国会图书馆等地得到妥善保存,美国民俗生活中心(American Folklore Center)等单位,也一直致力于传统生活方式的保护、研究与开发。1976年《民俗保护法案的颁布》使这些重要的文化遗产在法律上得到最终确认。

(一)文物及考古资源保护法的制定

1.《联邦文物法》

在美国,最早的文化遗产保护法《联邦文物法》颁布于1906年。这也是美国联邦政府颁布的第一部有关史前文化遗产保护的法律法规。该法律规定,凡属联邦所有或归联邦管辖土地上的所有历史性纪念地(包括考古遗址),均属国家纪念物,严禁任何人对国有史前遗址进行非法挖掘、转移和破坏。该法案的法律条文虽仅适用于国有财产,但它对后来的文化遗产保护法的制定，却有着深远影响。此外，该法案还规定各种遗址、文物以及历史建筑的指定权，均归总统所有。

2.《考古资源保护法》

该法颁布于1979年，是1906年《联邦文物法》(The Antiquities Act)的重要补充，其目的是有效控制文物走私，以遏制文化遗产的流失。该法明文规定，未经许可在国有土地上盗掘文物者都将受到法律严惩。为有效打击文物走私，在后来的补充修正条款中，还进一步细化了考古资源以及盗掘考古资源的罚责。但该法案没有涉及私有土地上的文物资源保护问题。

3.《美国原住民墓葬与赔偿法》

这是一项旨在保护美国原住民利益的专门法案。该法案本着尊重印第安传统信仰——祖先的灵魂不得随意打扰原则，授予现存印第安族群以相应的权利。这些权利包括：在国有土地及印第安人保留区内，印第安人祖先的遗骨以及与遗骨有关的各种物质文化遗存不得擅自发掘。联邦补助的博物馆有义务提供该馆所藏印第安人的文化遗产，特别是与印第安人有关的人类遗骨以及与遗骨有关的物质文化遗产清单，以便在其后代族群要求归还时参照使用。但如研究需要，可暂缓归还。

(二)国家公园、历史建筑及历史街区保护法的制定

1.《国家公园系统组织法》

1916年《国家公园系统组织法》的颁布，直接推动了国家公园司的设立，从而为国家公园、史迹、战场遗址、自然景观和国家保留区的保护奠定了组织基础。该法的颁布不但扩大了传统意义上的文化遗产保护范围，使这些文化遗产的周边景观也得到了整体关照，同时山水、田园等自然景观的纳入，也进一步扩大了整个人类遗产的保护范围。因此，该组织法的诞生，其意义已经远远超出了体制建设范畴，对美国文化遗产及自然遗产的保护产生了积极影响。

2.《历史遗址与古迹法》

1935年颁布的《历史遗址与古迹法》是美国历史上第一部有关文物古迹保护方面的法律条文。该法在文化遗产指认范围上有所扩大，并明确重申重要古迹的管理权归内政部长所有。

3.《国家史迹保护法》

二次大战后，美国经济高速发展。当时美国交通部提出的州际公路方案和住宅与都市发展局提出的都市更新方案对美国城市建设产生了重要影响。但同时这两个方案对许多重要历史建筑、历史街区、历史遗迹也带来了灾难性的破坏。1963年，有关当局与全国史迹信托组织联合颁布了《美国古迹保护准则与纲要》，该报告呼吁联邦政府尽快成立史迹国家注册处及史迹保护联邦理事会，专门负责史迹登记与保护业务；同时建议利用减免税的方式鼓励民间社会的古迹保护工作。这两项建议后来都成为国家史迹保护法的重要内容。1966年10月15日，国会通过了《国家史迹保护法》。

《国家史迹保护法》一方面责成联邦政府以国家名义认定并保护其所有土地上的文化遗产；另一方面要求成立史迹国家注册处，专门负责国有及私有土地上各种文化遗产的注册、保护与开发。这些文化遗产包括：历史建筑、历史街区、文物、遗址及相关构造物等。《国家史迹保护法》还要求重新整合文化遗产保护队伍，在各州设立史迹保护办公室，负责制定本州文化产业发展纲要。

4.《国家环境政策法》

该法案颁布于 1969 年，它要求联邦政府在进行国有土地及私有土地使用功能变更时，必须详细考察该用地的环境、历史及文化价值，如果确有价值，在未来的土地规划中必须在确保文化遗产价值的前提下谨慎对待。

此外，《历史遗址法》(The Historic Sites Act, 1935)、《国家史迹方案》(National Historic Landmarks Program)以及《交通部法》(Department of Transportation Act)、《矿产开采管制法》(The Surface Mining Control and Reclamation Act, 1977)、《海岸分区管理法》(The Coastal Zone Management Act)、《联邦土地政策管理法》(The Federal Land Policy and Management Act)、《国家森林管理法》(National Forest Management Act, 1976)等也从文化遗产保护角度，对历史文化遗址的维护、交通设施的建设、矿产的开发、海岸、土地及森林的管理等方面，提出了更为严格的要求。

(三)《民俗保护法案》

1976 年 1 月 2 日，美国第九十四届国会通过了《民俗保护法案》。在本法案中，“美国民俗”一词所含范围相当广泛，“风俗、信仰、技巧、语言、文学、艺术、建筑、音乐、游戏、舞蹈、戏剧、宗教仪式、庆典、手工艺”等在“美国境内各群体所持有的家族的、种族的、职业的、宗教的和地域的文化表现形式”，都在美国民俗之列，也都在《民俗保护法案》的保护之列。《民俗保护法案》通过后的第一个成果，就是在美国国会图书馆中建立了美国民俗中心，为保存、展示和研究美国民俗提供了方便。

四、美国文化及自然遗产保护经验

虽然美国历史并不久远，文化遗产也并不丰厚，但美国在自然及文化遗产的保护方面却也有自己的特色。美国对自然与文化遗产的保护经验主要集中在以下几个方面：

(一)重视自然遗产保护，首创国家公园模式

美国是世界上较早认识自然遗产的重要性并第一个提出自然遗产保护的国家。1872 年，美国便设立了世界上第一座国家公园——黄石国家公园。在这一全新模式启发下，目前美国已建立国家公园 379 处，占美国国土总面积的 3.64%。在对自然遗产的保护过程中，他们对自然遗产价值的认知也经历了一个由表及里的认识过程，从单纯对自然美景的保护，发展成为对自然生态、物种基因等的全方位保护。虽然他们也走过许多弯路，但留给我们

的经验与教训却具有重要的现实意义。

(二)强调对自然及文化遗产的整体保护

对文化遗产实施整体性保护是美国自然及文化遗产保护的一个相当突出的特点。其实,对文化遗产实施整体保护的理论并非美国首创,但在具体的操作过程中,美国却成为这一理论的最为忠实的实践者之一。这一点很可能与美国遗产保护始自自然遗产的经历有关,美国第一所国家公园——黄石国家公园是世界上第一所将自然遗产与人文遗产作为一个整体加以保护的国家公园。此后,美国又在这种整体保护的思路下设立了包括“国家湖滨”、“国家景观大道”、“国家保留地”、“国家保护区”、“国家休闲地”、“国家河流”、“国家海滨”、“国家荒野与风景河流”等自然景观类国家公园,也设立了包括“国家纪念战场”、“国家纪念地”、“国家战场公园”、“国家历史公园”、“国际历史街区”、“国家战场”、“国家军事公园”、“国家历史街区”等人文景观类国家公园。既然将整座战场、整片海滨抑或历史街区当成国家公园,客观上势必要求对国家公园内的所有景观及人文建筑实施整体保护。这种保护模式在当时来看也许大而不当,但从现在来看,整体保护反倒有效地保护了我们所关爱的自然及文化遗产直至其周边的各类景观。这种整体保护模式值得借鉴。

(三)关注非物质文化遗产及传统民俗事项的保护

1976 年 1 月 2 日,美国第九十四届国会通过《民俗保护法案》,从该法案的内容看,显然是受到了日本及韩国的影响。这一法案的提出尽管比日本晚了 27 年,比韩国晚了 14 年,但与至今仍无大的动作的其他欧美国家相比,美国还是早走了一步。除相关法律的制定外,近些年来,美国还在协调与本地土著民族印第安人的关系及保存其独特的文化传统等方面进行了若干尝试。如建立印第安人生活保护区,给他们以高度自治权利,鼓励他们保持自己原有文化,尽量减少外界对他们的干扰,等等。无论最终效果如何,这些尝试的出发点都是善意的,至少他们已经认识到了保持文化多样性的重要意义。此外,口述史学在美国的兴起也为非物质文化遗产的保护作出了重要贡献。

总之,与西方社会偏重物质文化遗产保护的传统相比,美国较早注意到了非物质文化遗产的保护问题,而非物质文化遗产的保护正成为当代世界文化遗产保护运动中的一个新的亮点。

第四节　日本和韩国文化遗产保护经验

一、日本的文化遗产保护

日本对文化遗产的保护始于 19 世纪的明治初年。日本的传统文化遗产直到江户幕府时代,几乎保护得完整无缺。明治维新以后,资本主义的发展使日本传统文化受到了剧烈冲击,日本在发展经济的同时,也关注对传统文化的保护工作。1871 年(明治四年)5 月,日本政府颁布了保护工艺美术品的《古器物保存法》,这是日本政府第一次以政府令的形式颁布的文化遗产保护法。后来又陆续颁布了《古社寺保护法》(1897 年)、《古迹名胜天然纪念物保护法》(1919 年)、《国宝保存法》(1929 年)和《重要美术片保存法》(1933 年)等文化遗产保护法规。第二次世界大战,日本从侵略者到战败国,也使日本文化财产遭到惨重破坏。1945 年后,日本在废墟上重建国家,复兴民族的最初阶段,政府广泛采纳了社会开明人士和学术界的强烈呼吁,实施了复兴日本民族文化的战略方针。

1949 年 1 月 26 日,发生在奈良法隆寺金堂的火灾,将日本最古老的描绘在木构建筑上的壁画毁于一旦,这件事唤起了人们对文化遗产的保护意识,由此催生日本在 1950 年颁布并实施了《文化财保护法》。1954 年,又进行了重大修改,并确立了重要无形文化财富的指定制度,增加了如《重要无形文化财指定基准》和《重要无形文化财保持者认定基准》等法规,目前这部保护法已经成为一部十分完善的民族文化保护法典。《文化财保护法》明确规定由国家保护有形和无形的文化遗产,由国家设立文化财产保护委员会,用于保护传统文化艺术,这些举措体现了日本对本民族传统文化的尊重和爱护。

(一)日本《文化财保护法》中的重要法规内容

在日本《文化财保护法》中,明确将国家指定的文化财产划分为有形、无形、民俗、纪念物和传统建筑群落等五大类,其具体所指如下:

有形文化财富是指那些在日本历史上具有较高历史价值与艺术价值的建筑物、绘画、雕刻、工艺品、书法作品、典籍、古代文书、考古资料及具有较高价值的历史资料等有形文化载体。

无形文化财富是指具有较高历史价值与艺术价值的传统戏剧、音乐、工艺技术及其他无形文化载体。由于无形文化财富所具有的"无形"特征,给指定工作带来一定难度。因此,人们在指定无形文化财富时,也常常将那些无形文化财富的传承人——表演艺术家或工艺美术家们一并指定。其中,规定了工艺技术的指定基准,如陶艺、染织、漆艺、金工及其他工艺技术中符合下列四条之一的即可指定:第一,艺术上具有特殊价值的;第二,对艺术具有重大作用的技术;第三,在工艺史上具有特别重要地位的;第四,艺术价值高,对艺术具有重要作用,又在工艺史上占有重要地位,地方特色显著的。对工艺技术保持者的认定基准有两条:其一,重要无形文化财富所指定的工艺技术的高度持有者;其二,重要无形文化财富所指定的工艺技术及相关技术的正确保持者、精通者。

民俗文化财产又分为有形和无形两种。其中,无形民俗文化财富是指与衣食住、民俗生产、信仰、岁时年节等有关的风俗习惯和民间传统艺能。而在无形民俗文化财富中被使用的种种物品,则被指定为有形民俗文化财富，如能体现出日本国民生活样式的服装、生活器具、生产工具、家具及民居等等都可称为有形民俗文化财富。

纪念物是指在历史及学术上具有较高认识价值的古墓、都市遗址、城堡遗址、老宅，在艺术或观赏上具有较高价值的庭院、桥梁、峡谷、海滨、山脉以及其他名胜古迹，具有较高学术价值的动物、植物以及地质矿物也被列入纪念物范畴。也就是说，纪念物既包括文化遗产，也包括自然遗产。

传统建筑物群是指那些具有较高价值的、与周边环境连为一体的、可作为历史景观的传统建筑群落。

在这部法律中确定的无形文化财产和无形民俗文化财产，在今天的联合国教科文组织的标准文件中，一律称之为“人类口头和非物质遗产”，与我国的民族、民间文化遗产的概念大致相同。

值得一提的是，日本于1974年颁布实施的《传统手工艺品产业振兴法》以及工艺产业调查，是日本政府为进一步振兴传统手工艺而制定的一部法律，也是继《文化财保护法》后，一部对工艺美术及相关传统的继承与发展，具有重要意义的法律。根据这一法律，由日本工业技术联络会、工业技术院制品科学研究所和传统工艺品产业振兴协会组成的传统工艺技术调查实行委员会，于1975年先后两次进行了全国性的工艺品产业调查，于1976年出版了调查报告，对指导和推动各地工艺美术的发展起到了重要作用。

（二）日本文化遗产保护的重要举措

“推行保护，重在措施”，这是国际保护非物质遗产先进经验中的基本经验。文化财产保护法的实施，首先是对文化财产的指定，尤其是对无形文化财产的指定。如工艺技术，一是指定了技术本身，二是指定了拥有技术的具体匠人。日本在这方面的经验很突出，他们采取了科学的认定程序，用来认定“重要无形文化财产”的项目和“人间国宝”的命名。

在文化财产保护过程中，强调保护传统文化持有者的重要性，注重对“人”的关注。在日本《文化财保护法》的认定对象主要包括个别认定、综合认定和保护团体认定三种形式。“个别认定”指对于某个技艺传承者个人资格的认定；“综合认定”指对那些具有多重文化事项的民俗活动的认定；“保护团体”指对那些由一个以上文化财产持有者的集团的认定。

其中，最有特色的是“人间国宝”认定。“人间国宝”是指被个别认定的重要无形文化财产的保持者，他们都是在工艺技术上或表演艺术上有“绝技”、“绝艺”、“绝活儿”的老艺人，其精湛技艺赢得日本政府的正式肯定，列为传承保护的对象，成为各相关方面的名人、名手。一旦认定后，国家就会拨出可观的专项资金，录制他的艺术，保存他的作品，资助他传习技艺、培养传人，改善他的生活和从艺条件。日本文化厅统计指出，迄今艺能方面的“人间国宝”有57名，工艺技术方面有57名，共计114名。据了解，日本文化厅年度预算超过1千亿日元，其中10%被用来保护国内重要有形文化财产和重要无形文化财产（“人间国宝”），相当于15亿元人民币。而每年为每位

“人间国宝”提供的经济补助为200万日元，约合人民币29万元。日本各工艺技术保持会已相继编辑了“人间国宝”工艺篇数十卷，如《民间陶器》、《色绘瓷器》、《型绘染》、《雕漆》、《铸金》、《蜡形铸造》、《雕金》、《日本刀》、《刀剑研磨》、《本工艺》、《竹艺》、《衣裳人形》、《纸塑人形》等等。日本政府不但对“人间国宝”在经济上给予必要的补助，在税收等制度上也给予优惠，还给他们相当高的社会地位，以激励他们在工艺方面的创新和技艺方面的提高。由于“人间国宝”的作品有保留和升值价值，购买他们的作品就像购买古董，收藏价值非常高。正是这种尊崇和保护制度，使得日本传统的手工纸、手工伞、漆器、雕刻、陶瓷、织锦、和服、净琉璃等各种古老手工艺得以流传，并高水平地保留至今。

此外，法律还明确规定，文化财产持有者同时也应该是文化财产的传承人。如果文化财产的持有者将自己的技艺密不传人，那么，无论他的技术有多高，都不会被政府指定为“人间国宝”或“重要无形文化财产的持有人”。这一系列具有较强操作性措施的颁布，对无形文化财产的保护起到了良好的促进作用。几十年来，文化激励机制的推行，已经使日本许多工艺技术、表演艺术等门类在强有力的保护措施下从濒危到重生，再走向新的繁荣。

在保护文化财产的过程中，除国家给予必要的物质奖励和精神奖励外，国家还十分强调各级地方政府、民间组织甚至个人的参与，并明确规定出各方的权力与义务。比如，日本建立了从县市到乡村覆盖全国的保护重要无形文化财产的专业协会，凝聚了千万民俗文化艺术的传人，从事传承活动，对于这种无形民俗文化财产的传承工作，除国家给予必要的资助外，社会团体、地方政府也都给予一定程度的赞助。这样强调社会群体在保护文化财产过程中的重要性，提高了日本国民的全民保护意识，培养了文化财产保护方面的人才。

日本还强调对文化遗产的活用，对文化财产并非仅停留在简单的“保护”上，而是要充分发挥出文化财产的作用，即在妥善保管的同时，还要努力利用这些文化财富。比如，日本人十分珍视传统的手工业，在国内外不断举办工艺大展，在公开展示的过程中，最大限度地发挥这些文化财产的认知作用和教育作用，使人们通过文化财产的活用，了解自己的历史和文化。

（三）日本文化遗产保护工作对世界的影响和贡献

日本文化遗产保护工作，对世界文化遗产保护有着深远的影响和巨大的贡献，特别是《文化财保护法》的颁布，尽管它只是一部日本国关于文化遗产保护方面的法律法规，但对后来整个国际社会文化遗产保护法规的制定，对于人们观念的更新，都发挥了重要作用。在日本，人们将传统文化遗产统称为“文化财”，即所谓“文化财富”；对于创造文化财富的艺人们更是尊重有加，统称为“人间国宝”。这些命名的提出，极大地提高了整个社会对于传统文化遗产的重视程度，那些一向为社会所忽略的民间艺人也由此获得了相当高的社会地位。这种无形的激励机制，极大地促进了文化的传承。这一点对他国乃至联合国教科文组织都曾产生过重大影响。

从日本的经验中，我们对于传统文化遗产有了一个更为全面、更为透彻的认识，同时也更为深刻地理解了“文化财富”的重要意义以及“人”在文化遗产传承过程中的重要性。这是日本对人类文化遗产保护工作的特殊贡献。

二、韩国的文化遗产保护

韩国对文化遗产的保护始于20世纪初期。它从一开始明显地受到日本文化财保护理念的影响。在日本无形文化财保护的影响下，韩国非物质文化遗产保护也走在世界的前列。韩国在文化遗产保护方面已经形成了一整套完善的行政管理模式、法律管理模式，有许多经验值得我们学习和借鉴。

韩国《文化财保护法》是当今韩国文化遗产保护工作的根本大法，也是韩国文化遗产观和文化遗产保护观的最高体现。韩国《文化财保护法》自1962年颁布以来，历经14次较大修改，大体上反映出韩国对文化遗产保护工作的认识过程，要想了解韩国文化遗产保护法的基本特点，首先要了解《文化财保护法》的基本内容和特征。韩国文化遗产保护具有如下特征：

(一)日本模式的大胆借鉴

韩国历史上颁布的几部文化遗产保护法，几乎都与日本文化遗产保护法有关，有些甚至可以说是日本推行其殖民政策而制定或移植过来的。譬如从《寺刹令》(1910年)中，很容易看到日本《古社寺保护法》(1898年)的痕迹；从《朝鲜宝物古迹名胜天然纪念物保存令》中，也不难看到日本《史迹名胜天然纪念物保存法》(1921年)的影子，其中一些法律不仅在日本殖民时期，就是在朝鲜光复后的相当长时间内也仍在继续沿用。

20世纪60年代，韩国政府根据现代社会快速发展的需要，开始考虑制定一部新的文化财保护法。与日韩国文化背景相似，在文化遗产观上韩国面对日本《文化财保护法》有着更多的理解和认同。所以从1960年起，韩国方面开始认真研究日本的《文化财保护法》，并在此基础上制定出本国历史上最为完整、最具综合性特点的文化遗产大法——《文化财保护法》。在这部法律中，韩国不但首先接受了日本《文化财保护法》提出的“文化财”概念，同时还对日本《文化财保护法》提出的“有形文化财”、“无形文化财”、“民俗文化财”等全新概念以及在此基础上建立起来的新的分类体系也都予以全盘接受。

(二)建立严格的管理体系

韩国对文化遗产的科学保护源于其完善的法律管理。在韩国，文化遗产保护的最高责任人是国家总统。而文化遗产保护工作的主要机构是文化观光部下属的文化财厅。通常的做法是文化财厅厅长将部分权力委任给当地政府，具体的管理工作由各地市、通知事负责。地方政府及其所属教育委员会有义务保护和管理各辖区内的文化遗产，同时为当地文化遗产保护提供财政支持。韩国文化遗产管理的决策机构是由韩国文化财厅负责组建的文化遗产委员会。文化财委员会下设分科委员会，分别负责各领域文化遗产的指定和解除等具体事宜。

不仅对行政机构和有关资讯审议机构有着严格的法律规定，就是对普通文化财保护人员，韩国《文化财保护法》亦有相当严格的要求。按照《文化财保护法》第 2 章第 18 条第 2 款规定：国家指定文化财的修理（维护）工作，只能由有资质的文化财修理技术人员负责。而要想从事文化财修理，必须符合总统令指定的条件，技术上应该通过文化财修理技术人员的资格测试。这些测试包括履历审查、笔试和面试。只有从事文化财修理工作十年以上的六级公务员方可免除笔试。

在韩国，即将或已经具有修理资格，要想从事文化财修理工作，也必须重新登记。而一旦出现"伪造其他方法登记"、"因身体或精神上的原因不能承担业务"、"不用指定的修理材料或不按传统样式进行修理"等，都将被取消登记，并处以停业两年的处罚。

综上所述，在韩国，从行政机构、咨询机构，直至文化财修复人员，每个人、每个单位都有明确社会分工。他们既不能越俎代庖，也不能消极怠工，更不能违法操作。这种严格的岗位责任制，有效地保证了韩国传统文化财保护工作的有序进行。

（三）对无形文化财及传承人的高度关注

韩国人对非物质文化遗产的重视集中体现在韩国的《文化财保护法》中。该法的第 24 条明文规定："国家为继承和发展传统文化，而保护、培养重要无形文化财。"这一规定也从一个层面告诉我们，韩国对传统文化遗产的保护已经不仅仅局限于"死"的文物，更多的鲜活的文化遗产也将在他们手中传承。所以《文化财保护法》在"重要无形文化财的保护、培养"一项中，突出了"发展"、"培养"这样一类仅用于"活态"文化保护的字眼。

在无形文化财保护这个问题上，《文化财保护法》授予文化财厅厅长以这样的权力："文化财厅厅长为继承、保存重要无形文化财，可命令该重要无形文化财的持有者传授其所持有的技艺。"由此需要的经费在预算范围内将由国家支付。同时对接受传统教育者应发给奖学金。

为保护无形文化财，全国各地都成立有关社团组织。这些民间社团组织多由民间艺人、工匠或热心人士组成。他们在一起既可以切磋技艺，也可以通过这些团体将手艺传承给更多的人。

按韩国《文化财保护法》规定，在指定重要无形文化财时，亦同时要指定重要无形文化财的持有者或持有团体。所谓"持有者"，是指那些可以"原原本本领会或保存重要无形文化财之技艺、技能，并能原原本本地进行艺术表演或进行工艺制作的人"。而所谓"持有团体"，是指那些"原原本本领会或保存重要无形文化财之技艺、技能，并能原原本本地进行传统表演或进行传统工艺制作的团体。但这只限于那些在性质上无法由个人独立完成的无形文化财或指认持有者过多的无形文化财”。在认定之前,无形文化财持有者或持有团体应接受文化财委员会中该领域委员、专员及相关专家的调查。

为保证传统文化后继有人,韩国政府特设奖学金,以资助那些有志于学习非物质文化遗产的年轻人,这些人被统称为“传授奖学生”。在传授奖学生的选拔方面,《文化财保护法实施规则》有着更为详尽的规定。该《规则》要求:传授奖学生必须是“从重要无形文化财的持有者或持有团体那里接受了六个月以上的传授教育,且在该重要无形文化财的技能、技艺方面具有相当素质的人员”,或是“在与重要无形文化财相关领域工作经历超过一年以上者”。在年龄方面,各领域亦根据各年龄段接受能力的不同而有所区别。重要无形文化财的传授奖学生一般学期五年,但已获得传授教育证者除外。

(四)建立严格的奖惩制度

建立严格的奖惩制度,是韩国文化遗产保护工作的一个突出特点。

在韩国《文化财保护法》中,非常强调奖励机制对文化遗产保护工作所带来的积极影响。该法第66条规定,文化财厅长有权对以下人员给予表彰,并给予一定奖励。这些人员包括:发现、报告地下文物后经鉴定成为国宝及宝物的文化遗产发现人;重要无形文化财持有人或对重要无形文化财之保护、扶持作出过显著贡献者;在管理、保护、公开展示文化财方面发挥过表率作用者。

韩国《文化财保护法》第七章《罚则》,即针对各种犯罪现象,制定出严格的量刑标准。这些罪名包括:无许可输出罪、虚伪指定罪、盗掘罪、加重罪、未遂犯罪、过失犯罪等等,且判罪极严。

(五)强调法律的可操作性

韩国《文化财保护法》及《文化财保护法实施规则》的显著特点是法律的可操作性。《文化财保护法》的许多条文规定都相当细致。《文化财保护法实施规则》对如何提交重要文化财申请、如何补办重要无形文化财认定书、如何办理文化财的接触手续以及填写各种表格等,都有着详细的规定。

第五节　联合国教科文组织文化遗产保护

联合国教科文组织在推动世界各国和组织的文化遗产保护工作方面发挥了重要作用。联合国教科文及相关国际组织并非国家实体,也没有发布宪法的权力,要想实现某种目标,只能通过颁布国际公约、宪章及建议案等形式取得国际社会认同,推动文化遗产保护工作,这其中有理论研究,更多的是保护实践。

一、对地下遗址及出土文物的保护原则和举措

埋藏于地下的古遗址、古墓葬及发掘的出土物是物质文化遗产的重要组成部分,联合国教科文组织对此类文化遗产的保护发挥了重要作用。

联合国教科文组织自1949年成立以来颁布的第一部国际公约，就是《考古发掘国际原则建议案》。此后几乎每隔数年，便有一部新的与文物保护有关的国际公约诞生，这些国际公约对于统一国际考古学界的学术理念和学术标准发挥了十分重要的作用。

这些公约包括：联合国教科文组织大会第九届会议于1956年在新德里通过的《考古发掘国际原则建议案》，联合国教科文组织大会第十一届会议于1960年在巴黎通过的《博物馆向公众开放最佳方法建议案》，欧洲理事会1969年在伦敦通过的《保护考古遗产欧洲公约》，联合国教科文组织大会第十六届会议于1970年在巴黎通过的《禁止和防止非法进出口文物及非法转让其所有权公约》，联合国教科文组织大会第十九届会议于1976年在内罗毕通过的《文物国际交流建议案》，联合国教科文组织大会于1978年在巴黎通过的《保护可移动文物建议案》，联合国教科文组织大会于1980年在贝尔格莱德通过的《保护与保存活动图像建议案》以及国际古迹遗址理事会全体大会于1990年在洛桑通过的《考古遗产保护与管理宪章》。这些国际公约主要就以下问题达成原则性共识。

（一）对地下文物实施整体保护原则

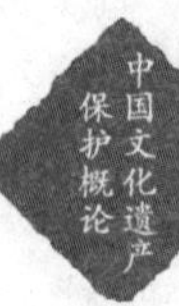

联合国教科文组织1956年通过的《考古发掘国际原则建议案》希望“每个成员国应考虑对不同时期、一定数量的考古遗址部分或整体地维持不动，以便今后利用更先进的技术和知识进行发掘，在每个正在发掘的较大遗址，只要土地性质允许，可以保留几处明确界定的‘见证’区不进行发掘，以供最终证实遗址的地层和考古结构”。1990年10月在洛桑公布的《考古遗产保护与管理宪章》进一步指出，在考古遗产的保护方面应遵循“整体保护原则”。该宪章认为：“考古遗产是一种容易损坏、不能再生的文化资源。因此，对土地的利用必须严加控制并进行合理开发，以便把对考古遗产的破坏减小到最低限度。考古遗产的保护政策应该成为有关土地利用、开发和规划以及文化环境与教育政策的一个重要组成部分。考古遗产的保护政策必须予以不断检验以便跟上时代发展，考古保护区的划定亦应成为此种政策的一个重要组成部分。考古遗产的保护必须纳入国际的、国家的、区域的以及地方一级的整体规划。一般民众的积极参与也应该成为考古遗产保护政策的一个重要组成部分，这在涉及当地遗产时尤显重要。”

（二）对地下文物实施就地保护原则

为保护好地下文物，《考古遗产保护与管理宪章》特别强调了“就地保护原则”的重要性。《宪章》认为，在现有技术条件下，就地保护对文物可能更有好处；考古遗产管理的总体目标应该是古迹与遗址的就地保护，包括对一切相关记录与藏品的长期保管，将遗产的任何组成部分转移至新的地点的行为，都有悖于就地保存原则；在某些情况下，把保护和管理古迹与遗址的责任委托给当地人民也许更为合适。

（三）建立完善的请示、汇报制度

为使考古遗址、遗迹免遭破坏，联合国教科文组织通过的《考古发掘国际原则建议案》要求各成员国在“考古勘探或发掘前须取得主管当局同意”，“发现考古遗存后应尽早向主管当局申报”。而对于“违反上述规定的行为应予以处罚”，“对未申报物品予以没收充公”。

1968年11月在联合国教科文组织大会第十五届会议上通过了《保护受到公共或私人工程危害的文物建议案》规定：公共或私人工程中一旦发现考古遗存，当事人有义务尽快向主管行政部门报告，该行政部门应进行认真检查，如遗址非常重要，应延迟施工以便全面发掘；对于因此而招致的延误，应给予适当的补贴或赔偿；各成员国应采取措施，严惩那些因施工而对文化遗产造成损害的故意犯罪行为或过失犯罪行为。

（四）编制手册，方便国际交流

联合国教科文组织大会通过《考古发掘国际原则建议案》强调重要文物收归国家所有或由国家监管。为保护好考古发掘，有关机构应尽可能隶属中央国家部门，除做好一般的考古管理工作外，“该机构还应编制可移动或不可移动纪念物的总目录，并为各重要博物馆等编制附加文献目录”。“每个成员国应对所发现的考古遗存及实物修复，实施认真监管。”

1976年，联合国教科文组织大会第十九届会议通过的《文物国际交流建议案》认为，应采取必要措施以方便各国文化机构间的文物交流。措施之一就是“建立供国际交流使用的文物供求档案”，“提供有关物品之文化利用、保护及适当修复的最完整的科学、技术及必要的法律文献”，以及“为妥善保护有关文物而拟采取的一切必要措施的说明”。“相关组织，特别是国际博物馆协会，应编制或增编一部或多部论述文物各种交流渠道及特点的实用手册”，并“在国家主管当局的协助下，向各国相关专业组织广泛散发”。同时散发“各国由文物保管机构印制的各种出版物”、“各国编制的交流供求档案”，以促进文化遗产的国际交流。

此外，联合国教科文组织通过的《保护可移动文物建议案》也从风险防范角度，提出了对文化遗产进行系统编目的必要性。该《建议案》认为，博物馆及其他类似机构，为确保文物的安全，应“鼓励按照专门为此目的制定的方法，尽可能详细地对文物进行系统编目及分类”，“鼓励利用当代技术所提供给我们的谨慎方法对文物进行标准化鉴定”。

（五）充分发挥文化遗产的教育作用

随着时间的推移，许多地下文物的实用功能已经丧失，但它的教育功能、认识功能、审美功能犹存。因此，联合国教科文组织非常强调文化遗产的展示，并希望通过展示，充分展现出文化遗产的多方面价值。《考古发掘国际原则建议案》希望各成员国“在重要考古遗址上，举办具有教育性质的小型展览，如有可能，建立博物馆，并通过建立博物馆的方式向参观者宣传该考古遗址的意义”。同时期盼主管当局提出具体措施，如通过历史教学、学生参加某些发掘等方式，唤起并推动对过去时代历史遗存的尊重与热爱。

1960 年，联合国教科文组织还专门就博物馆的开放问题，发布了《博物馆向公众开放最佳方法建议案》。该《建议案》认为："博物馆应成为其所在地区的知识中心和文化中心。""各成员国应鼓励发展博物馆俱乐部并动员年轻人参加各种博物馆活动。"为充分发挥博物馆的教育作用，"博物馆应于每天以及于各类观众方便之时对外开放"，"博物馆应配备足够数量的管理人员以便实行轮班制度，使博物馆能保持连日开放"。在宣传方面，各成员国应通过地方当局或其本身的文化关系或旅游服务等媒介，在国家教育和国际关系的范围内，尽力鼓励人们多参观博物馆及馆内安排的各种展览；"对于博物馆为学校和成人教育所作出的贡献，应予承认并给予鼓励"。各博物馆可通过配备教育专家，成立教育部门，建立地方、地区及省一级业务部门主管与教师联合会等方式，扩大博物馆的宣传教育作用。

（六）加强考古作业中的国际合作

加强国际合作是联合国教科文组织保护出土文物的另一个重要举措。在联合发掘这个问题上，联合国希望世界各国加大国际合作与交流。在《考古发掘国际原则建议案》中，联合国教科文组织重申：为考古学和国际合作的更高利益，各成员国应以一种更开明的态度鼓励外国人参加发掘。在发掘者的权利与义务方面，"特许权授予国应保证发掘者在合理的期限内对其发掘出土文物的科学研究权利"，"授予国应要求"发掘者在特许权证书规定的期限或适当的期限内，发表其工作成果。初步报告的期限不应超过两年，为确保文物原产国利益，该《建议案》还制定了实物返还文物原产国规定。"发掘机构和博物馆应互相协助，以确保或便于返还由私自发掘或盗窃所获得的实物和一切违反文物原产国立法而出口的实物。"

（七）强化国际交流中的安全意识

可移动文物的最大特点是它的可流动性。在流动过程中，由于管理不善，很容易造成这类文物的损伤甚至流失。因此，如何保证文物在流动过程中，特别是在长距离流动过程中免遭不幸，便成了文物保护工作中的一个非常棘手的问题。1969 年，欧洲理事会在伦敦颁布的《保护考古遗产欧洲公约》中已经提到这个问题。为确保遗产交流安全，该《公约》要求各缔约国"鼓励科学机构、博物馆同国家主管部门间进行有关古物及合法与非法发掘情报资料的交流"，同时尽量为本公约缔约国文化遗产主管当局，提供可能来自非法发掘文物以及与此有关的详细情报，做到防患于未然。1976 年，联合国教科文组织通过的《文物国际交流建议案》则特别强调文化遗产在国际交流中的安全问题。提醒"各成员国应特别注意在出借特别是运输期间文物的担保问题，特别是那些具有巨大价值的物品，在出借过程中应考虑实行政府担保及政府赔偿制度"，同时提醒各成员国"尽量将文物在国际交流中所涉及的各种活动，都委托给适当的专门机构办理"。

在改进风险担保金来源方面，联合国教科文组织 1978 年通过的《保护可移动文物建议案》强调了政府担保的重要性，并指出在博物馆及类似机构应建立“风险管理机制”。这些机制包括“各种风险的确定、分类、评估、控制及资金的提供”。同时，在国际合作过程中，各成员国也应“在风险预防和风险保险方面，与具有资格和能力的政府组织或非政府组织协作”，“与负责制止文物盗窃、非法贸易及揭露赝品的各官方机构合作”，“如有必要，可缔结与此有关的法律援助与防止犯罪的国际间协议”，并倡导参与“组织保护与修复可移动文物及风险管理方面的国际培训课程”，“会同专门国际组织制定本建议所涉领域的道德与技术准则，并鼓励有关保护与保存可移动文物发明创造方面的科技情报交流”。

（八）坚决抵制国际交流中的走私行为

随着国际交流的增加，文物走私行为日趋活跃。为保护好这些文化遗产，1969 年欧洲理事会在伦敦颁布了以反走私为内容的《保护考古遗产欧洲公约》。该《公约》要求各缔约国国家博物馆及其他类似机构，不得收购来自非法发掘的考古物，并劝阻私营博物馆及其他类似机构收购非法文物。尽可能通过教育、信息情报、治安保卫及合作等方式限制非法发掘及非法发掘物的流通。

1970 年联合国教科文组织大会第十六届会议通过的《禁止和防止非法进出口文物及非法转让其所有权公约》，进一步强调了禁止、防止文物走私行为及转让其所有权之非法行为的重要性，同时敦请各缔约国设立保护文化遗产的专门性国家机构，制定“防止重要文物非法进出口或非法转让的法律法规，制定并不断更新禁止其出口的公共及私有文化遗产清单，成立保证文物保存与展出的科研机构，组织对考古发掘的监督。为保护各有关方利益，还需制定出符合本公约道德原则的规章并保证付诸实施。通过教育，鼓励并提高对各国文化遗产的尊重，宣讲有关本公约规定的各项章程”，等等。在出口方面，要求各缔约国建立发放许可证制度，无许可证者一律禁止出口。同时要求各缔约国采取必要措施，防止其他缔约国文物的非法流入。

（九）协助私人搞好文物收藏

联合国教科文组织 1978 年通过的《保护可移动文物建议案》鼓励私人物主编制并向负责文化遗产保护的官方机构递交自己的收藏目录，并视情况向主管官方博物馆开放，以便就文物的保护问题进行磋商。可采取激励措施，给已经列于保护名录的文物以适当的财政补贴。也可委托官方机构就有关私人收藏文物的防火等问题，向私人物主提供必要的技术咨询。在位于宗教建筑及考古遗址内的可移动文物保护方面，该《建议案》认为：“各成员国应鼓励建造储藏设施”，“各国政府应为此提供技术及资金方面的支持”。

二、对地上历史建筑类文化遗产的保护原则与举措

对建筑类文化遗产的保护是联合国教科文组织及其他相关国际组织的一项重要工作。早在 1933 年国际现代建筑学会颁布的《雅典宪章》就涉及对

历史建筑的保护问题；1947年，历史古迹建筑师及技师国际会议（ICOM）和1959年成立的国际文物保护与修复研究中心（ICCROM）也开始关注历史建筑的保护。第二次世界大战结束后，欧洲各国纷纷修复被战火焚毁的古城及历史建筑。规模之大，前所未有。然而在修复过程中，因没有一个共同的实施原则，故差别很大。一些历史建筑一经修复，反倒使其固有文物价值尽失。为此，欧洲古建保护界人士渐觉有必要制定出一个科学有效的、各国都能共同遵守的国际准则，以确保对历史建筑文物价值的有效保护，并尽力避免因修复而导致的古建文物价值的丧失。

1964年，联合国教科文组织委托欧洲几位著名古建保护专家，起草一份关于保护历史建筑与历史街区的国际宪章，并于同年5月在历史古迹建筑师及技师国际会议第二次大会上获得通过，这就是人们所熟知的《威尼斯宪章》。第二年，教科文组织把ICOM改建为ICOMOS，即“文物建筑和历史街区国际会议”，并在1966年召开的第一次大会上确认了这个宪章。与《威尼斯宪章》齐名的历史建筑类国际宪章还有：联合国教科文组织大会第十五届会议于1968年在巴黎通过的《保护受到公共或私人工程危害的文物建议案》、联合国教科文组织大会第十九届会议于1976年在内罗毕通过的《内罗毕建议案》（即《历史街区保护及其当代作用建议案》）、1977年颁布的《马丘比丘宪章》、1982年由国际古迹遗址理事会与国际历史园林委员会在佛罗伦萨共同颁布的《佛罗伦萨宪章》以及国际古迹遗址理事会个体大会于1987年在第八届会议上通过的《华盛顿宪章》（《保护历史城镇与城区宪章》），等等。正如《内罗毕建议案》所指出的那样，历史街区是各地人民日常环境的组成部分，是往昔历史的生动见证，它为社会的多样化提供了相当丰富的多样化背景，因而具有独特的价值和人文精神，保护历史街区并使之与现代社会相结合，是城市规划和土地开发的基本原则。但长期以来，“整个世界在扩展或现代化的借口下，拆毁（却不知道拆毁的是什么）历史建筑的行为以及那些不合理不适当的重建工程，正给这一历史遗产带来非常严重的损害”。仅从这一点来说，这些建议案和国际宪章的颁布对指导国际社会保护人类共同建筑遗产，就具有相当重要的意义。

（一）加强对历史街区的整体保护

人类对建筑类文化遗产的保护大致经历一个从个体保护向整体保护发展的历史过程。如1933年8月国际现代建筑学会在《雅典宪章》指出：“有历史价值的古建筑均应妥善保存，不可破坏。这些建筑包括：真能代表某一历史时期且能引起普遍关注、可以教育人民的历史建筑和保留但不妨害居民健康的历史建筑。”同时《宪章》还希望“在可能的情况下，所有干道都应尽量避免穿行古建筑区，并使交通不致拥挤，亦不使之妨碍城市的有机发展”。这里虽然也强调了对“古建筑区”的保护，但其着眼点显然还仅限于对建筑类文化遗产的个体保护。但在1964年颁布的《威尼斯宪章》中则明确提出了对历史建筑的整体保护问题。该《宪章》认为：“历史建筑不仅包括单体建筑，同时也包括能从中找出一种有独特文明、一种有意义的发展或一个见证过重要历史事件的城市或乡村环境。这不仅适用于伟大的艺术作品，同时亦适用于随时光流逝而具有一定文化意义的在往昔不是特别重要的艺术品。”并认为：“古迹的保护包含着对一定规模的环境的保护。凡传统环境存在的地方必须予以保存，绝不允许任何导致改变其体形关系与色彩关系的新建、拆除或改动。”“历史建筑不能与其所见证的历史和其产生的环境分离开来。除非出于保护古迹的需要，或因国家或国际之极为重要利益而证明有其必要，否则不得对古迹进行全部或局部的搬迁。”“作为古建组成部分的雕塑、绘画或装饰品，也只有在非移动而不能确保其存在的前提下，方可进行移动作业。”

1968 年联合国教科文组织大会第十五届会议通过的《保护受到公共或私人工程危害的文物建议案》也认为，“可能受到公共或私人工程危害的重要考古遗址，特别是难以确认的史前遗址，城乡地区的历史街区、传统建筑群、早期的民族建筑以及其他不可移动的文物，应通过划分区域或列入目录的方式予以保护”。

1976 年，联合国教科文组织大会第十九届会议通过的《内罗毕建议案》也强调了历史建筑整体保护的重要性。该《建议案》认为，所谓历史建筑地区系指包括考古和古生物遗址在内的所有建筑群、结构和空地。它们构成了城乡环境中的人类居住地；从考古、建筑、史前史、历史、艺术及社会文化角度看，其凝聚力和价值已得到认可。在这些性质各异的地区中，可特别划分为以下各类：史前遗址、历史城镇、历史街区、古村落以及与之相似的古迹群。而所谓的“保护”，则是指“对历史或传统地区及其周边环境的鉴定、保护、修复、修缮、维修及复原”。“为了使这些不可替代的文物免受退化甚至全部毁坏的危险，各成员国应采取全面而有效的措施，把保护和复原历史街区及其周围环境，作为国家、地区和地方规划的一个组成部分。”并认为每个历史街区及其周边环境都应该从整体上视为一个相互联系的统一体，它是否协调，是否具有个性，完全取决于各有机部分的巧妙组合，这些组合包括人类活动、建筑物、空间结构及周边环境。因此，这些有效的组合，甚至包括人类活动，无论多么微不足道，都会成为该历史街区不可分割的组成部分。

1977 年 12 月，一些城市规划设计师在利马举行的国际建筑学学术讨论会上，对全面保护又提出了一个更深层次的理解。这些观念集中体现在会议颁布的《马丘比丘宪章》中。该《宪章》认为：“城市的个性和特性取决于城市的体型结构和社会特征。不仅要保存和维护好城市的历史遗址和古迹，同时还要继承一般的文化传统。一切有价值的说明社会和民族特性的文物都应该保护起来。”

1987 年 10 月，国际古迹遗址理事会全体大会第八届会议上通过的《保护历史城镇与城区宪章》也强调了对文化遗产整体保护的重要性。该《宪章》认为：“所要保存的特色包括：历史城镇和城区的基本特征以及表明这种特征的一切物质的和精神的组成部分，特别是：

1. 用地段和街道来表述的城市形制；

2. 建筑物与绿地、空地的关系；

3. 用规模、大小、风格、建筑、材料、色彩以及装饰来表述的建筑物的外貌——包括内部的和外部的；

4. 该城镇和街区与周边环境的关系——包括自然的和人工的；

5. 该城镇或城区所具有的各种功能。”

同时认为，“任何危及上述特性的威胁，都将损害历史城镇或街区的真实性”。

(二)就地保护原则

联合国教科文组织大会第十五届会议于 1968 年 11 月 19 日在巴黎举行，会议通过了《保护受到公共或私人工程危害的文物建议案》。该《建议案》认为：“为保持历史的联系和延续性，各成员国应对受到公共及私人工程危害的文化遗产实行‘就地保护’原则，并给予优先考虑。”对于那些不能就地保护、必须搬迁的文化遗产，上述《建议案》也提出了相应的保护原则：首先，“当经济或社会发展需要必须搬迁、放弃或毁掉文物时，应对所涉及的文物进行仔细研究、详细记录”，并将研究成果公之于世，以供今后的研究之用。其次，“为免遭公共或私人工程毁坏而搬迁的重要建筑或其他古迹，应安置在与其原来位置、自然环境、历史环境或艺术环境相似的地方”。

(三)传统建筑保护应纳入城市规划

国际现代建筑学会颁布的《雅典宪章》首先提出了城市规划问题。该《宪章》认为：“城市应该根据它所在区域的整体经济条件来规划，必须以一个个经济单位的区域计划，来代替现有的孤立的城市计划。”“最亟待解决的，是每个城市都应该有相应的城市规划方案，这个方案应该与区域规划、国家规划有机结合起来。而且，这种全国性、区域性和城市性的规划方案的实施，应以必要的法律保障为前提。”

联合国教科文组织大会于 1976 年颁布的《历史街区保护及其当代作用建议案》认为，在保护措施方面，除法律措施、行政措施、技术、经济及社会措施外，还应“在国家、地区及地方一级制定保护历史街区及其周边环境清单”。“应对整个地区进行一次全面调研，其中包括对其空间演变的分析，以及考古、历史、建筑、技术和经济方面的数据。应制定一份分析性文件，以便确定哪些建筑物或建筑群应予精心保护，哪些应有条件保存，哪些应在极例外的情况下经全面记录后予以拆除，类似文件可使有关当局具有下令停止任何与本建议相悖工程的权力，出于同样目的，还应制定出一份公共及私人开阔地及其植被情况的清单”。此外，还“有必要对社会、经济、文化和技术数据与结构以及更广泛的城市或地区联系起来进行全面研究”。“有关当局应高度重视这些研究并应牢记没有这些研究，就不可能制定出一个有效的保护计划”，“在保护具有几个不同时期历史特征的历史地区过程中，应充分考虑到这些不同时期的所有表现形式”。

《佛罗伦萨宪章》则认为，在法律和行政保护方面，可“根据资深专家的建议，采取适当的法律及行政措施，对历史园林进行鉴别、编目和保护，这是有关当局的职责，对于这类园林的保护必须限定在土地规划的基本框架之内，同时也应体现在有关地区及当地的土地规划文件中”。

《华盛顿宪章》则进一步强调了规划的具体步骤，使抽象的概念更加明晰，更具有可操作性：“保护规划的目的应旨在确保历史城镇和城区作为一个整体的和谐关系。保护规划应该决定哪些建筑物必须保存，哪些在一定条件下应该保存，以及哪些在极其例外的情况下可以拆除，在进行所有治理工作之前，都应该对该街区的现状做出全面记录。保护规划应得到该历史街区居民的支持。”

《保护历史城镇与城区宪章》也认为：“对历史城镇和其他历史城区的保护应成为经济与社会发展政策的一个重要组成部分，并应当将它列入各级城市和地区的发展规划。”可见，将建筑类文化遗产保护纳入城市规划，已经成为国际社会普遍接受的做法。

（四）最少干预性原则

第二届历史古迹建筑师及技师国际会议（ICOM）于 1964 年通过的《威尼斯宪章》认为，“修复是一件高难度的专业化工作，其目的旨在保存和展示古迹的审美价值与历史价值，并以尊重原始材料和确凿文献为依据，而不能有丝毫臆测。此外，任何不可避免的添加都必须与该建筑原有构成有所区别，同时留下明显的现代标记。无论在何种情况下，修复之前及修复之后，都要对历史建筑进行考古学及历史学的研究”。“当传统技术不能解决问题时，方可采用经科学数据和实践经验证明为有效的现代建筑技术及保护技术来加固历史建筑。”“每个时代为历史建筑所作出的贡献都必须予以尊重。这是因为修复的目的不是为了追求风格的统一。当一座建筑含有不同时期叠压的作品时，只有在个别情况下才允许把被压在底层的部分显示出来，条件是：去掉的东西价值甚小，而显示出来的却有很大的历史、考古及审美价值，且保存完好，值得显示。负责修复工作的个人不能独自评价所涉及的各部分的重要性和决定去掉什么东西。”“缺失部分的修补必须与整体保持和谐，但同时也须区别于原作，以使修复不致歪曲其原有的艺术特征和历史价值。”“不许进行任何添加，除非它们不至于贬低该建筑物的有关部分、传统布局以及它的构图平衡和与周边环境的关系。”“必须把历史建筑所在街区作为专门的关注对象，以保护其完整性，并确保用恰当的方式进行清理与展示。”

《威尼斯宪章》认为，“遗址必须予以保存。务必采取必要措施，永久地保存、保护好该建筑的历史风貌及其附属物。务必采取一切措施促进对古迹的了解，以使它得以再现而不曲解其本意。对任何重建都必须事先予以制止，只允许对尚存但事实上已经解体的部分予以重新组合。所用黏结材料应具有可辨性，并应尽量少用，只要能够确保古迹并再现原状就足够了”。此外，“古迹的保护与修复必须借助于一切对研究和保护考古遗产有利的科学技术”，“古迹保护的关键在于日常的维护”。

《内罗毕建议案》也表达了同样的思想：“历史街区及其周边环境应得到积极保护，使之免受各种损坏，特别是由于不适的利用、不必的添建和诸如将会损坏其真实性的错误的或愚蠢的改变而带来的损害，以及由于各种形式的污染而带来的损害。任何修复工程的进行都应以科学原则为基础。同样，也应充分注意到组成建筑群并赋予各建筑群以自身特征的各个部分之间的联系以及在此对比中所产生的和谐与美感。”

《佛罗伦萨宪章》认为：“修复工作必须尊重有关园林发展演变的各个发展阶段。从原则上说，对所有时代都不应厚此薄彼，除非在例外——如由于损坏或破坏的程度影响到园林的某些部分，以致决定根据尚存的遗迹或根据确凿的文献证据对其进行重建，为了在设计中能够充分体现出其重要意义，这种重建工作可在园林内最靠近该建筑物的某些地方进行。”

在维护、保护、修复、重建方面，《佛罗伦萨宪章》更强调修复工作的整体性：“在对历史园林或其中任何一部分进行维护、保护、修复和重建工作中，都要同时处理好其所有的构成特征；把各种处理孤立开来，将会损坏其整体性。”“对历史园林进行不断的维护至为重要。既然它的主体是植物，那么，在通常的情况下，园中的植物既要根据需要予以及时更换，也要根据一个长远的计划给予定期的更换（彻底砍伐并重播成熟品种）。”“定期更换的树木、灌木、植物和花草的种类必须根据各个植物和园艺地区所确定和确认的实践经验加以选择，目的在于确定那些已经成型的品种并将它们保存下来。”“构成历史园林整体组成部分的永久性的或是可移动的建筑、雕塑或装饰品，只有在保护或修复的必要范围内方可予以移动或替代。任何具有这种危险性质的替代和修复，都必要根据《威尼斯宪章》的原则予以实施，并说明替代日期。”“历史园林必须保存在适当的环境之中，任何危及生态平衡的自然环境的变化都必须严加禁止。”在修复与重建问题上，“在未经彻底研究以确保此项工作能科学实施之前，在对该园林以及类似园林进行相关发掘和资料收集之前，不得对历史园林进行修复，特别是不得进行重建。所有项目均须在深入研究之后提出申请并报专家组批准备案”。

（五）建立专业咨询机构的必要性

联合国教科文组织大会第十五届会议于 1968 年在巴黎举行，会议通过了《保护受到公共或私人工程危害的文物建议案》。该《建议案》对建立专业队伍，加强文物保护，向各成员国提出了自己的建议。该《建议案》认为：在队伍建设上，“适当的官方机构应承担起保护或抢救受到公共及私人工程危害的文物的责任”。同时，“设立一个由负责文物保护、公共及私人工程和城市规划等部门代表及研究、教育机构的代表联合组成的协调机构或咨询机构”，共同负责城市规划中的文化遗产保护问题。此外，“省、市及其他地方政府也应设有专门机构”。“负责保护文物的行政部门应配备足够的保护或抢救文物的专家，如建筑师、城市规划师、考古学家、历史学家、督导员以及其他专家和技师等等”。“应采取行政措施，在需要保护免受公共或私人工程危害的、已列入或尚未列入目录的历史街区、遗址或古迹所在社区内，设立一个负责城市发展规划的主管部门或委员会。”

国际古迹遗址理事会1987年通过的《华盛顿宪章》即《保护历史城镇与城区宪章》，则进一步强调了多学科介入的必要性。该《宪章》认为：“在作出保护历史城镇和城区规划之前必须进行多学科研究。保护规划必须反映所有相关因素，包括考古学、历史学、建筑学、工艺学、社会学以及经济学方面的因素。”

（六）建立施工前的先行审核制度

联合国教科文组织大会1968年在巴黎通过的《保护受到公共或私人工程危害的文物建议案》，针对大型工程对历史建筑所造成的危害，提出必须建立大型工程开工之前的工程审核制度，强调“应在进行有可能危及文物安全的公共或私人工程开工之前，对工程所在地进行全面而充分的勘察，以确定就地保护重要文物所要采取的措施和抢救行动可能需要的工作量”。“保护或抢救文物的措施应在施工前进行。重要考古地点或文化遗产地，如历史名城、村落、遗址或街区，都应根据各国的立法进行保护。在这些地区开始的一切新工程，都应以进行初步发掘为前提。如有必要，工程应予推延，以确保保护或抢救文物的措施得以充分实施。”

（七）并非绝对排斥古城区兴建新建项目

联合国教科文组织大会于1976年通过的《内罗毕建议案》亦称《历史街区保护及其当代作用建议案》。它所关注的热点问题之一，即是历史建筑的活用。该《建议案》并不绝对排斥在旧城区兴建新建项目，关键是如何处理好历史与现实的关系问题，使现实在历史的脉络中循序渐进。“应特别注意对新建筑物制定规章并加以控制，以确保该建筑与周边历史建筑群落在空间结构及环境等方面保持协调一致。为此，在任何新建项目动工之前，都应对该城市的来龙去脉进行分析，其目的不仅在于找出该建筑群的一般特征，同时还要找出其主要特征如高度、色彩、材料及造型之间的和谐、建筑物正面与屋顶建造方式的匹配、建筑面积与空间体积的均衡以及比例、位置关系等等。需要特别注意的是基址的面积，这是因为任何基址的改动都有可能带来建筑物的整体变化，从而对建筑整体的和谐带来不利影响。”“除非在极个别情况下并出于不可避免的原因，一般不应批准破坏古迹周边环境而使其处于孤立状态的施工行为，也不应将其迁移他处。”

1977年12月颁布的《马丘比丘宪章》认为，保护、恢复和重新使用现有历史遗址和古建筑必须同城市建设过程结合起来，以保证这些文物具有经济意义并具有可持续发展的能力。在考虑更新历史街区的过程中，应把设计优秀的当代建筑物包括进去，“建筑—城市—园林绿地的再统一是城乡统一的结果。现在应该是建筑师们认识现代建筑运动史的时候了,要停止再建那些纪念碑、火柴盒式的城市建筑,不管它是垂直的、水平的、不透明的、透明的或是反光的建筑”。

国际古迹遗址理事会 1987 年 10 月通过的《华盛顿宪章》认为:“新的功能和活动应该与历史城镇及城区的特征相适应。”“当需要修建新建筑或对现有建筑进行改建时,应尊重现有空间布局,特别是在规模和地段大小方面。与周边环境和谐的现代因素的引入不应受到阻止,因为这些新因素能为这一地区增添光彩。”但“历史城镇和城区内的交通必须加以控制,必须划定停车场,以避免对其历史建筑与周边环境的损坏”。“在城市或区域规划中,如需作出修建主要公路的规定时,这些公路不得穿过历史城镇或历史城区,但应改进接近它们的交通”。

(八)强调历史街区的活用及可持续发展

通过振兴传统产业以发展地方经济,是《内罗毕建议案》的一个十分重要的内容。它认为“保护和修复工作应与振兴活动齐头并进,适当保持其现有功能,特别是贸易和手工艺。增加新的功能是非常重要的,这些新功能如果具有生命力,应与其所在的城镇、地区或国家的经济和社会状态相符合。保护工作的费用不仅应根据建筑物的文化价值,同时还应根据其经使用而获得的价值进行估算,只有同时参照这两方面的价值尺度,才能正确看待保护中的社会问题。这些功能应满足居民社会、文化及经济发展的需要,同时又不损坏有关地区的具体特征。文化振兴政策应使历史街区成为文化活动中心并在周边社区的文化发展中发挥核心作用”。

综上所述,国际社会对于古建类文化遗产的保护,在观念上经历过一个很大的变化过程。1933 年颁布的《雅典宪章》、1964 年颁布的《威尼斯宪章》和 1987 年颁布的《华盛顿宪章》,分别代表了不同时期人类社会在保护建筑类文化遗产上的认识历程。

1933 年通过的《雅典宪章》认为:保存好代表某一时期的、有历史价值的古建筑,具有教育今人和后代的重要意义,并提出在可能条件下,应避免交通干道穿越古建筑区。1964 年通过的《威尼斯宪章》认为:历史古迹的概念不仅包括单体建筑,同时也应包括能从中找出一种独特的文明、一种有意义的发展或一个历史事件见证的城市或乡村环境。历史古迹的保护包含着对一定规模环境的保护。而 1987 年通过的《华盛顿宪章》则进一步扩大了历史古迹的概念与内涵,提出了现在学术界通常使用的“历史街区”和“历史城区”概念,整体保护已成为此后学术界的普遍共识。

三、非物质文化遗产保护原则与举措

“非物质文化遗产”概念的提出极大地丰富了人类文化遗产的内涵,拓展了文化遗产保护空间。它应该也必将成为世界文化遗产学的一个极具潜力的学术生长点。与有形文化遗产保护形成鲜明对比的是,对于非物质文

化遗产实施保护的国际性组织似乎只有联合国教科文组织一家。20 世纪 80 年代以来，这一组织颁布的重要文件主要有 1989 年在第二十五届大会上通过的《保护民间创作建议案》、1998 年联合国教科文组织通过的《人类口头及非物质文化遗产代表作条例》、2001 年联合国教科文组织大会在第三十一届全体会议上通过的《世界文化多样性宣言》和 2003 年颁布的《保护非物质文化遗产公约》等。

（一）保护民间创作的政府职责定位

在保护民间创作这个问题上，《保护民间创作建议案》认为，“民间创作的传统形式极不稳定，特别是口头传统表现得尤为突出，面临消失的危险”。“各国政府应该在保护民间创作方面发挥出自己的决定性作用，并应尽快采取行动”，保护好民间创作这一优秀文化遗产。

在民间创作的保存方面，该《建议案》要求各会员国“建立国家档案机构，将搜集上来的民间创作资料以适合的方式储存起来并供人使用”，“建立国家档案中心，以提供某些服务”。“建立博物馆或在现有博物馆的基础上增设民间创作部分，以展示民间文化的传统魅力。”“优先考虑种种表现民间文化传统的形式，因为它们是这些文化的现在与过去的最好见证。”“协调各种搜集方式与存档方式。”“对搜集人员、档案人员、资料人员以及其他专业人员进行从物质保存到理论分析方面的保存民间创作的培训。”“为制作各种民间创作资料档案和工作副本以及供各地区机构使用的工作副本提供条件，确保有关文化团体能够接触到这些搜集上来的资料。”

在民间创作的保护方面，各会员国还应“以适当的方式进行民间创作的教学与研究活动，并将其纳入校内外教学计划，应特别强调对广义民间创作的重视，不仅考虑乡村文化或其他农村文化，也应注意由各种社团、职业、机构等创作，有助于更好地了解世界各种文化及观点的文化事项，尤其是不属于主流文化的那些非主流文化”。

（二）保护非物质文化遗产：政府的责任与义务

联合国教科文组织 2003 年颁布的《保护非物质文化遗产公约》认为，在国家一级保护非物质文化遗产这个问题上，缔约国的作用就是“采取必要措施，确保其领土上的非物质文化遗产受到保护”，同时“由各群体、团体和有关非政府组织参与确认和确定其领土上的各种非物质文化遗产”。“为使其领土上的非物质文化遗产得到确认并得以保护，各缔约国应根据本国国情拟订一份或数份关于这类遗产的清单，并定期加以更新。”

此外，通过教育、宣传，使非物质文化遗产在社会中得到认同、尊重与弘扬。同时也应该向公众说明广播、电视等现代化传媒的发展对这种文化遗产所造成的威胁与冲击，在国际一级保护非物质文化遗产方面，各国政府的首要任务就是确定本国可以进入《人类非物质文化遗产代表作名录》和《急需保护的濒危非物质文化遗产名录》的清单，《保护非物质文化遗产公约》还提议设立非物质文化遗产基金，并规定了基金的来源及使用方式。

（三）增强民间创作知识产权的保护意识

在民间创作的维权方面，《保护民间创作建议案》认为："民间创作作为个人或集体的精神创作活动，应当得到保护，这种保护应该与其他精神产品的维权相类似。这些保护非常必要，通过它可以在本国和外国发展、保持和进一步传播这一遗产，而同时又不损害有关方面的合法权益。"但该《建议案》也承认，现有法规只"触及到民间创作维权活动的一个方面，而在各个方面有针对性地采取不同措施，才是保护民间创作的当务之急"。

（四）加强国际合作与交流

《保护民间创作建议案》提倡各会员国间的国际合作，特别是与"负责民间创作的国际性和地区性协会、机构及组织的合作"。具体合作方式包括：

1. 交流各种情报及学术出版物；

2. 培训专业人员，提供旅费补助，派出专业人员及寄赠专业器材；

3. 促进有关现代民间创作资料方面的双边或多边项目；

4. 组织专业人员就指定专题特别是就民间创作资料与表达形式的分类与编索以及现代研究方法与技术等问题，进行协商、学习与合作。

（五）尊重文化多样性

联合国教科文组织大会在第三十一届全体会议上集中讨论了文化多样性问题以及现代化对文化多样性所带来的负面影响，并通过了《世界文化多样性宣言》。《宣言》重申：应把文化视为某个社会或某个社会群体的特有的精神与物质、智力与情感的不同特点之总和。除文学艺术外，还应包括一个社会的生活方式、处世哲学、价值体系、传统与信仰等等。"各国应在相互信任与理解的氛围下，尊重文化多样性。宽容、对话、合作是国际和平与安全的最佳保障之一。"

《世界文化多样性宣言》认为，文化在不同的时空中会有不同的表现形式。这种多样性的表现形式，构成各人类群体所具有的独特性与多样性。文化的多样性是交流、革新与创作的源泉，对人类来说，保护它就像保护生物多样性进而维持生物平衡一样必不可少，从这个意义上讲，文化多样性是人类的共同遗产，应从当代人和子孙后代的利益着眼，给予承认和肯定。在走向多样化的当今社会中，必须确保多元的、属于不同文化的个人与群体的和睦共处。文化多元化与民主制度密不可分，它有利于文化的交流和公众创造力的发挥。文化多样性增加了每个人的选择机会，是文明发展的重要源泉；它不仅是促进经济增长的重要因素，同时还是人们满足智力、情感、道德精神的重要手段。《世界文化多样性宣言》还特别指出，捍卫文化多样性是伦理方面的迫切需要，与尊重人的尊严密不可分。它要求人们必须尊重人权和基本自由，特别是尊重少数群体及土著人的各种权利。每项创作都来源于有关的文化传统，并在与其他文化传统的交流中得到充分发展。因此，各种形式的文化遗产都应作为人类经历与期望的见证而得到保护、开发、利用并代代相传，以支持各种创作和各文化之间的真正对话。

四、自然及文化遗产保护原则与举措

联合国教科文组织对名胜古迹类自然及文化遗产方面的大规模保护，始于20世纪70年代。但与自然遗产保护有关的国际文件，早在20世纪60年代就已经出现了。

1962年，联合国教科文组织在巴黎召开第十二届全体大会。会议考虑到由于人类活动，特别是由于土地的过度开发、城市建设的盲目发展以及现代工商业及基础设施建设的迅猛发展，已经使作为自然环境一部分的自然景观及文化遗产遭到严重毁坏。为此，大会决定通过一项旨在保护自然景观及遗址风貌与特性的专题建议案，这便是《保护景观及遗址风貌与特性建议案》。这也是联合国成立以来首次通过的一部有关自然遗产保护方面的专题建议案。

1972年11月，联合国教科文组织大会在美国的影响下，在第十七届会议上通过了著名的《保护世界文化及自然遗产公约》。该《公约》明确提出自然与文化遗产的保护问题。根据该《公约》，联合国设立了世界遗产委员会和世界遗产基金。世界遗产委员会由177个《公约》缔约国中的21个成员国组成。

世界遗产委员会还设立了"世界遗产基金"。基金主要来自缔约国的义务捐款和自愿捐款，其他国家、联合国教科文组织、联合国系统其他组织、其他政府间组织、公共或私立机构或个人的捐款、赠款或遗赠，基本款项所得利息，募捐的资金和为本基金组织活动所得收入以及基金条例所认可的其他资金。按规定，缔约国每两年定期向世界遗产基金捐款。

在同一届会议上，联合国教科文组织还通过了《各国保护文化及自然遗产建议案》，建议各国政府加强对文化及自然遗产的保护力度。

（一）保护自然及文化遗产的意义

联合国教科文组织大会1972年11月16日在巴黎通过的《各国保护文化及自然遗产建议案》强调了保护自然及文化遗产的重要性。该《建议案》认为："这些遗产构成了人类遗产的基本特征，是丰富和协调发展当代文明与未来文明的重要源泉。每一项文化及自然遗产都是独一无二的，任何一项文化及自然遗产的消失都会构成绝对损失，并造成该遗产的不可逆转的枯竭。所以任何一个遗产国，都有责任保护好这部分人类遗产并将它传诸后代。"该《建议案》还认为："在一个生活环境加速变化的社会里，人类平衡发展的关键就是保存一个适合于人类居住的生活环境，以便使人类在这个环境中能够与自然及祖先所传承下来的文明保持联系。为此，人们应该让文化及自然遗产在现实生活中发挥重要作用，并把当代成就、昔日价值和自然之美纳入一个有机的整体"，"保护好每天都受到威胁的文化及自然遗产"。《各国保护文化及自然遗产建议案》还认为，"文化及自然遗产代表着财富"，"文化及自然遗产应被视为一个同质的整体"，而"任何一件作品和物品按理说都不应与其所处环境相分离”,“保护、保存和展示文化及自然遗产的最终目的是为了人类的发展,因此,各成员国不应将文化及自然遗产视为国家发展的障碍,而应视为一种决定性因素,并以这样一种观念来指导该领域的工作”,并“将保护、保存并有效地展示文化及自然遗产,作为地区发展计划以及国家、地区和地方总体规划的一个重要组成部分”。

(二)保护自然及文化遗产的基本原则

《各国保护文化及自然遗产建议案》还提出了保护自然及文化遗产的基本原则。在保护措施方面,“各成员国应尽一切可能采取必要的科学、技术、行政、法律及财政措施,确保其领土上的文化及自然遗产得到有效保护”。在科技措施方面,“各成员国应经常对其文化及自然遗产进行精心维护,以避免因退化而不得不进行的耗资巨大的工程。为此,各成员国应通过定期检查对其遗产的各部分进行经常性监督”。“所进行的任何一项工作都应根据其重要程度,进行先期研究。这种研究应同各有关领域的专家一道进行,或由有关领域的专家单独进行。”“各成员国应寻找出有效方法,对受到严重威胁的文化或自然遗产的各个组成部分给予更多保护。”“在不影响其文化价值的情况下,这些文化及自然遗产的各个组成部分,应逐步恢复其原有用途或赋予新的、更为恰当的用途”,“对文化遗产所进行的任何工程,目的只有一个,这便是保护好它的原貌,并尽力避免那些有可能导致与其周边环境在整体结构与色彩关系上失衡的重建或改建”。“古迹与其周边环境之间由时间和人类所建立起来的和谐至关重要,通常不应受到干扰和毁坏,不允许通过破坏其周边环境而孤立该古迹的做法,更不允许将古迹迁移的做法。除非作为例外,并证明这么做的理由是出于紧迫的考虑。”“各成员国应采取措施,保护文化及自然遗产免受代表着现代文明的技术进步所带来的危害。这些措施包括对付由机器和车辆所引起的震动和震颤的影响等等。还应采取措施防止污染、自然灾害及灾难,并对已经受到损坏的文化及自然遗产进行必要的修缮。”“建筑群的修复不能千篇一律,各成员国应在适当的情况下进行社会科学调查,以便准确地掌握有关建筑群所在社区的社会需要和文化需要。”

“各成员国应对各项自然遗产,如公园,野生物、难民区、娱乐区或其他类似保护区的地方进行地质及生态研究,以正确评估其科学价值,确定观众使用所带来的影响,并观察各种相互关系,避免对遗产造成更严重的损害,并为动物和植物的管理提供足够的背景资料。”

(三)保护景观与遗址的具体措施

《保护景观及遗址风貌与特性建议案》认为,“在选择将要采取的措施时,应适当考虑到有关景观与遗址的相关意义。这些措施可根据景观与遗址的特征、大小、位置以及它们所面临威胁的性质而有所区别”。此外,“保护不应只局限于自然景观与遗址,而应扩展到那些全部或部分人工形成的景观与遗址。因此,应制定特别规定,对那些所受威胁最大的城市景观与文化遗址进行保护，特别是对那些因建筑施工与土地买卖而受到严重威胁的某些城市景观与文化遗址进行保护”。“为保护景观和遗址所采取的措施应既是预防性的，又是矫正性的。”“预防性措施旨在保护遗址免受外来威胁。这些措施尤其应包括对可能损坏景观与遗址的工程和活动进行监督。”“矫正性措施旨在修复对景观和遗址所造成的损坏，并尽可能使其恢复原状。”为促进各国负责景观和遗址保护的各种公共服务机构的工作，应建立科学研究机构，以便与主管当局密切合作，收集和编纂适用于这方面的法律和规定。

《保护景观及遗址风貌与特性建议案》进一步解释道：“列入保护目录应意味着未经遗址保护机构许可，禁止其所有者毁坏遗址，或改变其现状或外观。”“有关当局征用或在已经列入保护目录的遗址内进行公共工程时，应征得该遗址主管部门的同意。按规定，在列入保护目录的遗址内，任何人都没有改变该遗址特征或外观的权力。未经主管当局同意，该遗址所有者不应通过签订协议等方式授权他人。”“城市和乡村规划方案应根据轻重缓急的顺序予以制定，特别是对于那些处在迅速发展过程中的城市或地区”，“城市规划与乡村规划方案应包括明确那些应强制执行，以确保位于所涉及地区内的甚至未列入保护目录的景观和遗址的保护义务的规定”。“在列入保护目录的地区内及其邻近地带应禁止张贴任何广告。”“在已列入保护目录的区域内，当艺术特征为头等重要时，列入保护目录的应包括：控制土地，遵循美学要求（包括材料的使用、颜色以及高度标准）采取预防措施以消除因筑坝或采石所造成的动土影响，制定砍伐树木的相关法规。”

（四）建立相应机构，依法保护遗产

《保护景观及遗址风貌与特性建议案》认为，要保证保护措施的顺利实施，“各成员国保护景观和遗址的基本标准和原则应具有法律效力”，“各成员国应设立具有管理或咨询性质的专门机构”，在大规模公益工程开始之前，“应及时征求这些委员会的意见”。“如违反保护景观或遗址的有关规定，应对损坏予以赔偿，或承担将该遗址尽可能修复至原状的义务。”“对故意损坏景观和遗址的行为，应给予行政或刑事处罚。”

在公共教育方面，“教育活动应在校内外同时进行，以激发与培养公众对景观和遗址的尊重，宣传为确保对名胜和古迹的保护所制定的章程”。

（五）自然与文化遗产的六大措施

1972 年，联合国教科文组织在《关于在国家一级保护文化和自然遗产的建议》（以下简称《建议》）中，就国家一级自然与文化遗产的保护问题，从科学、技术、行政、法律、财政、教育和文化等角度，提出了具体的施政要求。

1. 科学和技术措施

《建议》指出，各成员国应经常对其文化和自然遗产进行精心维护，以避免因其退化而不得不进行的耗资巨大的项目。为此，各成员国应通过定期检查对其遗产的各部分经常进行监督。各成员国应寻找有效的办法，对受到极为严重危险威胁的文化和自然遗产的组成部分给予更多的保护。此办法应考虑所涉及的且相互关联的科学、技术和艺术问题并能制订出适用的治理对策。

2. 行政措施

《建议》督促各成员国应尽快制定出本国的文化及自然遗产保护清单，并对文化和自然遗产进行定期更新，各成员国应考虑为不再用作原来用途的历史建筑群寻找合适的用途。应该为保护、保存、展示和修复具有历史与艺术价值的建筑群制订计划，它应包括边缘保护地带、规定土地使用条件并说明需要保护的建筑物及其保护条件。该计划应纳入有关城镇及乡村整体建设规划。修复计划应说明历史建筑物将作何用途以及修复地区与城市周边发展之间的连带关系。任何可能导致改变保护区建筑物现状的工程，都须由城镇和乡村规划部门在听取负责文化及自然遗产保护部门的意见并予以批准后方可进行，如果出于居住者生活的需要，并且只有在不会极大地改变古代寓所真实特性的前提下，才会允许对建筑群内部进行改动或是安装现代化设施。各成员国应根据其自然遗产清单，制定短期及长期计划以形成一套符合本国需要的保护系统。

3. 法律措施

《建议》认为每个文化或自然遗产，都应根据其重要程度，由与各国权限和法律程序相一致的立法或法规单独地或集体地予以保护。通过制定新的规定对原有保护措施进行必要补充，以促进对文化及自然遗产的保护，并为展示文化及自然遗产创造条件。各成员国应制定法规，控制张贴画、霓虹灯和其他各类广告、商业招牌、帐篷、电线杆、高塔、电线或电话线、电视天线、各种交通运输车辆停车场、路标和街头设施等与装备或占据文化及自然遗产某一组成部分的任何事项。对蓄意破坏。损害或毁坏被保护的古迹、建筑物群、遗址或具有考古、历史或艺术价值之遗产者，根据各国宪法、法律和权限予以惩罚或行政处罚。对其他任何破坏保护、保存和展示受保护的文化或自然遗产组成部分的行为责任人都应给予惩罚及行政处罚，并根据已有的科技标准将受到影响的遗址恢复至原貌。

4. 财政措施

《建议》认为，各成员国中央和地方当局应根据构成文化及自然遗产各组成部分的重要程度，尽可能在预算中拨出一定比例的资金，用以维护、保存与展示。因保护、保存和展示私人所具有的文化及自然遗产所造成的开支应尽可能地由所有者或使用者负担。为了增加可能得到的财政资源，各成员国可以设立一个或多个文化及自然遗产基金会，以获得更多的经济支持。为了有利于自然和文化遗产修复工程的进行，各成员国可以作出特别安排，特别是通过为更新和修复工程贷款的方式；各成员国也可以制定必要的法规，以避免由于不动产的投机而带来的物价上涨。为了避免因修缮给不得不搬出建筑物或建筑群的贫困居民带来的艰辛，可以考虑给予租金上涨的补偿,以使他们能够保留住宅。这种补偿应该是暂时性的,并应根据有关人员的收入而定,以使他们能够偿付由于进行工程而造成的不断增加的费用。

5. 教育及文化措施

《建议》希望大学、各级教育机构及永久性教育机构开设更多的艺术史、建筑、环境和城镇规划等方面的专业课程、定期讲座和研讨会等。通过开展教育活动以唤起公众对文化及自然遗产的广泛兴趣和尊重,并告知公众为保护文化及自然遗产,现在正在做些什么,以及可以做些什么,并谆谆教诲他们理解和尊重其所含价值。同时,建立志愿者机构以鼓励民间社会对文化及自然遗产实施保护。

6. 国际合作

各成员国应就文化和自然遗产的保护、保存和展示进行合作,在必要的情况下,从政府间和非政府间的国际组织寻求援助。①

参考题

1. 法国文化遗产保护的经验有哪些?
2. 英国文化遗产保护的经验有哪些?
3. 美国文化遗产保护的经验有哪些?
4. 日本、韩国文化遗产保护的经验有哪些?
5. 联合国教科文组织是如何对文化遗产进行保护的?

① 参见顾军、苑利《文化遗产报告》,社会科学文献出版社 2005 年版。

附录一

保护世界文化和自然遗产公约

联合国教育、科学及文化组织大会于 1972 年 10 月 17 日至 11 月 21 日在巴黎举行第十七届会议。注意到文化遗产和自然遗产越来越受到破坏的威胁，一方面因年久腐变所致，同时变化中的社会和经济条件使情况恶化，造成更加难以对付的损害或破坏现象；考虑到任何文化或自然遗产的坏变或丢失都有使全世界遗产枯竭的有害影响；考虑到国家一级保护这类遗产的工作往往不很完善，原因在于这项工作需要大量手段而列为保护对象的财产的所在国却不具备充足的经济、科学和技术力量；回顾本组织《组织法》规定，本组织将通过保存和维护世界遗产和建议有关国家订立必要的国际公约来维护、增进和传播知识；考虑到现有关于文化和自然财产的国际公约、建议和决议表明，保护不论属于哪国人民的这类罕见且无法替代的财产，对全世界人民都很重要；考虑到部分文化或自然遗产具有突出的重要性，因而需作为全人类世界遗产的一部分加以保护；考虑到鉴于威胁这类遗产的新危险的规模和严重性，整个国际社会有责任通过提供集体性援助来参与保护具有突出的普遍价值的文化和自然遗产；这种援助尽管不能代替有关国家采取的行动，但将成为它的有效补充；考虑到为此有必要通过采用公约形式的新规定，以便为集体保护具有突出的普遍价值的文化和自然遗产建立一个根据现代科学方法制定的永久性的有效制度；在大会第十六届会议上曾决定应就此问题制定一项国际公约；于 1972 年 11 月 16 日通过本公约。

一、文化和自然遗产的定义

第 1 条　在本公约中，以下各项为“文化遗产”：

文物：从历史、艺术和科学角度看具有突出的普遍价值的建筑物、碑雕和碑画、具有考古性质成分或结构、铭文、窟洞以及联合体；

建筑群：从历史、艺术或科学角度看在建筑式样、分布均匀或与环境景色结合方面具有突出的普遍价值的单立或连接的建筑群；

遗址：从历史、审美、人种学或人类学角度看具有突出的普遍价值的人类工程或自然与人联合工程以及考古地址等地方。

第 2 条　在本公约中，以下各项为“自然遗产”：

从审美或科学角度看具有突出的普遍价值的由物质和生物结构或这类结构群组成的自然面貌；

从科学或保护角度看具有突出的普遍价值的地质和自然地理结构以及明确划为受威胁的动物和植物生境区；

从科学、保护或自然美角度看具有突出的普遍价值的天然名胜或明确划分的自然区域。

第 3 条　本公约缔约国均可自行确定和划分上面第 1 条和第 2 条中提及的、本国领土内的文化和自然财产。

二、文化和自然遗产的国家保护和国际保护

第 4 条　本公约缔约国均承认，保证第 1 条和第 2 条中提及的、本国领土内的文化和自然遗产的确定、保护、保存、展出和遗传后代，主要是有关国家的责任。该国将为此目的竭尽全力，最大限度地利用本国资源，必要时利用所能获得的国际援助和合作，特别是财政、艺术、科学及技术方面的援助和合作。

第 5 条　为保证为保护、保存和展出本国领土内的文化和自然遗产采取积极有效的措施，本公约各缔约国应视本国具体情况尽力做到以下几点：

1. 通过一项旨在使文化和自然遗产在社会生活中起一定作用并把遗产保护工作纳入全面规划计划的总政策；

2. 如本国内尚未建立负责文化和自然遗产的保护、保存和展出的机构，则建立一个或几个此类机构，配备适当的工作人员和为履行其职能所需的手段；

3. 发展科学和技术研究，并制订出能够抵抗威胁本国文化或自然遗产的危险的实际方法；

4. 采取为确定、保护、保存、展出和恢复这类遗产所需的适当的法律、科学、技术、行政和财政措施；

5. 促进建立或发展有关保护、保存和展出文化和自然遗产的国家或地区培训中心，并鼓励这方面的科学研究。

第 6 条

1. 本公约缔约国，在充分尊重第 1 条和第 2 条中提及的文化和自然遗产的所在国的主权，并不使国家立法规定的财产权受到损害的同时，承认这类遗产是世界遗产的一部分，因此，整个国际社会有责任合作予以保护。

2. 缔约国根据本公约的规定，应有关国家的要求帮助该国确定、保护、保存和展出第 11 条第 2 和 4 段中提及的文化和自然遗产。

3. 本公约各缔约国不得故意采取任何可能直接或间接损害本公约其他缔约国领土内的、第 1 条和第 2 条中提及的文化和自然遗产的措施。

第 7 条　在本公约中，世界文化和自然遗产的国际保护应被理解为建立一个旨在支持本公约缔约国保存和确定这类遗产的努力和国际合作和援助系统。

三、保护世界文化和自然遗产政府间委员会

第 8 条

1. 在联合国教育、科学及文化组织内，现建立一个保护具有突出的普遍价值的文化和自然遗产政府间委员会，称为“世界遗产委员会”。委员会由联合国教育、科学及文化组织大会常会期间召集的本公约自然国大会选出的 15 个缔约国组成。委员会成员国的数目将在至少 40 个缔约国实施本公约之后的大会常会之日起增至 21 个。

2. 委员会委员的选举须保证均衡地代表世界的不同地区和不同文化。

3. 国际文物保护与修复研究中心（罗马中心）的一名代表、国际古迹遗址理事会的一名代表以及国际自然及自然资源保护联盟的一名代表可以咨询者身份出席委员会的会议，此外，应联合国教育、科学及文化组织大会常会期间举行大会的本公约缔约国提出的请求，其他具有类似目标的政府间或非政府组织的代表亦可以咨询者身份出席委员会的会议。

第 9 条

1. 世界遗产委员会成员国的任期自当选之应届大会常会结束时起至应届大会后第三次常会闭幕时止。

2. 但是，第一次选举中指定的委员中，有 1/3 的委员的任期应于当选之应届大会后第一次常会闭幕时截止；同时指定的委员中，另有 1/3 的委员的任期应于当选之应届大会后第二次常会闭幕时截止。这些委员由联合国教育、科学及文化组织大会主席在第一次选举后抽签决定。

3. 委员会成员国应选派在文化或自然遗产方面有资历的人员担任代表。

第 10 条

1. 世界遗产委员会应通过其议事规则。

2. 委员会可随时邀请公共或私立组织或个人参加其会议，以就具体问题进行磋商。

3. 委员会可设立它认为为履行其职能所需的咨询机构。

第 11 条

1. 本公约各缔约国应尽力向世界遗产委员会递交一份关于本国领土内适于列入本条第 2 段所述《世界遗产目录》的、组成文化和自然遗产的财产的清单。这份清单不应当看作是齐全的，它应包括有关财产的所在地及其意义的文献资料。

2. 根据缔约国按照第 1 段规定递交的清单，委员会应制订、更新和出版一份《世界遗产目标》，其中所列的均为本公约第 1 条和第 2 条确定的文化遗产和自然遗产的组成部分，也是委员会按照自己制订的标准认为是具有突出的普遍价值的财产。一份最新目录应至少每两年分发一次。

3. 把一项财产列入《世界遗产目录》需征得有关国家同意。当几个国家

对某一领土的主权或管辖权均提出要求时，将该领土的一项财产列入《目录》不得损害争端各方的权利。

4. 委员会应在必要时制订、更新和出版一份《处于危险的世界遗产目录》，其中所列财产均为载于《世界遗产目录》之中，需要采取重大活动加以保护并为根据本公约要求给予援助的财产。《处于危险的世界遗产目录》应载有这类活动的费用概算，并只可包括文化和自然遗产中受到下述严重的特殊危险威胁的财产，这些危险是：蜕变加剧、大规模公共或私人工程、城市或旅游业迅速发展计划造成的消失威胁；土地的使用变动或易主造成的破坏；未知原因造成的重大变化；随意摈弃；武装冲突的爆发或威胁；灾害和灾变，严重火灾、地震、山崩；火山爆发；水位变动、洪水和海啸等。委员会在紧急需要时可随时在《处于危险的世界遗产目录》中增列新的条目并立即予以发表。

5. 委员会应确定属于文化或自然遗产的财产可被列入本条第 2 和段中提及的目录所依据的标准。

6. 委员会在拒绝一项要求列入本条第 2 和 4 段中提及的目录之一的申请之前，应与有关文化或自然财产所在缔约国磋商。

7. 委员会经与有关国家商定，应协调和鼓励为拟订本条第 2 和 4 段中提及的目录所需进行的研究。

第 12 条　未被列入第 11 条第 2 和 4 段提及的两个目录的属于文化或自然遗产的财产，决非意味着在列入这些目录的目的之外的其他领域不具有突出的普遍价值。

第 13 条

1. 世界遗产委员会应接收并研究本公约缔约国就已经列入或可能适于列入第 11 条第 2 和 4 段中提及的目录的本国领土内成为文化或自然遗产的财产要求国际援助而递交的申请。这种申请的目的可能是保证这类财产得到保护、保存、展出或恢复。

2. 本条第 1 段中提及的国际援助申请还可能涉及鉴定哪些财产属于第 1 和 2 条所确定的文化或自然遗产，当初步调查表明此项调查值得进行下去。

3. 委员会应就对这些申请所需采取的行动做出决定，必要时应确定其援助的性质和程度，并授权以它名义与有关政府做出必要的安排。

4. 委员会应制订其活动的先先顺序并在进行这项工作时应考虑到需予以保护的财产对世界文化和自然遗产各具的重要性、对最能代表一种自然环境或世界各国人民的才华和历史的财产给予国际援助的必要性，所需开展工作的迫切性、拥有受到威胁的财产的国家现有的资源、特别是这些国家利用本国资源保护这类财产的能力大小。

5. 委员会应制订、更新和发表已给予国际援助的财产目录。

6. 委员会应就本公约第 15 条下设立的基金的资金使用问题作出决定。

委员会应设法增加这类资金，并为此目的采取一切有益的措施。

7. 委员会应与拥有与本公约目标相似的目标的国际和国家级政府组织和非政府组织合作。委员会为实施其计划的项目，可约请这类组织，特别是国际文物保护与修复研究中心（罗马中心）、国际古迹遗址理事会和国际自然及自然资源保护联盟并可约请公共和私立机构及个人。

8. 委员会的决定应经出席及参加表决的委员的 2/3 多数通过。委员会委员的多数构成法定人数。

第 14 条

1. 世界遗产委员会应由联合国教育、科学及文化组织总干事任命组成一个秘书处协助工作。

2. 联合国教育、科学及文化组织总干事应尽可能充分利用国际文物保护与修复研究中心（罗马中心）、国际古迹遗址理事会和国际自然及自然资源保护联盟在各自职权范围内提供的服务，以为委员会准备文件资料，制订委员会会议议程，并负责执行委员会的决定。

四、保护世界文化和自然遗产基金

第 15 条

1. 现设立一项保护具有突出的普遍价值的世界文化和自然遗产基金，称为“世界遗产基金”。

2. 根据联合国教育、科学及文化组织《财务条例》的规定，此项基金应构成一项信托基金。

3. 基金的资金来源应包括：

(a)本公约缔约国义务捐款和自愿捐款。

(b)下列方面可能提供的捐款、赠款或遗赠：

(i)其他国家；

(ii)联合国教育、科学及文化组织、联合国系统的其他组织（特别是联合国开发计划署）或其他政府间组织；

(iii)公共或私立机构或个人。

(c)基金款项所得利息。

(d)募捐的资金和为本基金组织的活动的所得收入。

(e)世界遗产委员会拟订的基金条例所认可的所有其他资金。

4. 对基金的捐款和向委员会提供的其他形式的援助只能用于委员会限定的目的。委员会可接受仅用于某个计划或项目的捐款，但以委员会业已决定实施该计划项目为条件。对基金的捐款不得带有政治条件。

第 16 条

1. 在不影响任何自愿补充捐款的情况下，本公约缔约国每两年定期向世界遗产基金纳款，本公约缔约国大会应在联合国教育、科学及文化组织大会届会期间开会确定适用于所有缔约国的一个统一的纳款额百分比。缔约国大会关于此问题的决定，需由未作本条第 2 段中所述声明的、出席及参加表决的缔约国的多数通过。本公约缔约国的义务纳款在任何情况下都不得超过对联合国教育、科学及文化组织正常预算纳款的 1%。

2. 然而，本公约第 31 条或第 32 条中提及的国家均可在交存批准书、接受书或加入书时声明不受本条第 1 段规定的约束。

3. 已作本条第 2 段中所述声明的本公约缔约国可随时通知联合国教育、科学及文化组织总干事收回所作声明。然而，收回声明之举在紧接的一届本公约缔约国大会之日以前不得影响该国的义务纳款。

4. 为使委员会得以有效地规划其活动，已作本条第 2 段中所述声明的本公约缔约国应至少每两年定期纳款，纳款不得少于它们如受本条第 1 段规定约束所须交纳的款额。

5. 凡拖延交付当年和前 1 日历年的义务纳款或自愿捐款的本公约缔约国不能当选为世界遗产委员会成员，但此项规定不能适用于第一次选举。属于上述情况但已当选委员会成员的缔约国的任期应在本公约第 8 条第 1 段规定的选举之时截止。

第 17 条　本公约缔约国应考虑或鼓励设立旨在为保护本公约第 1 和第 2 条中所确定的文化和自然遗产募捐的国家、公共及私立基金会或协会。

第 18 条　本公约缔约国应对在联合国教育、科学及文化组织赞助下为世界遗产基金所组织的国际募款运动给予援助。它们应为第 15 条第 3 段中提及的机构为此目的所进行的募款活动提供便利。

五、国际援助的条件和安排

第 19 条　凡本公约缔约国均可要求对本国领土内组成具有突出的普遍价值的文化或自然遗产之财产给予国际援助。它在递交申请时还应按照第 21 条规定所拥有的有助于委员会作出决定的文件资料。

第 20 条　除第 13 条第 2 段、第 22 条(c)分段和第 23 条所述情况外，本公约规定提供的国际援助仅限于世界遗产委员会业已决定或可能决定列入第 11 条第 2 和 4 段中所述目录的文化和自然遗产的财产。

第 21 条

1. 世界遗产委员会应制订对向它提交的国际援助申请的审议程序，并应确定申请应包括的内容，即打算开展的活动、必要的工程、工程的预计费用和紧急程度以及申请国的资源不能满足所有开支的原因所在。这类申请须尽可能附有专家报告。

2. 对因遭受灾害或自然灾害而提出的申请，由于可能需要开展紧急工作，委员会应立即给予优先审议，委员会也应掌握一笔应急储备金。

3. 委员会在作出决定之前，应进行它认为必要的研究和磋商。

第 22 条　世界遗产委员会提供的援助可采取下述形式：

1. 研究在保护、保存、展出和恢复本公约第 11 条第 2 和第 4 段所确定的文化和自然遗产方面所产生的艺术、科学和技术性问题；

2. 提供专家、技术人员和熟练工人，以保证正确地进行已批准的工作；

3. 在各级培训文化和自然遗产的鉴定、保护、保存、展出和恢复方面的工作人员和专家；

4. 提供有关国家不具备或无法获得的设备；

5. 提供可长期偿还的低息或无息贷款；

6. 在例外和特殊情况下提供无偿补助金。

第 23 条　世界遗产委员会还可向培训文化和自然遗产的鉴定、保护、保存、展出和恢复方面的各级工作人员和专家的国家或地区中心提供国际援助。

第 24 条　在提供大规模的国际援助之前，应先进行周密的科学、经济和技术研究。这些研究应考虑采用保护、保存、展出和恢复自然文化遗产方面最先进的技术，并应与本公约的目标相一致。这些研究还应探讨利用有关国家现有资源的手段。

第 25 条　原则上，国际社会只担负必要工程的部分费用。除非本国资源不许可，受益于国际援助的国家承担的费用应构成用于各项计划或项目的资金的主要份额。

第 26 条　世界遗产委员会和受援国应在它们签订的协定中确定享有根据本公约规定提供的国际援助的计划或项目的实施条件。应由接受这类国际援助的国家负责按照协定制订的条件对如此卫护的财产继续加以保护、保存和展出。

六、教育计划

第 27 条

1. 本公约缔约国应通过一切适当手段，特别是教育和宣传计划，努力增强本国人民对本公约第 1 和第 2 条中确定的文化和自然遗产的赞赏和尊重。

2. 缔约国应使公众广泛了解对这类遗产造成威胁的危险和根据本公约进行的活动。

第 28 条　接受根据本公约提供的国际援助的缔约国应采取适当措施，使人们了解接受援助的财产的重要性和国际援助所发挥的作用。

七、报　告

第 29 条

1. 本公约缔约国在按照联合国教育、科学及文化组织大会确定的日期和方式向该组织大会递交的报告中，应提供有关它们为实行本公约所通过的法律和行政规定和采取的其他行动的情况。并详述在这方面获得的经验。

2. 应提请世界遗产委员会注意这些报告。

3. 委员会应在联合国教育、科学及文化组织大会的每届常会上递交一份关于其活动的报告。

八、最后条款

第 30 条　本公约以阿拉伯文、英文、法文、俄文和西班牙文拟订，五种文本同一作准。

第 31 条

1. 本公约应由联合国教育、科学及文化组织会员国根据各自的宪法程序予以批准或接受。

2. 批准或接受书应交存联合国教育、科学及文化组织总干事。

第 32 条

1. 所有非联合国教育、科学及文化组织会员的国家，经该组织大会邀请均可加入本公约。

2. 向联合国教育、科学及文化组织总干事交存 1 份加入书后，加入方才有效。

第 33 条　本公约须在第 20 份批准书、接受书或加入书交存之日的 3 个月之后生效，但这仅涉及在该日或之前交存各自批准书、接受书或加入书的国家。就任何其他国家而言，本公约应在这些国家交存其批准书、接受书或加入书的 3 个月之后生效。

第 34 条　下述规定须应用于拥有联邦制或非单一立宪制的本公约缔约国：

1. 关于在联邦或中央立法机构的法律管辖下实施的本公约规定，联邦或中央政府的义务应与非联邦国家的缔约国的义务相同；

2. 关于在无须按照联邦立宪制于采取立法措施的联邦各个国家、地区、省或州法律管辖下实施的本公约规定，联邦政府应将这些规定连同其关于于以通过的建议一并通造各个国家、地区、省或州的主管当局。

第 35 条

1. 本公约缔约国均可通告废除本公约。

2. 废约通告应以 1 份书面文件交存联合国教育、科学及文化组织的总干事。

3. 公约的废除应在接到废约通告书 1 年后生效。废约在生效日之前不得影响退约国承担的财政义务。

第 36 条　联合国教育、科学及文化组织部干事应将第 31 和 32 条规定交存的所有批准书、接受书或加入书和第 35 条规定的废约等事通告本组织会员国、第 32 条中提及的非本组织会员的国家以及联合国。

第 37 条

1. 本公约可由联合国教育、科学及文化组织的大会修订。但任何修订只将成为修订的公约缔约具有约束力。

2. 如大会通过一项全部或部分修订本公约的新公约，除非新公约另有规定,本公约应从新的修订公约生效之日起停止批准、接受或加入。

第 38 条　按照《联合国宪章》第 102 条,本公约须应联合国教育、科学及文化组织总干事的要求在联合国秘书处登记。

1972 年 11 月 23 日订于巴黎,两个正式文本均有大会第十七届会议主席和联合国教育、科学及文化组织总干事的签字,由联合国教育、科学及文化组织存档,并将验明无误之副本发送第 31 条和第 32 条之所有国家以及联合国。

前文系联合国教育、科学及文化组织大会在巴黎举行,于 1972 年 11 月 21 日宣布闭幕的第十七届会议通过的《公约》正式文本。

1972 年 11 月 23 日签字,以昭信守。

附录二

保护非物质文化遗产公约

联合国教育、科学及文化组织(以下简称教科文组织)大会于 2003 年 9 月 29 日至 10 月 17 日在巴黎举行第 32 届会议。参照现有的国际人权文书，尤其是 1948 年的《世界人权宣言》以及 1966 年的《经济、社会及文化权利国际公约》和《公民权利和政治权利国际公约》;考虑到 1989 年的《保护民间创作建议书》、2001 年的《教科文组织世界文化多样性宣言》和 2002 年第三次文化部长圆桌会议通过的《伊斯坦布尔宣言》强调非物质文化遗产的重要性，它是文化多样性的熔炉，又是可持续发展的保证;考虑到非物质文化遗产与物质文化遗产和自然遗产之间的内在相互依存关系;承认全球化和社会转型进程在为各群体之间开展新的对话创造条件的同时，也与不容忍现象一样，使非物质文化遗产面临损坏、消失和破坏的严重威胁，在缺乏保护资源的情况下，这种威胁尤为严重;意识到保护人类非物质文化遗产是普遍的意愿和共同关心的事项;承认各社区，尤其是原住民、各群体，有时是个人，在非物质文化遗产的生产、保护、延续和再创造方面发挥着重要作用，从而为丰富文化多样性和人类的创造性作出贡献;注意到教科文组织在制定保护文化遗产的准则性文件，尤其是 1972 年的《保护世界文化和自然遗产公约》方面所做的具有深远意义的工作;还注意到迄今尚无有约束力的保护非物质文化遗产的多边文件;考虑到国际上现有的关于文化遗产和自然遗产的协定、建议书和决议需要有非物质文化遗产方面的新规定有效地予以充实和补充;考虑到必须提高人们，尤其是年青一代对非物质文化遗产及其保护的重要意义的认识;考虑到国际社会应当本着互助合作的精神与本公约缔约国一起为保护此类遗产作出贡献;忆及教科文组织有关非物质文化遗产的各项计划，尤其是“宣布人类口头遗产和非物质遗产代表作”计划;认为非物质文化遗产是密切人与人之间的关系以及他们之间进行交流和了解的要素，它的作用是不可估量的;于 2003 年 10 月 17 日通过本公约。

第一章　总　则

第一条　本公约的宗旨

本公约的宗旨如下:

(一)保护非物质文化遗产;

(二)尊重有关社区、群体和个人的非物质文化遗产;

(三)在地方、国家和国际一级提高对非物质文化遗产及其相互欣赏的重要性的意识;

(四)开展国际合作及提供国际援助。

第二条　定义

在本公约中:

(一)"非物质文化遗产",指被各社区、群体,有时是个人,视为其文化遗产组成部分的各种社会实践、观念表述、表现形式、知识、技能以及相关的工具、实物、手工艺品和文化场所。这种非物质文化遗产世代相传,在各社区和群体适应周围环境以及与自然和历史的互动中,被不断地再创造,为这些社区和群体提供认同感和持续感,从而增强对文化多样性和人类创造力的尊重。在本公约中,只考虑符合现有的国际人权文件,各社区、群体和个人之间相互尊重的需要和顺应可持续发展的非物质文化遗产。

(二)按上述第(一)项的定义,"非物质文化遗产"包括以下方面:

1. 口头传统和表现形式,包括作为非物质文化遗产媒介的语言;

2. 表演艺术;

3. 社会实践、仪式、节庆活动;

4. 有关自然界和宇宙的知识和实践;

5. 传统手工艺。

(三)"保护"指确保非物质文化遗产生命力的各种措施,包括这种遗产各个方面的确认、立档、研究、保存、保护、宣传、弘扬、传承(特别是通过正规和非正规教育)和振兴。

(四)"缔约国"指受本公约约束且本公约在它们之间也通用的国家。

(五)本公约经必要修改对根据第三十三条所述之条件成为其缔约方之领土也适用。在此意义上,"缔约国"亦指这些领土。

第三条　与其他国际文书的关系

本公约的任何条款均不得解释为:

(一)改变与任一非物质文化遗产直接相关的世界遗产根据1972年《保护世界文化和自然遗产公约》所享有的地位,或降低其受保护的程度;

(二)影响缔约国从其作为缔约方的任何有关知识产权或使用生物和生态资源的国际文书所获得的权利和所负有的义务。

第二章　公约的有关机关

第四条　缔约国大会

一、兹建立缔约国大会,下称"大会"。大会为本公约的最高权力机关。

二、大会每两年举行一次常会。如若它作出此类决定或政府间保护非物质文化遗产委员会或至少三分之一的缔约国提出要求,可举行特别会议。

三、大会应通过自己的议事规则。

第五条　政府间保护非物质文化遗产委员会

一、兹在教科文组织内设立政府间保护非物质文化遗产委员会，下称“委员会”。在本公约依照第三十四条的规定生效之后，委员会由参加大会之缔约国选出的18个缔约国的代表组成。

二、在本公约缔约国的数目达到50个之后，委员会委员国的数目将增至24个。

第六条　委员会委员国的选举和任期

一、委员会委员国的选举应符合公平的地理分配和轮换原则。

二、委员会委员国由本公约缔约国大会选出，任期四年。

三、但第一次选举当选的半数委员会委员国的任期为两年。这些国家在第一次选举后抽签指定。

四、大会每两年对半数委员会委员国进行换届。

五、大会还应选出填补空缺席位所需的委员会委员国。

六、委员会委员国不得连选连任两届。

七、委员会委员国应选派在非物质文化遗产各领域有造诣的人士为其代表。

第七条　委员会的职能

在不妨碍本公约赋予委员会的其他职权的情况下，其职能如下：

(一)宣传公约的目标，鼓励并监督其实施情况；

(二)就好的做法和保护非物质文化遗产的措施提出建议；

(三)按照第二十五条的规定，拟订利用基金资金的计划并提交大会批准；

(四)按照第二十五条的规定，努力寻求增加其资金的方式方法，并为此采取必要的措施；

(五)拟订实施公约的业务指南并提交大会批准；

(六)根据第二十九条的规定，审议缔约国的报告并将报告综述提交大会；

(七)根据委员会制定的、大会批准的客观遴选标准，审议缔约国提出的申请并就以下事项作出决定：

1. 列入第十六条、第十七条和第十八条述及的名录和提名；

2. 按照第二十二条的规定提供国际援助。

第八条　委员会的工作方法

一、委员会对大会负责。它向大会报告自己的所有活动和决定。

二、委员会以其委员的三分之二多数通过自己的议事规则。

三、委员会可设立其认为执行任务所需的临时特设咨询机构。

四、委员会可邀请在非物质文化遗产各领域确有专长的任何公营或私营机构以及任何自然人参加会议，就任何具体的问题向其请教。

第九条　咨询组织的认证

一、委员会应建议大会认证在非物质文化遗产领域确有专长的非政府组织具有向委员会提供咨询意见的能力。

二、委员会还应向大会就此认证的标准和方式提出建议。

第十条　秘书处

一、委员会由教科文组织秘书处协助。

二、秘书处起草大会和委员会文件及其会议的议程草案和确保其决定的执行。

第三章　在国家一级保护非物质文化遗产

第十一条　缔约国的作用

各缔约国应该：

(一)采取必要措施确保其领土上的非物质文化遗产受到保护；

(二)在第二条第(三)项提及的保护措施内，由各社区、群体和有关非政府组织参与，确认和确定其领土上的各种非物质文化遗产。

第十二条　清单

一、为了使其领土上的非物质文化遗产得到确认以便加以保护，各缔约国应根据自己的国情拟订一份或数份关于这类遗产的清单，并应定期加以更新。

二、各缔约国在按第二十九条的规定定期向委员会提交报告时，应提供有关这些清单的情况。

第十三条　其他保护措施

为了确保其领土上的非物质文化遗产得到保护、弘扬和展示，各缔约国应努力做到：

(一)制定一项总的政策，使非物质文化遗产在社会中发挥应有的作用，并将这种遗产的保护纳入规划工作。

(二)指定或建立一个或数个主管保护其领土上的非物质文化遗产的机构。

(三)鼓励开展有效保护非物质文化遗产，特别是濒危非物质文化遗产的科学、技术和艺术研究以及方法研究。

(四)采取适当的法律、技术、行政和财政措施，以便：

1. 促进建立或加强培训管理非物质文化遗产的机构以及通过为这种遗产提供活动和表现的场所和空间，促进这种遗产的传承；

2. 确保对非物质文化遗产的享用，同时对享用这种遗产的特殊方面的习俗做法予以尊重；

3. 建立非物质文化遗产文献机构并创造条件促进对它的利用。

第十四条　教育、宣传和能力培养

各缔约国应竭力采取种种必要的手段，以便：

(一)使非物质文化遗产在社会中得到确认、尊重和弘扬，主要通过：

1. 向公众，尤其是向青年进行宣传和传播信息的教育计划；

2. 有关社区和群体的具体的教育和培训计划；

3. 保护非物质文化遗产，尤其是管理和科研方面的能力培养活动；

4. 非正规的知识传播手段。

（二）不断向公众宣传对这种遗产造成的威胁以及根据本公约所开展的活动。

（三）促进保护表现非物质文化遗产所需的自然场所和纪念地点的教育。

第十五条　社区、群体和个人的参与

缔约国在开展保护非物质文化遗产活动时，应努力确保创造、延续和传承这种遗产的社区、群体，有时是个人的最大限度的参与，并吸收他们积极地参与有关的管理。

第四章　在国际一级保护非物质文化遗产

第十六条　人类非物质文化遗产代表作名录

一、为了扩大非物质文化遗产的影响，提高对其重要意义的认识和从尊重文化多样性的角度促进对话，委员会应该根据有关缔约国的提名编辑、更新和公布人类非物质文化遗产代表作名录。

二、委员会拟订有关编辑、更新和公布此代表作名录的标准并提交大会批准。

第十七条　急需保护的非物质文化遗产名录

一、为了采取适当的保护措施，委员会编辑、更新和公布急需保护的非物质文化遗产名录，并根据有关缔约国的要求将此类遗产列入该名录。

二、委员会拟订有关编辑、更新和公布此名录的标准并提交大会批准。

三、委员会在极其紧急的情况（其具体标准由大会根据委员会的建议加以批准）下，可与有关缔约国协商将有关的遗产列入第一款所提之名录。

第十八条　保护非物质文化遗产的计划、项目和活动

一、在缔约国提名的基础上，委员会根据其制定的、大会批准的标准，兼顾发展中国家的特殊需要，定期遴选并宣传其认为最能体现本公约原则和目标的国家、分地区或地区保护非物质文化遗产的计划、项目和活动。

二、为此，委员会接受、审议和批准缔约国提交的关于要求国际援助拟订此类提名的申请。

三、委员会按照它确定的方式，配合这些计划、项目和活动的实施，随时推广有关经验。

第五章　国际合作与援助

第十九条　合作

一、在本公约中，国际合作主要是交流信息和经验，采取共同的行动，以

及建立援助缔约国保护非物质文化遗产工作的机制。

二、在不违背国家法律规定及其习惯法和习俗的情况下，缔约国承认保护非物质文化遗产符合人类的整体利益，保证为此目的在双边、分地区、地区和国际各级开展合作。

第二十条　国际援助的目的

可为如下目的提供国际援助：

(一)保护列入《急需保护的非物质文化遗产名录》的遗产；

(二)按照第十一条和第十二条的精神编制清单；

(三)支持在国家、分地区和地区开展的保护非物质文化遗产的计划、项目和活动；

(四)委员会认为必要的其他一切目的。

第二十一条　国际援助的形式

第七条的业务指南和第二十四条所指的协定对委员会向缔约国提供援助作了规定，可采取的形式如下：

(一)对保护这种遗产的各个方面进行研究；

(二)提供专家和专业人员；

(三)培训各类所需人员；

(四)制订准则性措施或其他措施；

(五)基础设施的建立和营运；

(六)提供设备和技能；

(七)其他财政和技术援助形式，包括在必要时提供低息贷款和捐助。

第二十二条　国际援助的条件

一、委员会确定审议国际援助申请的程序和具体规定申请的内容，包括打算采取的措施、必须开展的工作及预计的费用。

二、如遇紧急情况，委员会应对有关援助申请优先审议。

三、委员会在作出决定之前，应进行其认为必要的研究和咨询。

第二十三条　国际援助的申请

一、各缔约国可向委员会递交国际援助的申请，保护在其领土上的非物质文化遗产。

二、此类申请亦可由两个或数个缔约国共同提出。

三、申请应包含第二十二条第一款规定的所有资料和所有必要的文件。

第二十四条　受援缔约国的任务

一、根据本公约的规定，国际援助应依据受援缔约国与委员会之间签署的协定来提供。

二、受援缔约国通常应在自己力所能及的范围内分担国际所援助的保护措施的费用。

三、受援缔约国应向委员会报告关于使用所提供的保护非物质文化遗产援助的情况。

第六章　非物质文化遗产基金

第二十五条　基金的性质和资金来源

一、兹建立一项“保护非物质文化遗产基金”，下称“基金”。

二、根据教科文组织《财务条例》的规定，此项基金为信托基金。

三、基金的资金来源包括：

（一）缔约国的纳款。

（二）教科文组织大会为此所拨的资金。

（三）以下各方可能提供的捐款、赠款或遗赠。

1. 其他国家；

2. 联合国系统各组织和各署（特别是联合国开发计划署）以及其他国际组织；

3. 公营或私营机构和个人。

（四）基金的资金所得的利息。

（五）为本基金募集的资金和开展活动之所得。

（六）委员会制定的基金条例所许可的所有其他资金。

四、委员会对资金的使用视大会的方针来决定。

五、委员会可接受用于某些项目的一般或特定目的的捐款及其他形式的援助，只要这些项目已获委员会的批准。

六、对基金的捐款不得附带任何与本公约所追求之目标不相符的政治、经济或其他条件。

第二十六条　缔约国对基金的纳款

一、在不妨碍任何自愿补充捐款的情况下，本公约缔约国至少每两年向基金纳一次款，其金额由大会根据适用于所有国家的统一的纳款额百分比加以确定。

缔约国大会关于此问题的决定由出席会议并参加表决，但未作本条第二款中所述声明的缔约国的多数通过。在任何情况下，此纳款都不得超过缔约国对教科文组织正常预算纳款的百分之一。

二、但是，本公约第三十二条或第三十三条中所指的任何国家均可在交存批准书、接受书、核准书或加入书时声明不受本条第一款规定的约束。

三、已作本条第二款所述声明的本公约缔约国应努力通知联合国教育、科学及文化组织总干事收回所作声明。但是，收回声明之举不得影响该国在紧接着的下一届大会开幕之日前应缴的纳款。

四、为使委员会能够有效地规划其工作，已作本条第二款所述声明的本公约缔约国至少应每两年定期纳一次款，纳款额应尽可能接近它们按本条第一款规定应交的数额。

五、凡拖欠当年和前一日历年的义务纳款或自愿捐款的本公约缔约国不能当选为委员会委员，但此项规定不适用于第一次选举。已当选为委员会委员的缔约国的任期应在本公约第六条规定的选举之时终止。

第二十七条　基金的自愿补充捐款

除了第二十六条所规定的纳款，希望提供自愿捐款的缔约国应及时通知委员会以使其能对相应的活动作出规划。

第二十八条　国际筹资运动

缔约国应尽力支持在教科文组织领导下为该基金发起的国际筹资运动。

第七章　报告

第二十九条　缔约国的报告

缔约国应按照委员会确定的方式和周期向其报告它们为实施本公约而通过的法律、规章条例或采取的其他措施的情况。

第三十条　委员会的报告

一、委员会应在其开展的活动和第二十九条提及的缔约国报告的基础上，向每届大会提交报告。

二、该报告应提交教科文组织大会。

第八章　过渡条款

第三十一条　与宣布人类口头和非物质遗产代表作的关系

一、委员会应把在本公约生效前宣布为“人类口头和非物质遗产代表作”的遗产纳入人类非物质文化遗产代表作名录。

二、把这些遗产纳入人类非物质文化遗产代表作名录绝不是预设按第十六条第二款将确定的今后列入遗产的标准。

三、在本公约生效后，将不再宣布其他任何人类口头和非物质遗产代表作。

第九章　最后条款

第三十二条　批准、接受或核准

一、本公约须由教科文组织会员国根据各自的宪法程序予以批准、接受或核准。

二、批准书、接受书或核准书应交存教科文组织总干事。

第三十三条　加入

一、所有非教科文组织会员国的国家，经本组织大会邀请，均可加入本公约。

二、没有完全独立，但根据联合国大会第1514(XV)号决议被联合国承认为充分享有内部自治，并且有权处理本公约范围内的事宜，包括有权就这些事宜签署协议的地区也可加入本公约。

三、加入书应交存教科文组织总干事。

第三十四条　生效

本公约在第三十份批准书、接受书、核准书或加入书交存之日起的三个月后生效，但只涉及在该日或该日之前交存批准书、接受书、核准书或加入书的国家。对其他缔约国来说，本公约则在这些国家的批准书、接受书、核准书或加入书交存之日起的三个月之后生效。

第三十五条　联邦制或非统一立宪制

对实行联邦制或非统一立宪制的缔约国实行下述规定：

（一）在联邦或中央立法机构的法律管辖下实施本公约各项条款的国家的联邦或中央政府的义务与非联邦国家的缔约国的义务相同。

（二）在构成联邦，但按照联邦立宪制无须采取立法手段的各个州、成员国、省或行政区的法律管辖下实施本公约的各项条款时，联邦政府应将这些条款连同其建议一并通知各个州、成员国、省或行政区的主管当局。

第三十六条　退出

一、各缔约国均可宣布退出本公约。

二、退约应以书面退约书的形式通知教科文组织总干事。

三、退约在接到退约书十二个月之后生效。在退约生效日之前不得影响退约国承担的财政义务。

第三十七条　保管人的职责

教科文组织总干事作为本公约的保管人，应将第三十二条和第三十三条规定交存的所有批准书、接受书、核准书或加入书和第三十六条规定的退约书的情况通告本组织各会员国、第三十三条提到的非本组织会员国的国家和联合国。

第三十八条　修订

一、任何缔约国均可书面通知总干事，对本公约提出修订建议。总干事应将此通知转发给所有缔约国。如在通知发出之日起六个月之内，至少有一半的缔约国回复赞成此要求，总干事应将此建议提交下一届大会讨论，决定是否通过。

二、对本公约的修订须经出席并参加表决的缔约国三分之二多数票通过。

三、对本公约的修订一旦通过，应提交缔约国批准、接受、核准或加入。

四、对于那些已批准、接受、核准或加入修订的缔约国来说，本公约的修订在三分之二的缔约国交存本条第三款所提及的文书之日起三个月之后生效。此后，对任何批准、接受、核准或加入修订的缔约国来说，在其交存批准书、接受书、核准书或加入书之日起三个月之后，本公约的修订即生效。

五、第三款和第四款所确定的程序对有关委员会委员国数目的第五条的修订不适用。此类修订一经通过即生效。

六、在修订依照本条第四款的规定生效之后成为本公约缔约国的国家如无表示异议，应：

(一)被视为修订的本公约的缔约方；

(二)但在与不受这些修订约束的任何缔约国的关系中，仍被视为未经修订之公约的缔约方。

第三十九条　有效文本

本公约用英文、阿拉伯文、中文、西班牙文、法文和俄文拟定，六种文本具有同等效力。

第四十条　登记

根据《联合国宪章》第一百零二条的规定，本公约应按教科文组织总干事的要求交联合国秘书处登记。

附录三

国务院关于加强文化遗产保护的通知

（国发[2005]42号）

各省、自治区、直辖市人民政府，国务院各部委、各直属机构：

我国是历史悠久的文明古国。在漫长的岁月中，中华民族创造了丰富多彩、弥足珍贵的文化遗产。党中央、国务院历来高度重视文化遗产保护工作，在全社会的共同努力下，我国文化遗产保护取得了明显成效。与此同时，也应清醒地看到，当前我国文化遗产保护面临着许多问题，形势严峻，不容乐观。为了进一步加强我国文化遗产保护，继承和弘扬中华民族优秀传统文化，推动社会主义先进文化建设，国务院决定从2006年起，每年六月的第二个星期六为我国的“文化遗产日”。现就加强文化遗产保护有关问题通知如下：

一、充分认识保护文化遗产的重要性和紧迫性

文化遗产包括物质文化遗产和非物质文化遗产。物质文化遗产是具有历史、艺术和科学价值的文物，包括古遗址、古墓葬、古建筑、石窟寺、石刻、壁画、近代现代重要史迹及代表性建筑等不可移动文物，历史上各时代的重要实物、艺术品、文献、手稿、图书资料等可移动文物；以及在建筑式样、分布均匀或与环境景色结合方面具有突出普遍价值的历史文化名城（街区、村镇）。非物质文化遗产是指各种以非物质形态存在的与群众生活密切相关、世代相承的传统文化表现形式，包括口头传统、传统表演艺术、民俗活动和礼仪与节庆、有关自然界和宇宙的民间传统知识和实践、传统手工艺技能等以及与上述传统文化表现形式相关的文化空间。

我国文化遗产蕴含着中华民族特有的精神价值、思维方式、想象力，体现着中华民族的生命力和创造力，是各民族智慧的结晶，也是全人类文明的瑰宝。保护文化遗产，保持民族文化的传承，是联结民族情感纽带、增进民族团结和维护国家统一及社会稳定的重要文化基础，也是维护世界文化多样性和创造性，促进人类共同发展的前提。加强文化遗产保护，是建设社会主义先进文化，贯彻落实科学发展观和构建社会主义和谐社会的必然要求。

文化遗产是不可再生的珍贵资源。随着经济全球化趋势和现代化进程的加快，我国的文化生态正在发生巨大变化，文化遗产及其生存环境受到严重威胁。不少历史文化名城（街区、村镇）、古建筑、古遗址及风景名胜区整体风貌遭到破坏。文物非法交易、盗窃和盗掘古遗址古墓葬以及走私文物的违法犯罪活动在一些地区还没有得到有效遏制，大量珍贵文物流失境外。由于过度开发和不合理利用，许多重要文化遗产消亡或失传。在文化遗存相对丰富的少数民族聚居地区，由于人们生活环境和条件的变迁，民族或区域文化特色消失加快。因此，加强文化遗产保护刻不容缓。地方各级人民政府和有关部门要从对国家和历史负责的高度，从维护国家文化安全的高度，充分认识保护文化遗产的重要性，进一步增强责任感和紧迫感，切实做好文化遗产保护工作。

二、加强文化遗产保护的指导思想、基本方针和总体目标

（一）指导思想：坚持以邓小平理论和“三个代表”重要思想为指导，全面贯彻和落实科学发展观，加大文化遗产保护力度，构建科学有效的文化遗产保护体系，提高全社会文化遗产保护意识，充分发挥文化遗产在传承中华文化，提高人民群众思想道德素质和科学文化素质，增强民族凝聚力，促进社会主义先进文化建设和构建社会主义和谐社会中的重要作用。

（二）基本方针：物质文化遗产保护要贯彻“保护为主，抢救第一，合理利用，加强管理”的方针。非物质文化遗产保护要贯彻“保护为主、抢救第一、合理利用、传承发展”的方针。坚持保护文化遗产的真实性和完整性，坚持依法和科学保护，正确处理经济社会发展与文化遗产保护的关系，统筹规划、分类指导、突出重点、分步实施。

（三）总体目标：通过采取有效措施，文化遗产保护得到全面加强。到2010年，初步建立比较完备的文化遗产保护制度，文化遗产保护状况得到明显改善。到2015年，基本形成较为完善的文化遗产保护体系，具有历史、文化和科学价值的文化遗产得到全面有效保护；保护文化遗产深入人心，成为全社会的自觉行动。

三、着力解决物质文化遗产保护面临的突出问题

（一）切实做好文物调查研究和不可移动文物保护规划的制定实施工作。加强文物资源调查研究，并依法登记、建档。在认真摸清底数的基础上，分类制定文物保护规划，认真组织实施。国务院文物行政部门要统筹安排世界文化遗产、全国重点文物保护单位保护规划的编制工作，省级人民政府具体组织编制，报国务院文物行政部门审查批准后公布实施。国务院文物行政部门要对规划实施情况进行跟踪监测，检查落实。要及时依法划定文物保护单位的保护范围和建设控制地带，设立必要的保护管理机构，明确保护责任主体，建立健全保护管理制度。其他不可移动文物也要依据文物保护法的规定制定保护规划，落实保护措施。坚决避免和纠正过度开发利用文化遗产，特别是将文物作为或变相作为企业资产经营的违法行为。

（二）改进和完善重大建设工程中的文物保护工作。严格执行重大建设工程项目审批、核准和备案制度。凡涉及文物保护事项的基本建设项目，必须依法在项目批准前征求文物行政部门的意见，在进行必要的考古勘探、发掘并落实文物保护措施以后方可实施。基本建设项目中的考古发掘要充分考虑文物保护工作的实际需要，加强统一管理，落实审批和监督责任。

（三）切实抓好重点文物维修工程。统筹规划、集中资金，实施一批文物保护重点工程，排除重大文物险情，加强对重要濒危文物的保护。实施保护工程必须确保文物的真实性，坚决禁止借保护文物之名行造假古董之实。要对文物"复建"进行严格限制，把有限的人力、物力切实用到对重要文物、特别是重大濒危文物的保护项目上。严格工程管理，落实文物保护工程队伍资质制度，完善从业人员管理制度，建立健全各类文物保护技术规范，确保工程质量。

（四）加强历史文化名城（街区、村镇）保护。进一步完善历史文化名城（街区、村镇）的申报、评审工作。已确定为历史文化名城（街区、村镇）的，地方人民政府要认真制定保护规划，并严格执行。在城镇化过程中，要切实保护好历史文化环境，把保护优秀的乡土建筑等文化遗产作为城镇化发展战略的重要内容，把历史名城（街区、村镇）保护规划纳入城乡规划。相关重大建设项目，必须建立公示制度，广泛征求社会各界意见。国务院有关部门要对历史文化名城（街区、村镇）的保护状况和规划实施情况进行跟踪监测，及时解决有关问题；历史文化名城（街区、村镇）的布局、环境、历史风貌等遭到严重破坏的，应当依法取消其称号，并追究有关人员的责任。

（五）提高馆藏文物保护和展示水平。高度重视博物馆建设，加强对藏品的登记、建档和安全管理，落实藏品丢失、损毁追究责任制。实施馆藏文物信息化和保存环境达标建设，加大馆藏文物科技保护力度。提高陈列展览质量和水平，充分发挥馆藏文物的教育作用。加强博物馆专业人员培养，提高博物馆队伍素质。坚持向未成年人等特殊社会群体减、免费开放，不断提高服务质量和水平。

（六）清理整顿文物流通市场。加强对文物市场的调控和监督管理，依法严格把握文物流通市场准入条件，规范文物经营和民间文物收藏行为，确保文物市场健康发展。依法加强文物商店销售文物、文物拍卖企业拍卖文物的审核备案工作。坚决取缔非法文物市场，严厉打击盗窃、盗掘、走私、倒卖文物等违法犯罪活动。严格执行文物出入境审核、监管制度，加强鉴定机构队伍建设，严防珍贵文物流失。加强国际合作，对非法流失境外的文物要坚决依法追索。

四、积极推进非物质文化遗产保护

（一）开展非物质文化遗产普查工作。各地区要进一步做好非物质文化遗产的普查、认定和登记工作，全面了解和掌握非物质文化遗产资源的种类、数量、分布状况、生存环境、保护现状及存在的问题，及时向社会公布普查结果。3 年内全国基本完成普查工作。

（二）制订非物质文化遗产保护规划。在科学论证的基础上，抓紧制订国家和地区非物质文化遗产保护规划，明确保护范围，提出长远目标和近期工作任务。

（三）抢救珍贵非物质文化遗产。采取有效措施，抓紧征集具有历史、文化和科学价值的非物质文化遗产实物和资料，完善征集和保管制度。有条件的地方可以建立非物质文化遗产资料库、博物馆或展示中心。

（四）建立非物质文化遗产名录体系。进一步完善评审标准，严格评审工作，逐步建立国家和省、市、县非物质文化遗产名录体系。对列入非物质文化遗产名录的项目，要制定科学的保护计划，明确有关保护的责任主体，进行有效保护。对列入非物质文化遗产名录的代表性传人，要有计划地提供资助，鼓励和支持其开展传习活动，确保优秀非物质文化遗产的传承。

（五）加强少数民族文化遗产和文化生态区的保护。重点扶持少数民族地区的非物质文化遗产保护工作。对文化遗产丰富且传统文化生态保持较完整的区域，要有计划地进行动态的整体性保护。对确属濒危的少数民族文化遗产和文化生态区，要尽快列入保护名录，落实保护措施，抓紧进行抢救和保护。

五、明确责任，切实加强对文化遗产保护工作的领导

（一）加强领导，落实责任。地方各级人民政府和有关部门要将文化遗产保护列入重要议事日程，并纳入经济和社会发展计划以及城乡规划。要建立健全文化遗产保护责任制度和责任追究制度。成立国家文化遗产保护领导小组，定期研究文化遗产保护工作的重大问题，统一协调文化遗产保护工作。地方各级人民政府也要建立相应的文化遗产保护协调机构。要建立文化遗产保护定期通报制度、专家咨询制度以及公众和舆论监督机制，推进文化遗产保护工作的科学化、民主化。要充分发挥有关学术机构、大专院校、企事业单位、社会团体等各方面的作用，共同开展文化遗产保护工作。

（二）加快文化遗产保护法制建设，加大执法力度。加强文化遗产保护法律法规建设，推进文化遗产保护的法制化、制度化和规范化。积极推动《非物质文化遗产保护法》、《历史文化名城和历史文化街区、村镇保护条例》等法律、行政法规的立法进程，争取早日出台。抓紧制定和起草与文物保护法相配套的部门规章和地方性法规。抓紧研究制定保护文化遗产知识产权的有关规定。要严格依照保护文化遗产的法律、行政法规办事，任何单位或者个人都不得作出与法律、行政法规相抵触的决定；各级文物行政部门等行政执法机关有权依法抵制和制止违反有关法律、行政法规的决定和行为。严厉打击破坏文化遗产的各类违法犯罪行为，重点追究因决策失误、玩忽职守，造成文化遗产破坏、被盗或流失的责任人的法律责任。充实文化遗产保护执法力量，加大执法力度，做到执法必严，违法必究。因执法不力造成文化遗产受到破坏的，要追究有关执法机关和有关责任人的责任。

（三）安排专项资金，加强专业人才队伍建设。各级人民政府要将文化遗产保护经费纳入本级财政预算，保障重点文化遗产经费投入。抓紧制定和完善有关社会捐赠和赞助的政策措施，调动社会团体、企业和个人参与文化遗产保护的积极性。加强文化遗产保护管理机构和专业队伍建设，大力培养文化遗产保护和管理所需的各类专门人才。加强文化遗产保护科技的研究、运用和推广工作，努力提高文化遗产保护工作水平。

（四）加大宣传力度，营造保护文化遗产的良好氛围。认真举办“文化遗产日”系列活动，提高人民群众对文化遗产保护重要性的认识，增强全社会的文化遗产保护意识。各级各类文化遗产保护机构要经常举办展示、论坛、讲座等活动，使公众更多地了解文化遗产的丰富内涵。教育部门要将优秀文化遗产内容和文化遗产保护知识纳入教学计划，编入教材，组织参观学习活动，激发青少年热爱祖国优秀传统文化的热情。各类新闻媒体要通过开设专题、专栏等方式，介绍文化遗产和保护知识，大力宣传保护文化遗产的先进典型，及时曝光破坏文化遗产的违法行为及事件，发挥舆论监督作用，在全社会形成保护文化遗产的良好氛围。

与此同时，国务院有关部门也要切实研究解决自然遗产保护中存在的问题，加强自然遗产保护工作。

国务院

二〇〇五年十二月二十二日

附录四

国务院办公厅
关于加强我国非物质文化遗产保护工作的意见

国办发[2005]18号

各省、自治区、直辖市人民政府，国务院各部委、各直属机构：

我国是一个历史悠久的文明古国，不仅有大量的物质文化遗产，而且有丰富的非物质文化遗产。党和国家历来重视文化遗产保护，弘扬优秀传统文化，为此做了大量工作并取得了显著成绩。但是，随着全球化趋势的增强，经济和社会的急剧变迁，我国非物质文化遗产的生存、保护和发展遇到很多新的情况和问题，面临着严峻形势。为贯彻落实党的十六大有关扶持对重要文化遗产和优秀民间艺术的保护工作的精神，履行我国加入联合国教科文组织《保护非物质文化遗产公约》的义务，经国务院同意，现就进一步加强我国非物质文化遗产保护工作，提出以下意见：

一、充分认识我国非物质文化遗产保护工作的重要性和紧迫性

非物质文化遗产是各族人民世代相承、与群众生活密切相关的各种传统文化表现形式和文化空间。非物质文化遗产既是历史发展的见证，又是珍贵的、具有重要价值的文化资源。我国各族人民在长期生产生活实践中创造的丰富多彩的非物质文化遗产，是中华民族智慧与文明的结晶，是联结民族情感的纽带和维系国家统一的基础。保护和利用好我国非物质文化遗产，对落实科学发展观，实现经济社会的全面、协调、可持续发展具有重要意义。

非物质文化遗产与物质文化遗产共同承载着人类社会的文明，是世界文化多样性的体现。我国非物质文化遗产所蕴含的中华民族特有的精神价值、思维方式、想象力和文化意识，是维护我国文化身份和文化主权的基本依据。加强非物质文化遗产保护，不仅是国家和民族发展的需要，也是国际社会文明对话和人类社会可持续发展的必然要求。

随着全球化趋势的加强和现代化进程的加快，我国的文化生态发生了巨大变化，非物质文化遗产受到越来越大的冲击。一些依靠口授和行为传承的文化遗产正在不断消失，许多传统技艺濒临消亡，大量有历史、文化价值的珍贵实物与资料遭到毁弃或流失境外，随意滥用、过度开发非物质文化遗产的现象时有发生。加强我国非物质文化遗产的保护已经刻不容缓。

二、非物质文化遗产保护工作的目标和方针

工作目标：通过全社会的努力，逐步建立起比较完备的、有中国特色的非物质文化遗产保护制度，使我国珍贵、濒危并具有历史、文化和科学价值的非物质文化遗产得到有效保护，并得以传承和发扬。

工作指导方针：保护为主、抢救第一、合理利用、传承发展。正确处理保护和利用的关系，坚持非物质文化遗产保护的真实性和整体性，在有效保护的前提下合理利用，防止对非物质文化遗产的误解、歪曲或滥用。在科学认定的基础上，采取有力措施，使非物质文化遗产在全社会得到确认、尊重和弘扬。

工作原则：政府主导、社会参与，明确职责、形成合力；长远规划、分步实施，点面结合、讲求实效。

三、建立名录体系，逐步形成有中国特色的非物质文化遗产保护制度

认真开展非物质文化遗产普查工作。要将普查摸底作为非物质文化遗产保护的基础性工作来抓，统一部署、有序进行。要在充分利用已有工作成果和研究成果的基础上，分地区、分类别制订普查工作方案，组织开展对非物质文化遗产的现状调查，全面了解和掌握各地各民族非物质文化遗产资源的种类、数量、分布状况、生存环境、保护现状及存在问题。要运用文字、录音、录像、数字化多媒体等各种方式，对非物质文化遗产进行真实、系统和全面的记录，建立档案和数据库。

建立非物质文化遗产代表作名录体系。要通过制定评审标准并经过科学认定，建立国家级和省、市、县级非物质文化遗产代表作名录体系。国家级非物质文化遗产代表作名录由国务院批准公布。省、市、县级非物质文化遗产代表作名录由同级政府批准公布，并报上一级政府备案。

加强非物质文化遗产的研究、认定、保存和传播。要组织各类文化单位、科研机构、大专院校及专家学者对非物质文化遗产的重大理论和实践问题进行研究，注重科研成果和现代技术的应用。组织力量对非物质文化遗产进行科学认定，鉴别真伪。经各级政府授权的有关单位可以征集非物质文化遗产实物、资料，并予以妥善保管。采取有效措施，防止珍贵的非物质文化遗产实物和资料流出境外。对非物质文化遗产的物质载体也要予以保护，对已被确定为文物的，要按照《中华人民共和国文物保护法》的相关规定执行。充分发挥各级图书馆、文化馆、博物馆、科技馆等公共文化机构的作用，有条件的地方可设立专题博物馆或展示中心。

建立科学有效的非物质文化遗产传承机制。对列入各级名录的非物质文化遗产代表作，可采取命名、授予称号、表彰奖励、资助扶持等方式，鼓励代表作传承人(团体)进行传习活动。通过社会教育和学校教育，使非物质文化遗产代表作的传承后继有人。要加强非物质文化遗产知识产权的保护。研究探索对传统文化生态保持较完整并具有特殊价值的村落或特定区域，进行动态整体性保护的方式。在传统文化特色鲜明、具有广泛群众基础的社区、乡村，开展创建民间传统文化之乡的活动。

四、加强领导，落实责任，建立协调有效的工作机制

要发挥政府的主导作用，建立协调有效的保护工作领导机制。由文化部牵头，建立中国非物质文化遗产保护工作部际联席会议制度，统一协调非物质文化遗产保护工作。文化行政部门与各相关部门要积极配合，形成合力。同时，广泛吸纳有关学术研究机构、大专院校、企事业单位、社会团体等各方面力量共同开展非物质文化遗产保护工作。充分发挥专家的作用，建立非物质文化遗产保护的专家咨询机制和检查监督制度。

地方各级政府要加强领导，将保护工作列入重要工作议程，纳入国民经济和社会发展整体规划，纳入文化发展纲要。加强非物质文化遗产保护的法律法规建设，及时研究制定有关政策措施。要制定非物质文化遗产保护规划，明确保护范围、保护措施和目标。中国民族民间文化保护工程是非物质文化遗产保护工作的重要组成部分，要根据其总体规划，有步骤、有重点地循序渐进，逐步实施，为创建中国特色的非物质文化遗产保护制度积累经验。

各级政府要不断加大非物质文化遗产保护工作的经费投入。通过政策引导等措施，鼓励个人、企业和社会团体对非物质文化遗产保护工作进行资助。要加强非物质文化遗产保护工作队伍建设。通过有计划的教育培训，提高现有人员的工作能力和业务水平；充分利用科研院所、高等院校的人才优势和科研优势，大力培养专门人才。

要充分发挥非物质文化遗产对广大未成年人进行传统文化教育和爱国主义教育的重要作用。各级图书馆、文化馆、博物馆、科技馆等公共文化机构要积极开展对非物质文化遗产的传播和展示。教育部门和各级各类学校要逐步将优秀的、体现民族精神与民间特色的非物质文化遗产内容编入有关教材，开展教学活动。鼓励和支持新闻出版、广播电视、互联网等媒体对非物质文化遗产及其保护工作进行宣传展示，普及保护知识，培养保护意识，努力在全社会达成共识，营造保护非物质文化遗产的良好氛围。

附件：国家级非物质文化遗产代表作申报评定暂行办法

中华人民共和国国务院办公厅
二〇〇五年三月二十六日

附件：

国家级非物质文化遗产代表作申报评定暂行办法

第一条　为加强非物质文化遗产保护工作，规范国家级非物质文化遗产代表作的申报和评定工作，根据中华人民共和国宪法第二十二条“国家保护名胜古迹、珍贵文物和其他重要历史文化遗产”及相关法律、法规，制定本办法。

第二条　非物质文化遗产指各族人民世代相承的、与群众生活密切相关的各种传统文化表现形式（如民俗活动、表演艺术、传统知识和技能，以及与之相关的器具、实物、手工制品等）和文化空间。

第三条　非物质文化遗产可分为两类：(1)传统的文化表现形式，如民俗活动、表演艺术、传统知识和技能等；(2)文化空间，即定期举行传统文化活动或集中展现传统文化表现形式的场所，兼具空间性和时间性。

非物质文化遗产的范围包括：

（一）口头传统，包括作为文化载体的语言；

（二）传统表演艺术；

（三）民俗活动、礼仪、节庆；

（四）有关自然界和宇宙的民间传统知识和实践；

（五）传统手工艺技能；

（六）与上述表现形式相关的文化空间。

第四条　建立国家级非物质文化遗产代表作名录的目的是：

（一）推动我国非物质文化遗产的抢救、保护与传承；

（二）加强中华民族的文化自觉和文化认同，提高对中华文化整体性和历史连续性的认识；

（三）尊重和彰显有关社区、群体及个人对中华文化的贡献，展示中国人文传统的丰富性；

（四）鼓励以民、企事业单位、文化教育科研机构、其他社会组织积极参与非物质文化遗产的保护工作；

（五）履行《保护非物质文化遗产公约》，增进国际社会对中国非物质文化遗产的认识，促进国际间的文化交流与合作，为人类文化的多样性及其可持续发展做出中华民族应有的贡献。

第五条　国家级非物质文化遗产代表作的申报评定工作由非物质文化遗产保护工作部际联席会议（以下简称部际联席会议）办公室具体实施。部际联席会议办公室要与各有关部门、单位和社会组织相互配合、协调工作。

第六条　国家级非物质文化遗产代表作的申报项目，应是具有杰出价值的民间传统文化表现形式或文化空间；或在非物质文化遗产中具有典型意义；或在历史、艺术、民族学、民俗学、社会学、人类学、语言学及文学等方面具有重要价值。

具体评审标准如下：

（一）具有展现中华民族文化创造力的杰出价值；

（二）扎根于相关社区的文化传统，世代相传，具有鲜明的地方特色；

（三）具有促进中华民族文化认同、增强社会凝聚力、增进民族团结和社会稳定的作用，是文化交流的重要纽带；

（四）出色地运用传统工艺和技能，体现出高超的水平；

（五）具有见证中华民族活的文化传统的独特价值；

（六）对维系中华民族的文化传承具有重要意义，同时因社会变革或缺乏保护措施而面临消失的危险。

第七条　申报项目须提出切实可行的十年保护计划，并承诺采取相应的具体措施，进行切实保护。这些措施主要包括：

（一）建档：通过搜集、记录、分类、编目等方式，为申报项目建立完整的档案；

（二）保存：用文字、录音、录像、数字化多媒体等手段，对保护对象进行真实、全面、系统的记录，并积极搜集有关实物资料，选定有关机构妥善保存并合理利用；

（三）传承：通过社会教育和学校教育等途径，使该项非物质文化遗产的传承后继有人，能够继续作为活的文化传统在相关社区尤其是青少年当中得到继承和发扬；

（四）传播：利用节日活动、展览、观摩、培训、专业性研讨等形式，通过大众传媒和互联网的宣传，加深公众对该项遗产的了解和认识，促进社会共享；

（五）保护：采取切实可行的具体措施，以保证该项非物质文化遗产及其智力成果得到保存、传承和发展，保护该项遗产的传承人（团体）对其世代相传的文化表现形式和文化空间所享有的权益，尤其要防止对非物质文化遗产的误解、歪曲或滥用。

第八条　公民、企事业单位、社会组织等，可向所在行政区域文化行政部门提出非物质文化遗产代表作项目的申请，由受理的文化行政部门逐级上报。申报主体为非申报项目传承人（团体）的，申报主体应获得申报项目传承人（团体）的授权。

第九条　省级文化行政部门对本行政区域内的非物质文化遗产代表作申报项目进行汇总、筛选，经同级人民政府核定后，向部际联席会议办公室提出申报。中央直属单位可直接向部际联席会议办公室提出申报。

第十条　申报者须提交以下资料：

（一）申请报告：对申报项目名称、申报者、申报目的和意义进行简要说明；

（二）项目申报书：对申报项目的历史、现状、价值和濒危状况等进行说明；

（三）保护计划：对未来十年的保护目标、措施、步骤和管理机制等进行说明；

（四）其他有助于说明申报项目的必要材料。

第十一条　传承于不同地区并为不同社区、群体所共享的同类项目，可联合申报；联合申报的各方须提交同意联合申报的协议书。

第十二条　部际联席会议办公室根据本办法第十条的规定，对申报材料进行审核，并将合格的申报材料提交评审委员会。

第十三条　评审委员会由国家文化行政部门有关负责同志和相关领域的专家组成，承担国家级非物质文化遗产代表作的评审和专业咨询。评审委员会每届任期四年。评审委员会设主任一名、副主任若干名，主任由国家文化行政部门有关负责同志担任。

第十四条　评审工作应坚持科学、民主、公正的原则。

第十五条　评审委员会根据本办法第六条、第七条的规定进行评审，提出国家级非物质文化遗产代表作推荐项目，提交部际联席会议办公室。

第十六条　部际联席会议办公室通过媒体对国家级非物质文化遗产代表作推荐项目进行社会公示，公示期30天。

第十七条　部际联席会议办公室根据评审委员会的评审意见和公示结果，拟订入选国家级非物质文化遗产代表作名录名单，经部际联席会议审核同意后，上报国务院批准、公布。

第十八条　国务院每两年批准并公布一次国家级非物质文化遗产代表作名录。

第十九条　对列入国家级非物质文化遗产代表作名录的项目，各级政府要给予相应支持。同时，申报主体必须履行其保护计划中的各项承诺，按年度向部际联席会议办公室提交实施情况报告。

第二十条　部际联席会议办公室组织专家对列入国家级非物质文化遗产代表作名录的项目进行评估、检查和监督，对未履行保护承诺、出现问题的，视不同程度给予警告、严重警告直至除名处理。

第二十一条　本《暂行办法》由部际联席会议办公室负责解释。

第二十二条　本《暂行办法》自发布之日起施行。

参考文献

一、法规与文件

1. 联合国教科文组织：

《武装冲突下保护文化财产公约》，1954 年。

《关于适用于考古发掘的国际原则的建议》，1956 年。

《关于保护景观和遗址的风貌与特性的建议》，1962 年。

《关于保护受到公共或私人工程危害的文化财产的建议》，1968 年。

《关于禁止和防止非法进出口文化财产和非法转让其所有权的方法的公约》，1970 年。

《保护世界文化和自然遗产公约》，1972 年。

《关于在国家一级保护文化和自然遗产的建议》，1972 年。

《关于文化财产国际交流的建议》，1976 年。

《关于保护可移动文化财产的建议》，1978 年。

《关于保护与保存活动图像的建议》，1980 年。

《保护民间创作建议案》，1989 年。

《保护非物质文化遗产公约》，2003 年。

2. 国际古迹理事会

《佛罗伦萨宪章》，1982 年。

《保护历史城镇与城区宪章》，1987 年。

《考古遗产保护与管理宪章》，1990 年。

3. 中华人民共和国

《中华人民共和国文物保护法》，2002 年。

《中华人民共和国文物保护法实施细则》，2003 年。

《国务院办公厅关于加强我国非物质文化遗产保护工作的意见》国办发[2005]18 号，2005 年。

《国务院关于加强文化遗产保护的通知》，2006 年。

《云南民族民间文化遗产保护条例》，2000 年。

《浙江省非物质文化遗产保护条例》，2006 年。

《江苏省非物质文化遗产保护条例》，2006 年。

二、相关书目

1. 国家文物局法制处:《国际保护文化遗产法律文件选编》,紫禁城出版社 1993 年版。

2. 王军:《日本的文化财保护》,文物出版社 1997 年版。

3. 复旦大学文物博物馆学系、文化遗产研究中心编:《文化遗产研究集刊》(2),上海古籍出版社 2001 年版。

4. 复旦大学文物博物馆学系、文化遗产研究中心编:《文化遗产研究集刊》(3),上海古籍出版社 2003 年版。

5. 乔晓光主编:《交流与协作——中国高等院校首届非物质文化遗产教育教学研讨会论文集》,西苑出版社 2003 年版。

6. 刘红婴、王健民:《世界遗产概论》,中国旅游出版社 2003 年版。

7. 徐嵩龄、张晓明、章建刚编:《文化遗产的保护与经营——中国实践与理论进展》,社会科学文献出版社 2003 年版。

8. 祁庆福主编:《民族文化遗产》(第一辑),民族出版社 2004 年版。

9. 国家文物局编:《中国文物年鉴(2003)》,科学出版社 2004 年版。

10. 向云驹:《人类口头和非物质遗产》,宁夏人民出版社 2005 年版。

11. 于海广主编:《传统的回归与守护——无形文化遗产研究文集》,山东大学出版社 2005 年版。

12. 顾军、苑利:《文化遗产报告》,社会科学文献出版社 2005 年版。

13. 国家文物局编:《中国文物年鉴(2004)》,科学出版社 2005 年版。

14. 孙克勤主编:《世界文化与自然遗产概论》,中国地质大学出版社 2005 年版。

15. 杨巨平主编:《保护遗产造福人类:世界文化遗产的保护与管理》,世界知识出版社 2005 年版。

16. 王文章:《非物质文化遗产概论》,文化艺术出版社 2006 年版。

17. 刘红婴著:《世界遗产精神》,华夏出版社 2006 年版。

18.《中国文化遗产年鉴(2006)》,文物出版社 2006 年版。

19. 国家文物局编:《中国文物年鉴(2005)》,科学出版社 2006 年版。

20. 于海广等:《田野考古学》,山东大学出版社 1995 年版。

三、相关网站

1. 国家文物局:www.sach.gov.cn.

2. 联合国教科文组织:www.unesco.org.